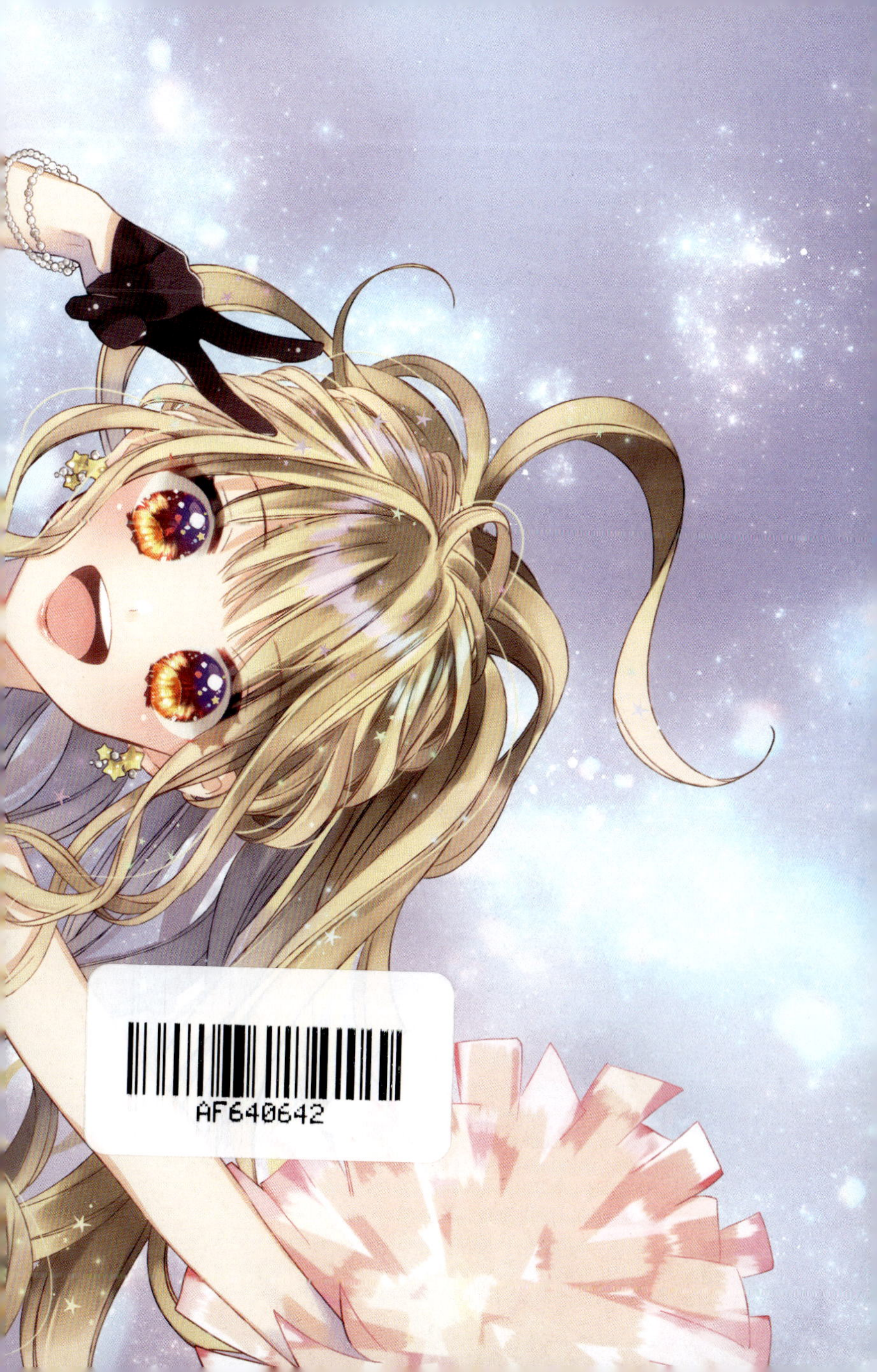

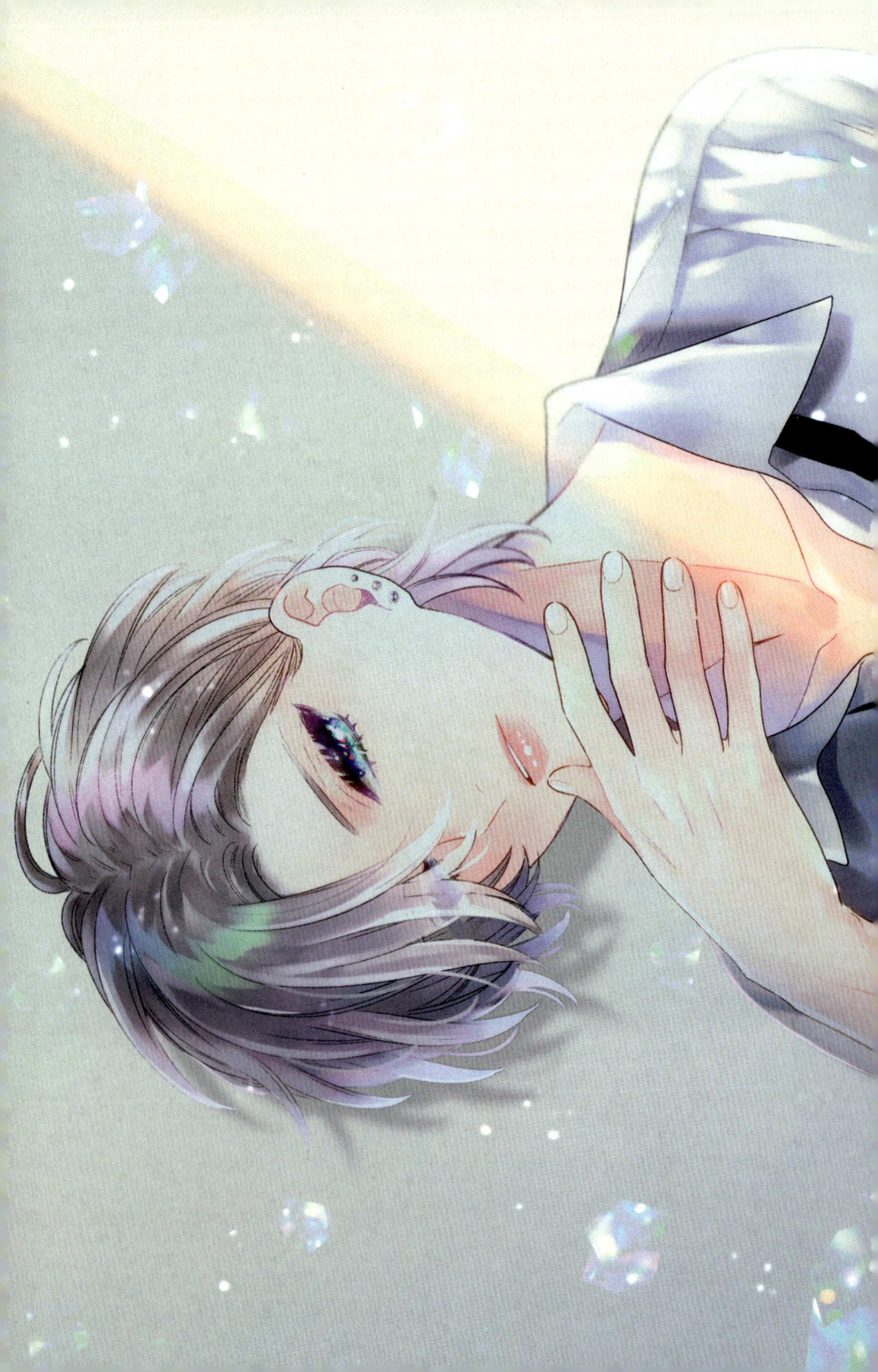

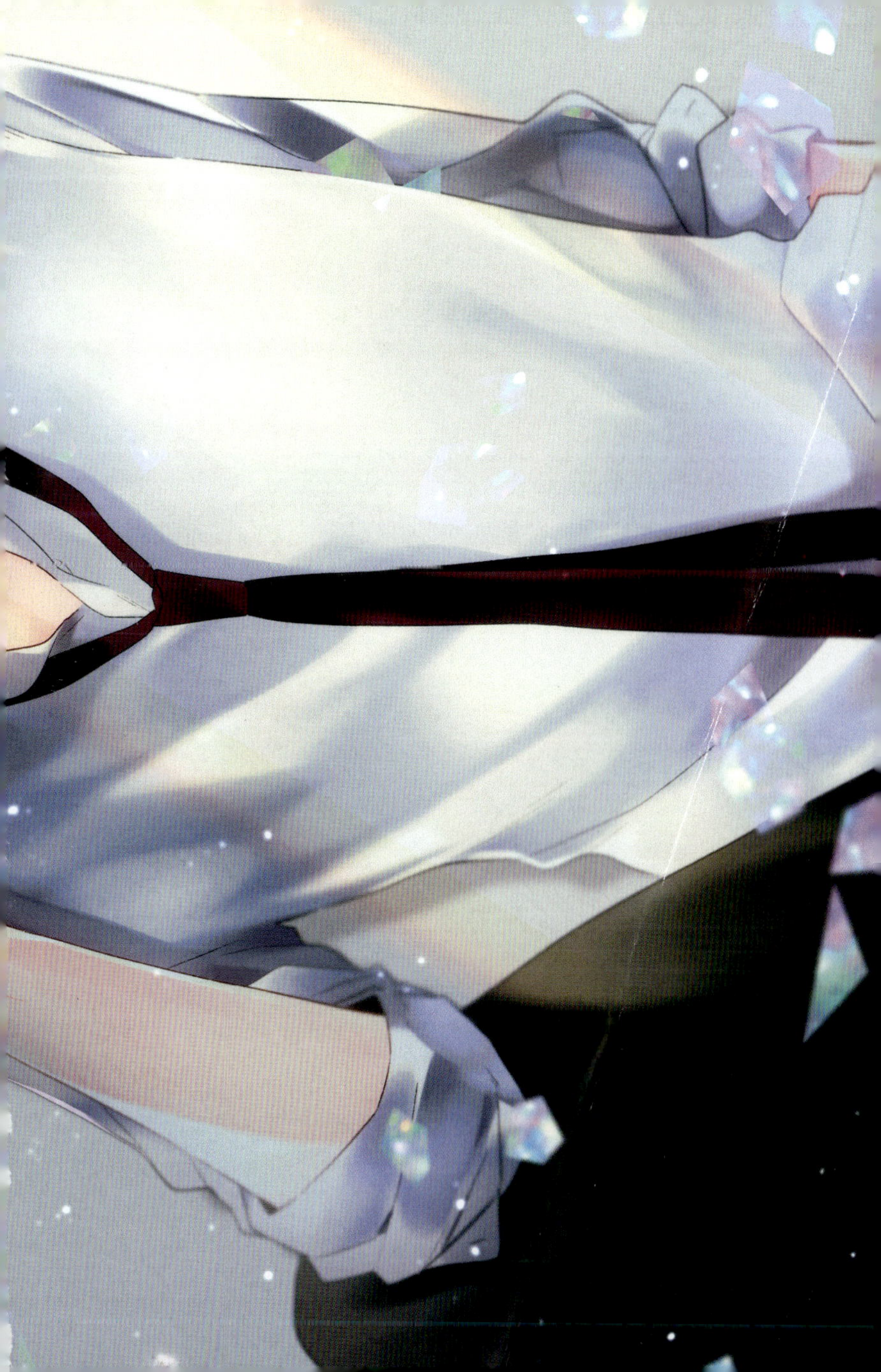

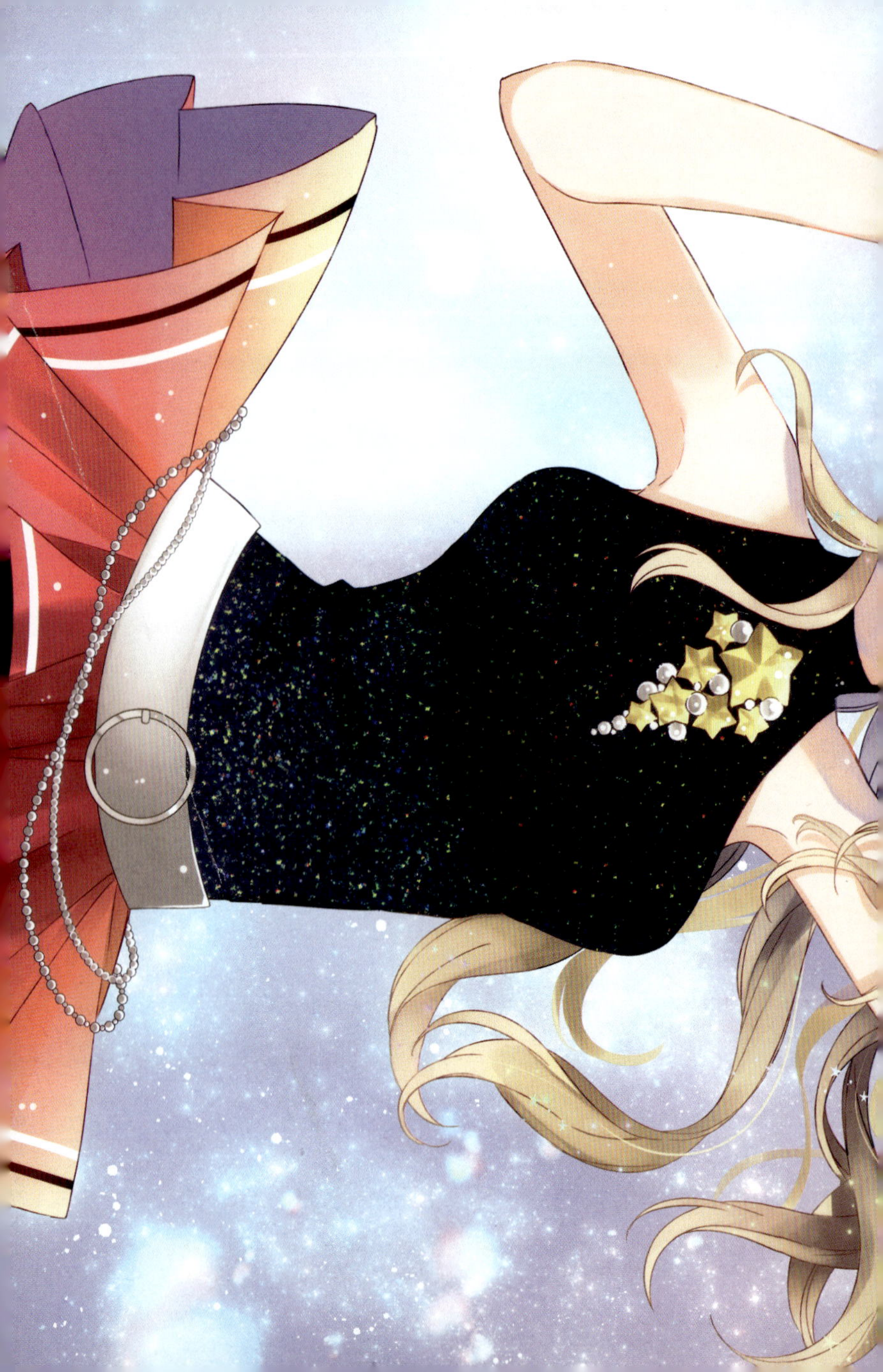

Stellar Witch
LIPS

4

Text: Hana Kagami
Zeichnungen: Kotoko Ichi

Charaktere

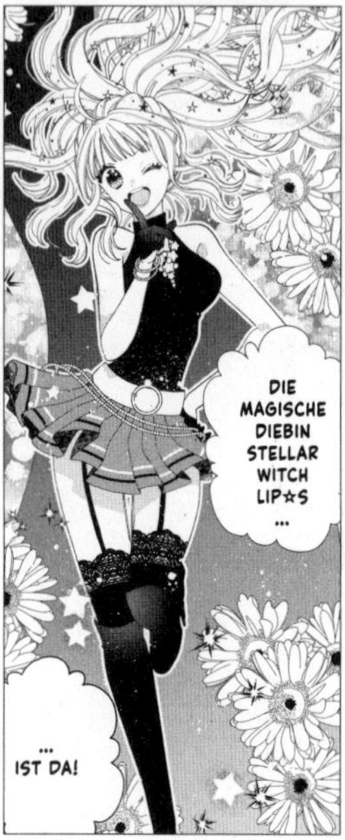

Die magische Diebin
Stellar Witch LIP☆S
Star Scarlet

Miku Hoshino

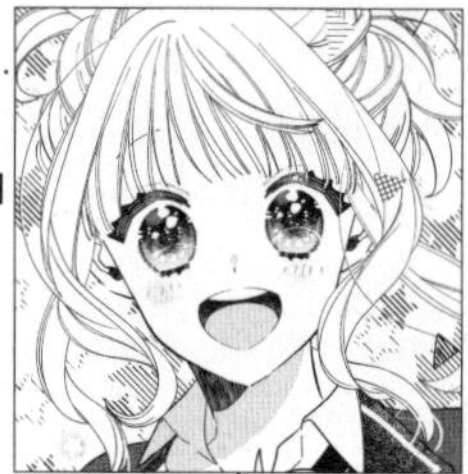

Sie übernimmt die Rolle der „sechsten Hexe der Nacht" und holt als „Magische Diebin Stellar Witch LIP☆S" sogenanntes Mana von den Bösewichten zurück.

Verwandlung

Ryusei Azuchi

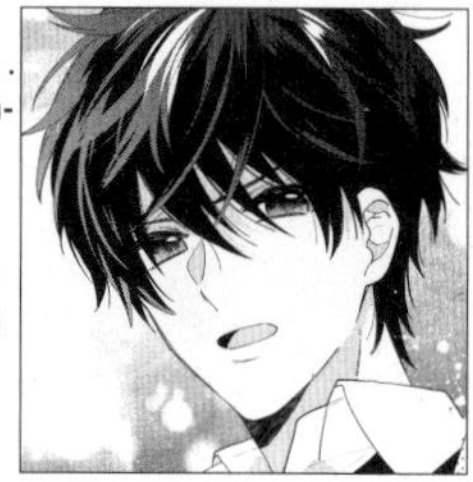

Er kam als Austauschschüler in Mikus Klasse. Außerdem ist er Kommissar bei Interpol und ermittelt gegen die fünf Witch LIP☆S.

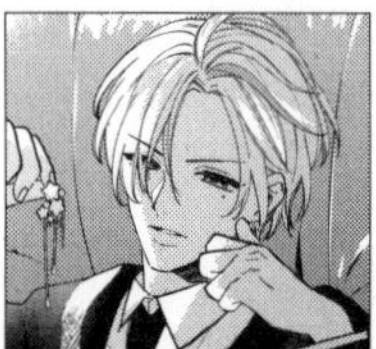

Grimm

Er ist der stärkste Magier der Welt. Um die Welt untergehen zu lassen, sammelt er Mana.

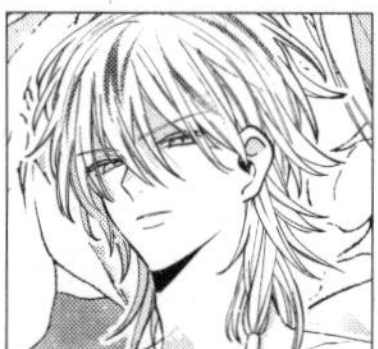

Minerva

Er ist Maris Lehrmeister und trainiert Stellar Witch LIP☆S, um ihre Magie zu verbessern.

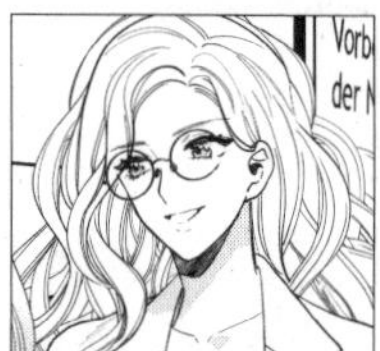

Mari Yurizono

Sie ist Mikus Lehrerin und war die „fünfte Hexe der Nacht". Nach einem Angriff von Grimm bleiben ihr nur noch einige Wochen ...

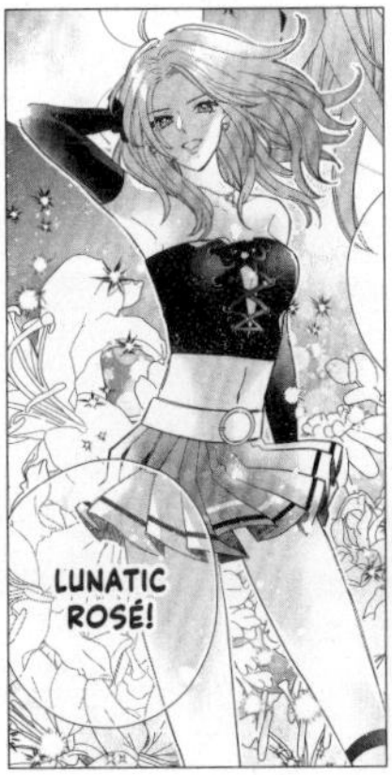

„Cool Violet": Shizuku Shijo

Sie ist Schulsprecherin an Mikus Schule und die „Hexe der Prinzipien".

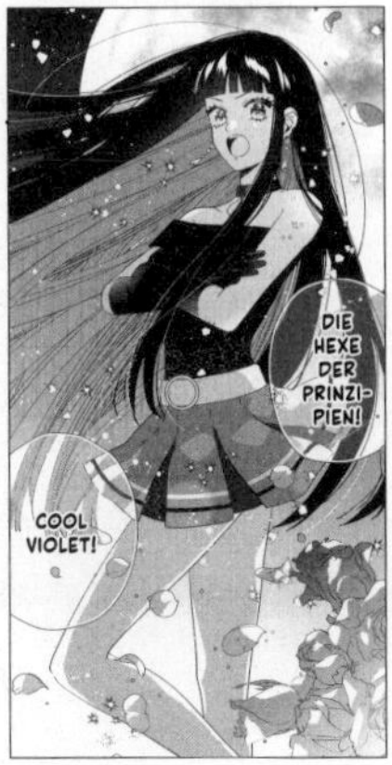

„Lunatic Rosé": Saya Tennoji

Sie ist Maris persönliche Schülerin und die „Hexe des Schicksals".

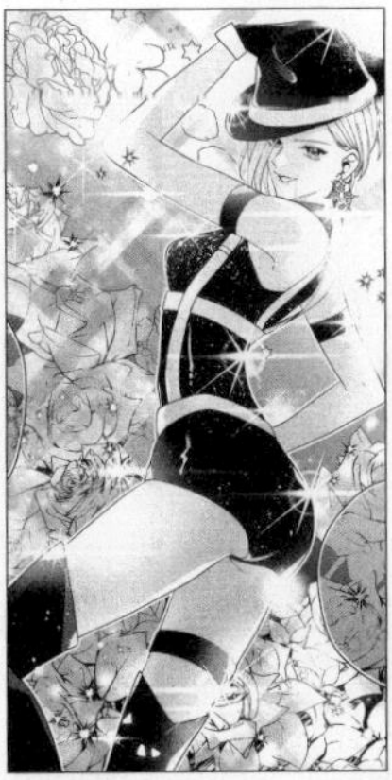

„Baby Mint": Yume Uehara

Sie ist eine Blumenarrangeurin, die auf dieselbe Schule wie Miku geht, und die „Hexe des Lebens".

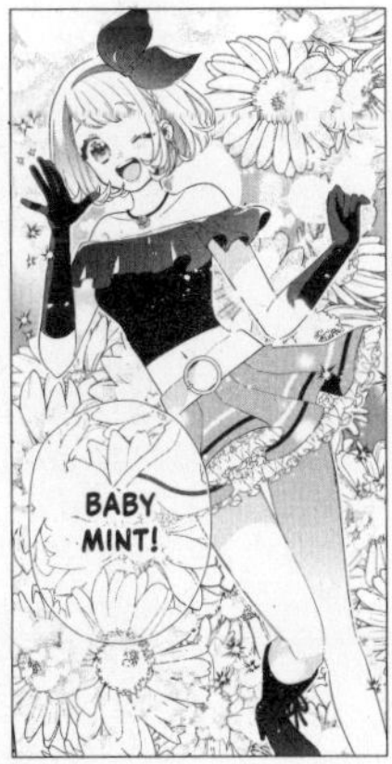

„Glitter Gold": Ray Kagari

Als männliches Idol Ray wurde sie von Miku angeschmachtet, doch nun ist sie auch die „Hexe der Sonne".

Was bisher geschah

Die Schülerin Miku bekämpft als magische Diebin „Stellar Witch LIP☆S Star Scarlet" die böse Organisation „Egg", die den Menschen ihre Lebensenergie, das sogenannte Mana, stehlen will. Der Zaubermeister Grimm, der Mana gesammelt hat, um die sogenannte *Auswahl* und damit das Ende der Welt einzuläuten, greift Mari an, woraufhin ihr nun nur noch wenige Monate bleiben. Die Stellar Witch LIP☆S sollen für den Kampf gegen Grimm unter der Anleitung von Minerva ein Trainingscamp absolvieren, doch dort taucht ein Untergebener von Grimm auf und ein erbitterter Kampf bricht aus. Nur indem Saya ihr „Mine", eine zusätzliche Kraft, erweckt, kann sie ihn schließlich besiegen. Wer von LIP☆S wird wohl als Nächste ihr „Mine" entfesseln?

Inhalt

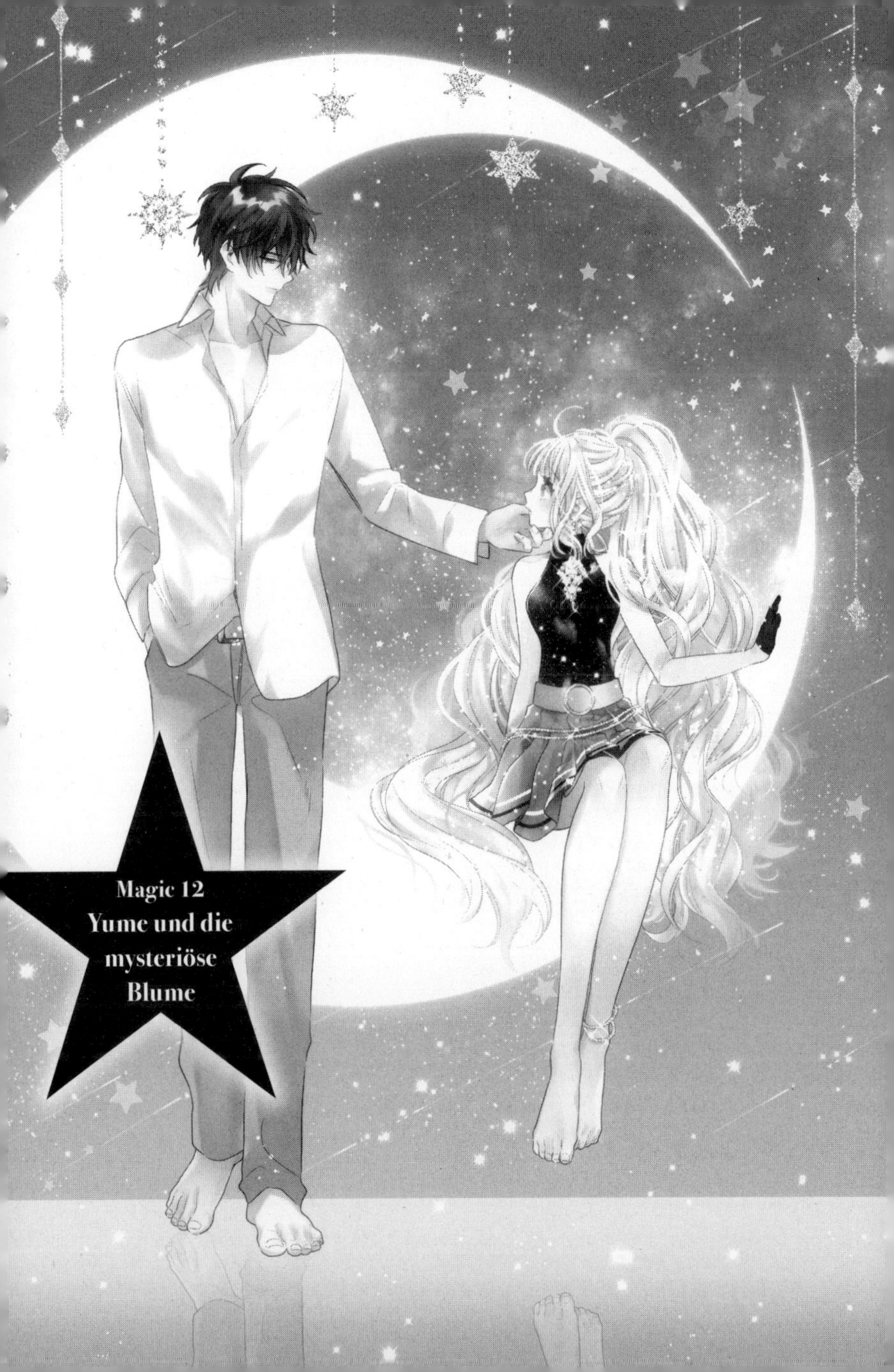
Magic 12
Yume und die
mysteriöse
Blume

Stellar Witch
LIPS

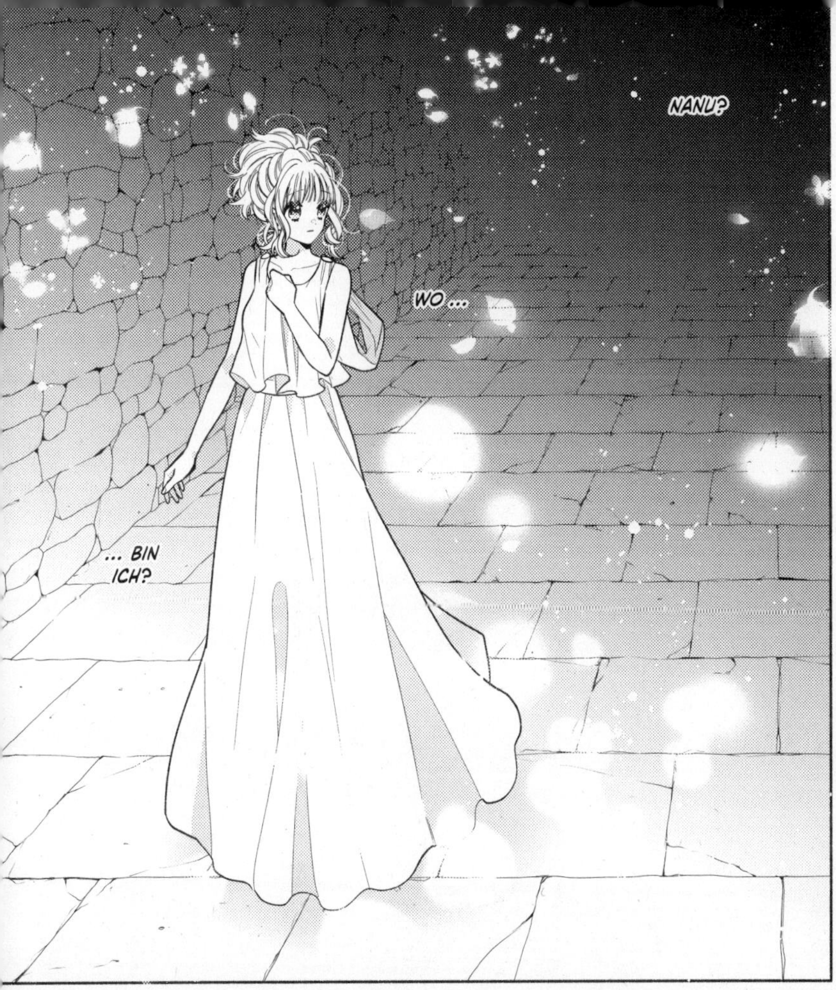

Stellar Witch LIPS

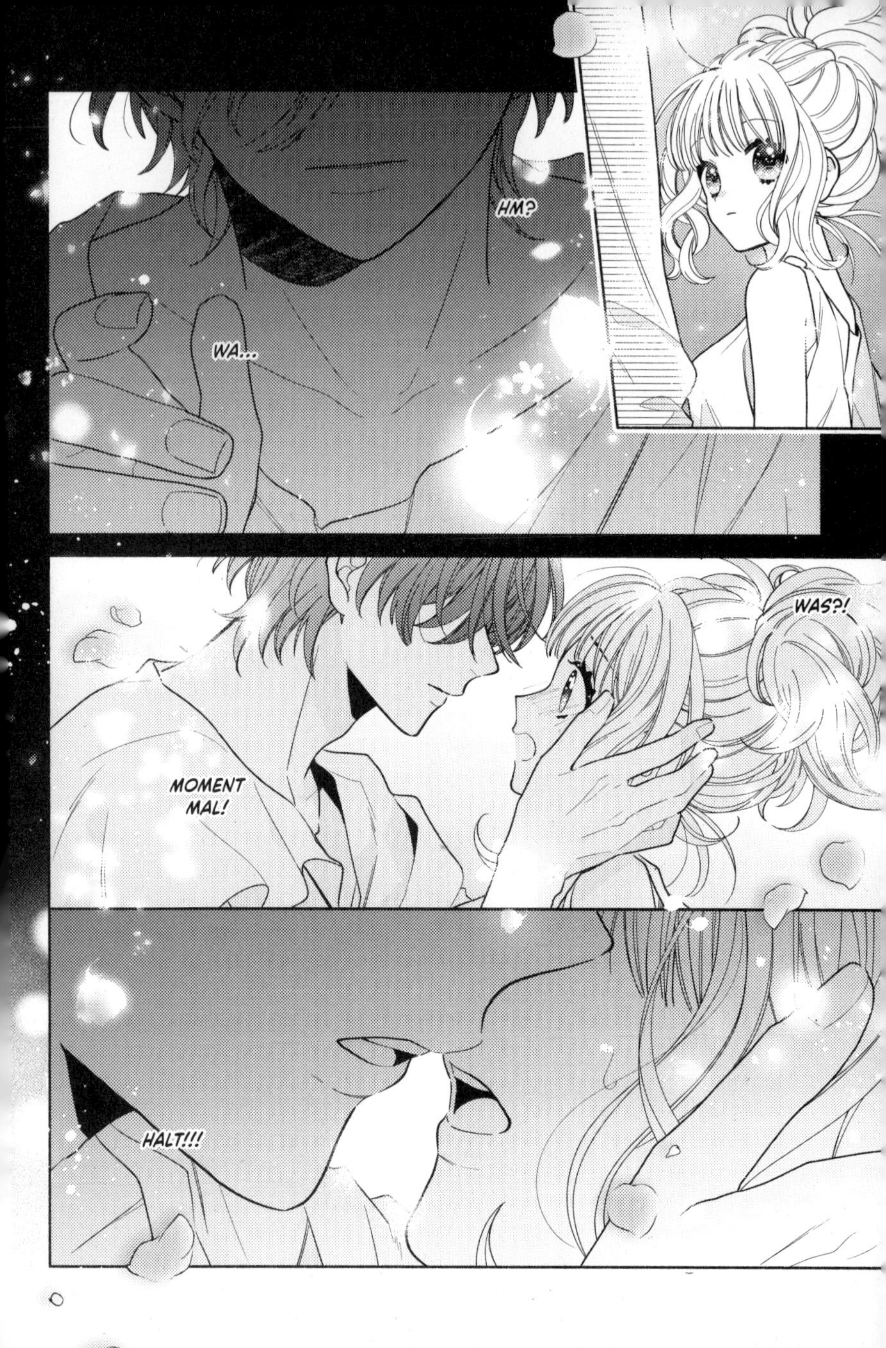
HM?
WA...
WAS?!
MOMENT MAL!
HALT!!!

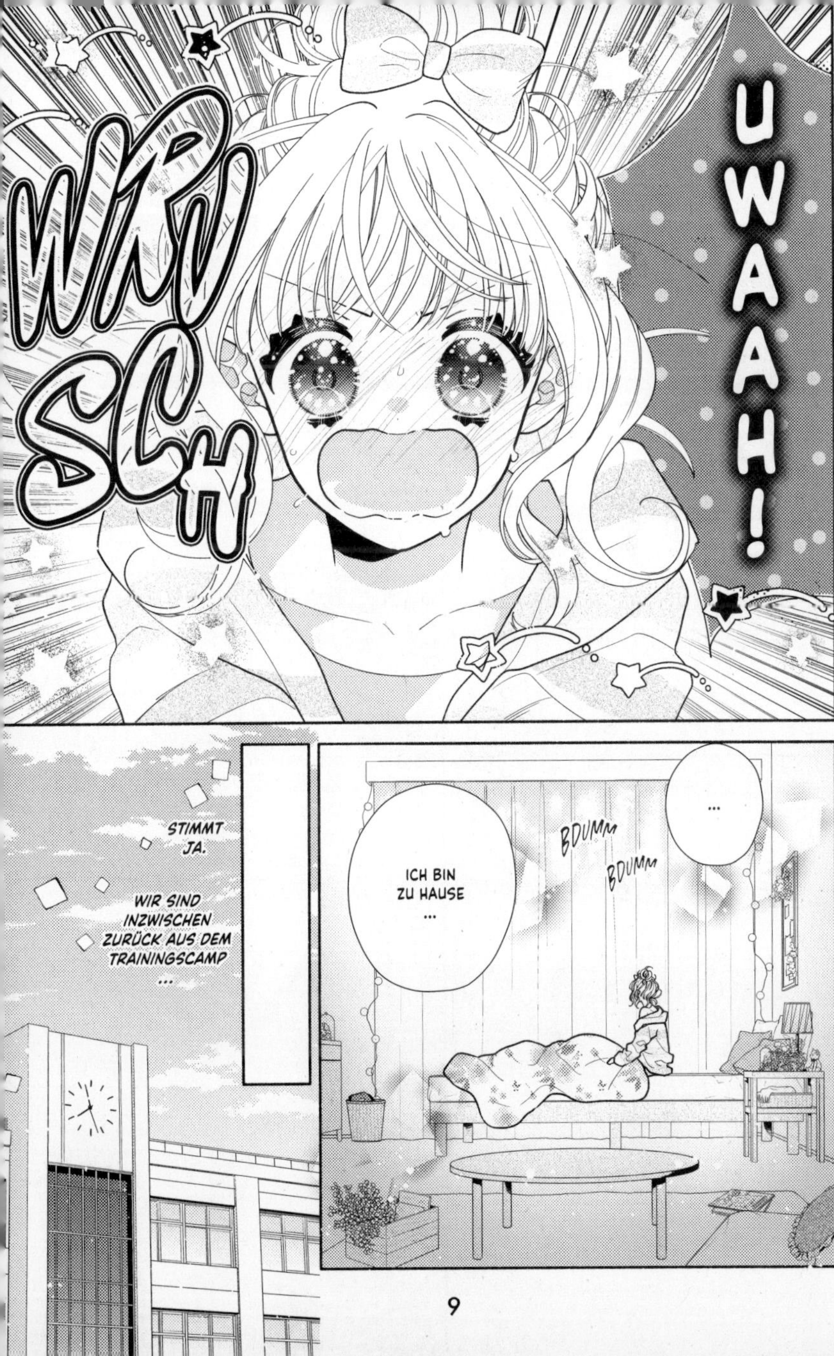
WUSCH
UWAAH!
STIMMT JA.
WIR SIND INZWISCHEN ZURÜCK AUS DEM TRAININGSCAMP ...
...
ICH BIN ZU HAUSE ...
BDUMM
BDUMM

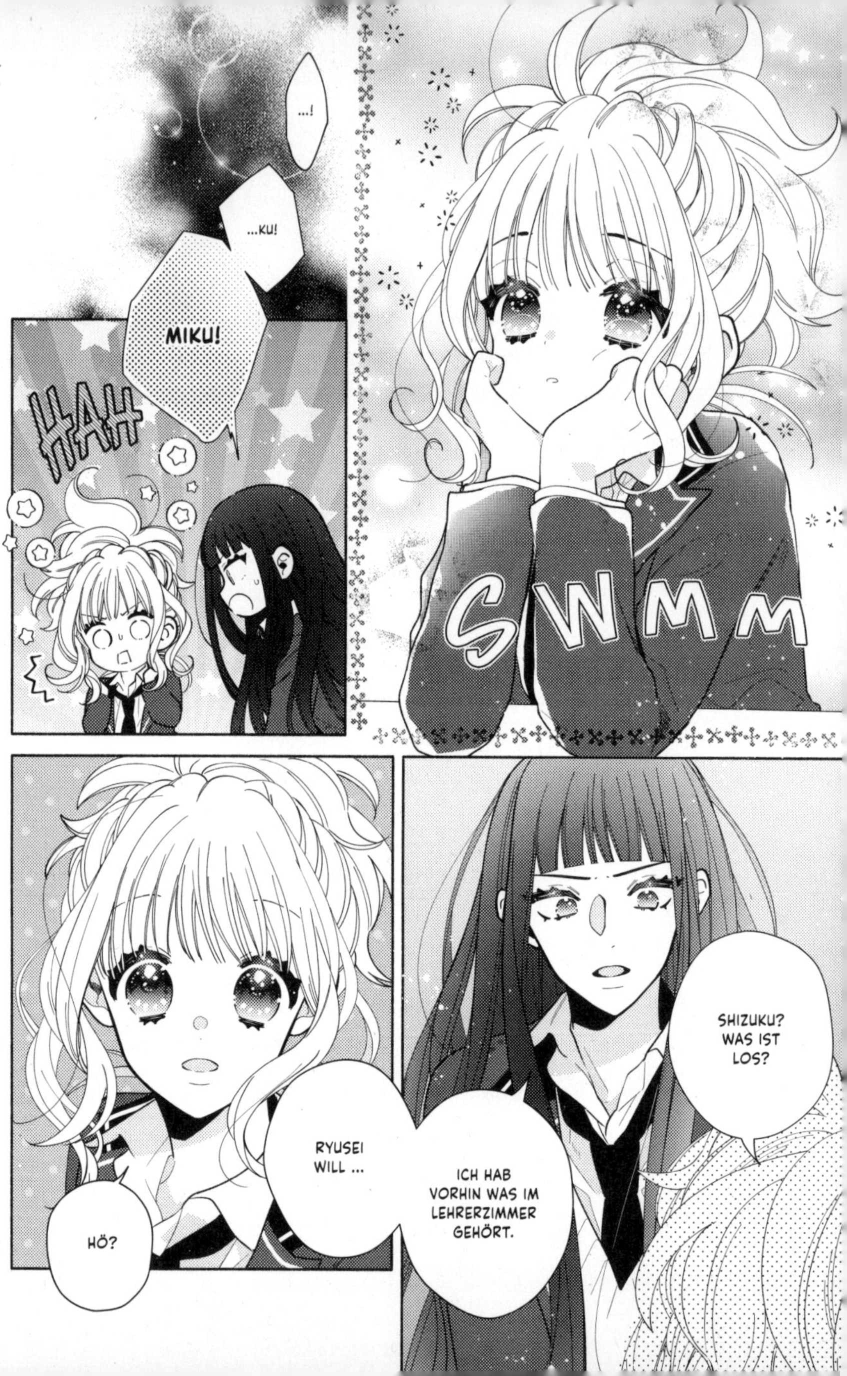
SWMM
...!
...KU!
MIKU!
HAH
SHIZUKU? WAS IST LOS?
ICH HAB VORHIN WAS IM LEHRERZIMMER GEHÖRT.
RYUSEI WILL ...
HÖ?

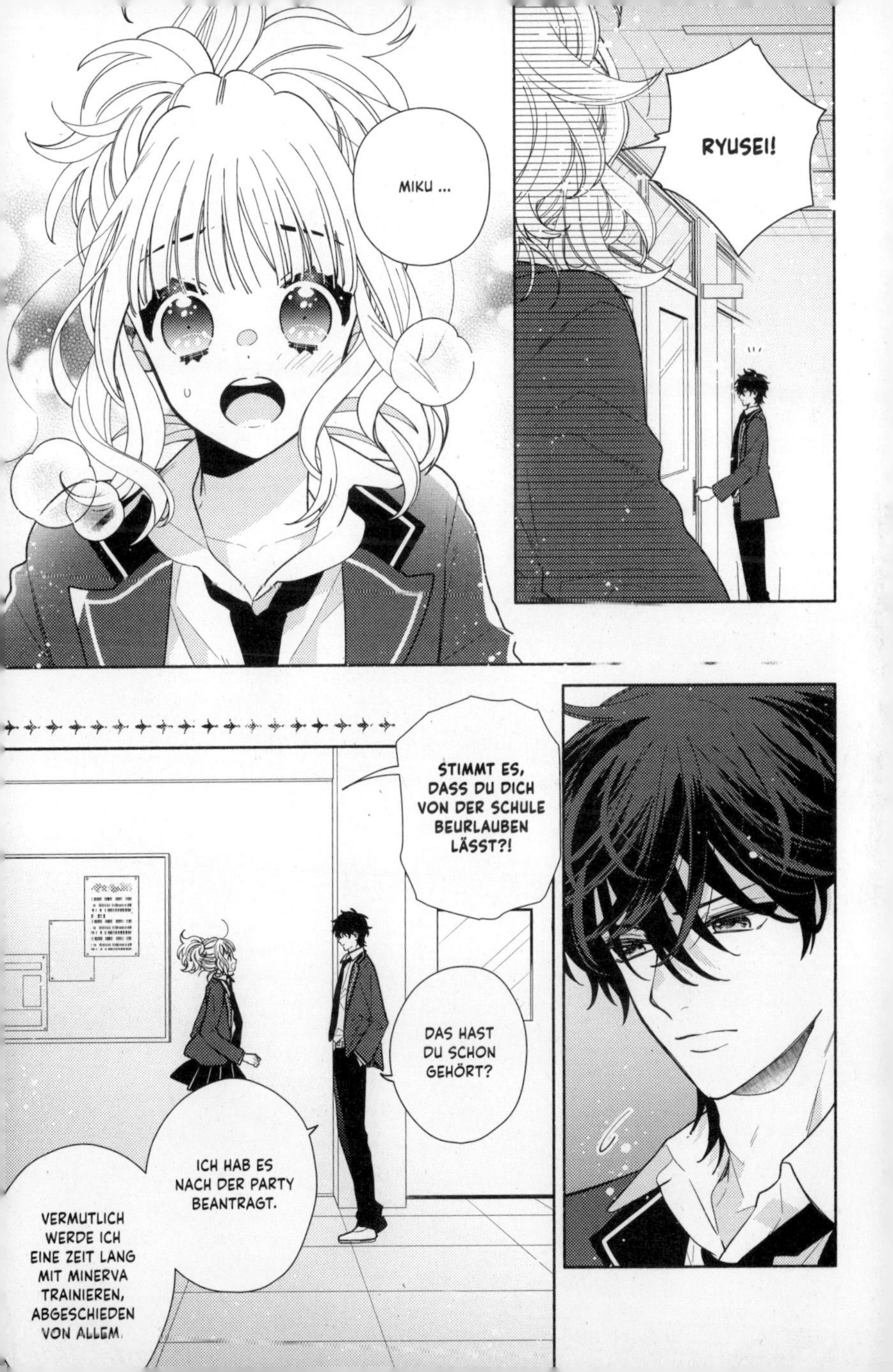
RYUSEI!
MIKU ...
STIMMT ES, DASS DU DICH VON DER SCHULE BEURLAUBEN LÄSST?!
DAS HAST DU SCHON GEHÖRT?
ICH HAB ES NACH DER PARTY BEANTRAGT.
VERMUTLICH WERDE ICH EINE ZEIT LANG MIT MINERVA TRAINIEREN, ABGESCHIEDEN VON ALLEM.

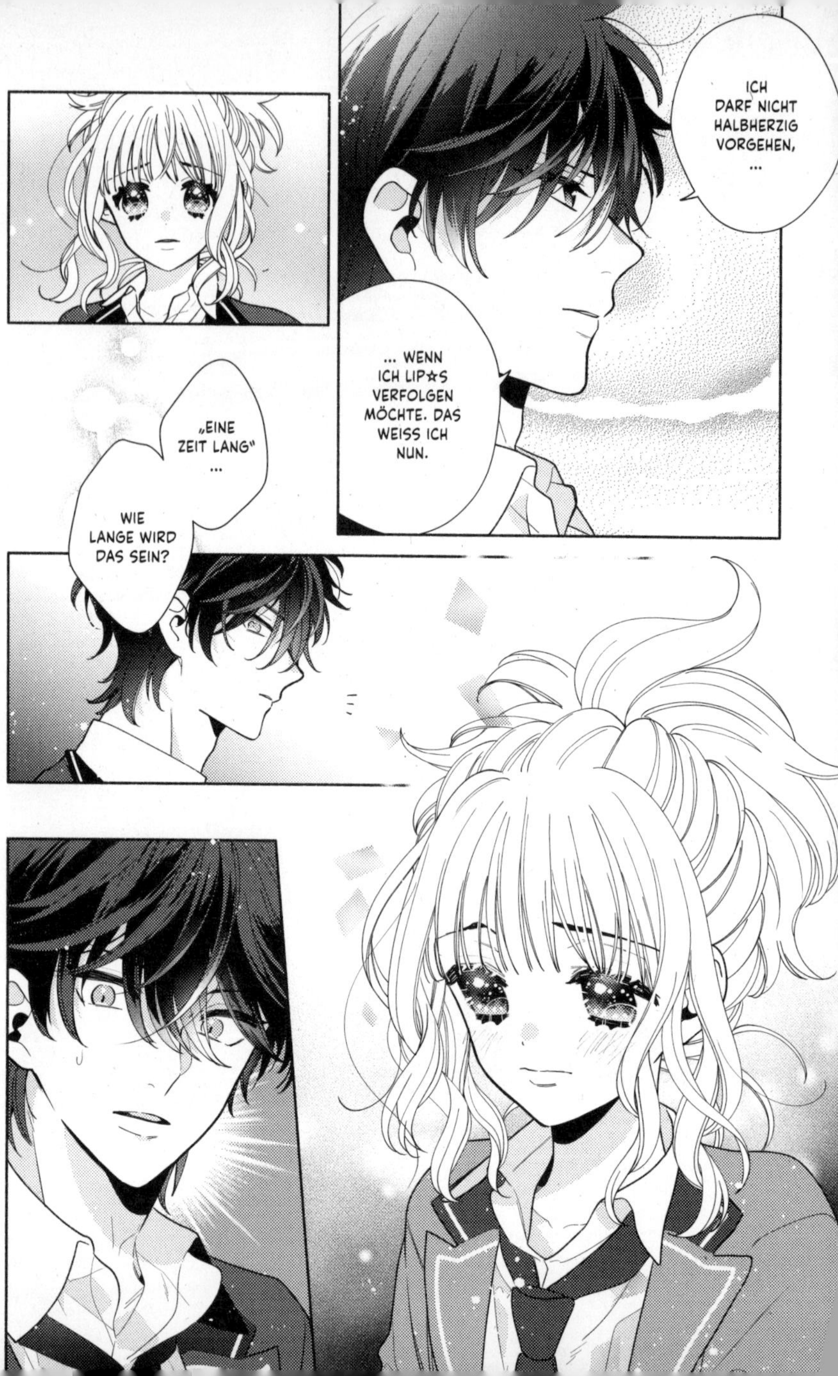
ICH DARF NICHT HALBHERZIG VORGEHEN, ...
... WENN ICH LIP☆S VERFOLGEN MÖCHTE. DAS WEISS ICH NUN.
„EINE ZEIT LANG“ ...
WIE LANGE WIRD DAS SEIN?

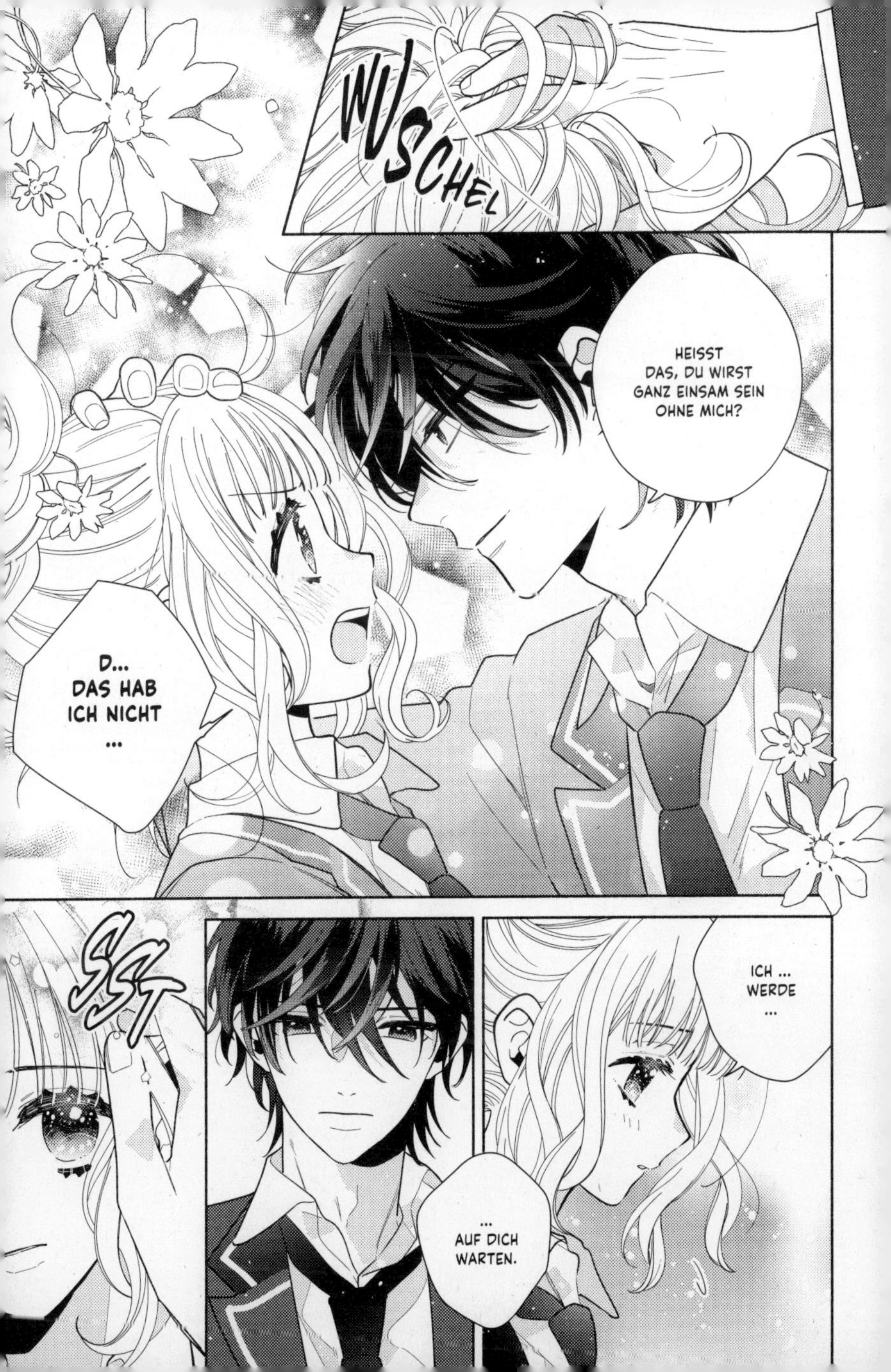
WUSCHEL
HEISST DAS, DU WIRST GANZ EINSAM SEIN OHNE MICH?
D... DAS HAB ICH NICHT ...
ICH ... WERDE ...
... AUF DICH WARTEN.
SST

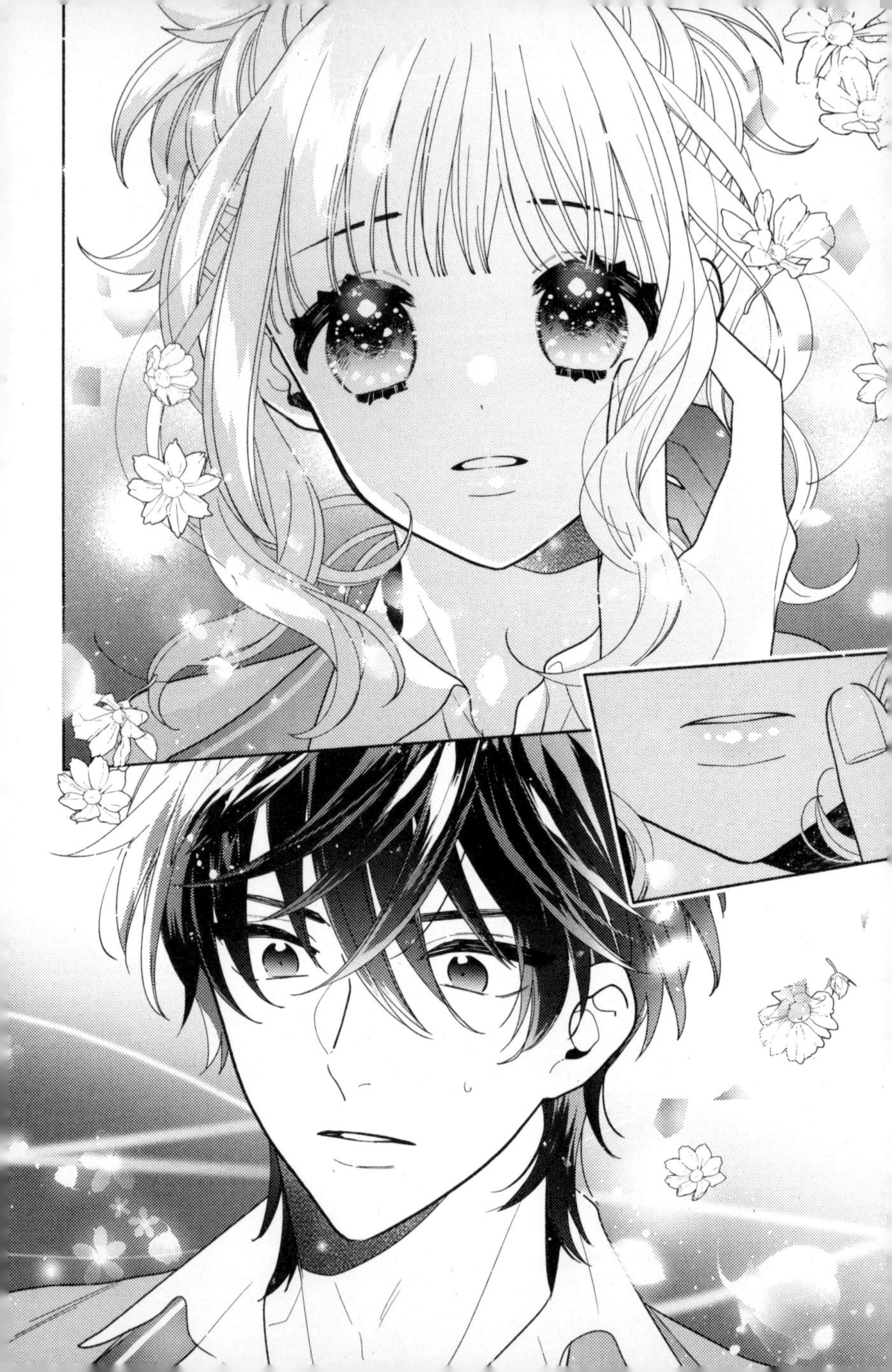

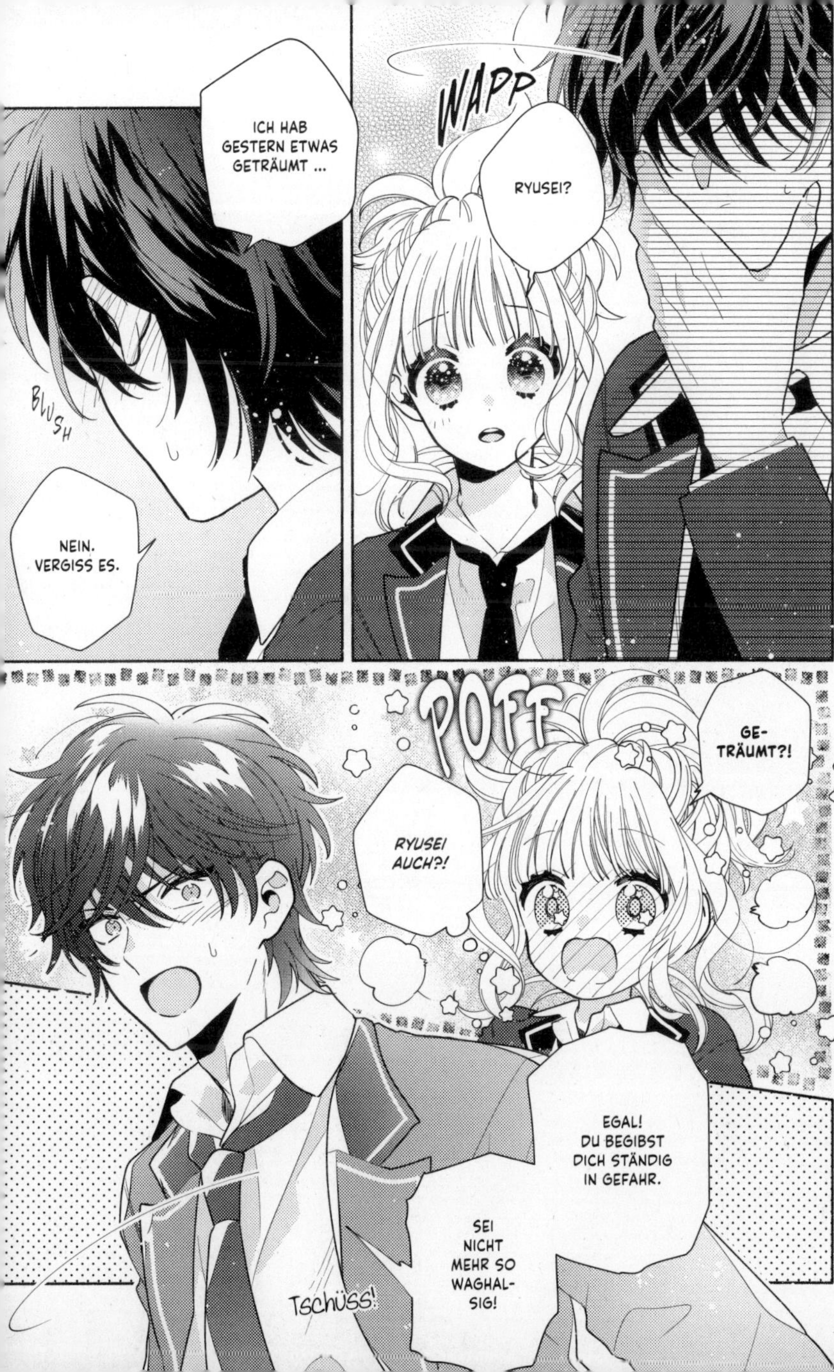

WAPP
RYUSEI?
ICH HAB GESTERN ETWAS GETRÄUMT ...
BLUSH
NEIN. VERGISS ES.
POFF
GE-TRÄUMT?!
RYUSEI AUCH?!
EGAL! DU BEGIBST DICH STÄNDIG IN GEFAHR.
SEI NICHT MEHR SO WAGHAL-SIG!
TSCHÜSS!

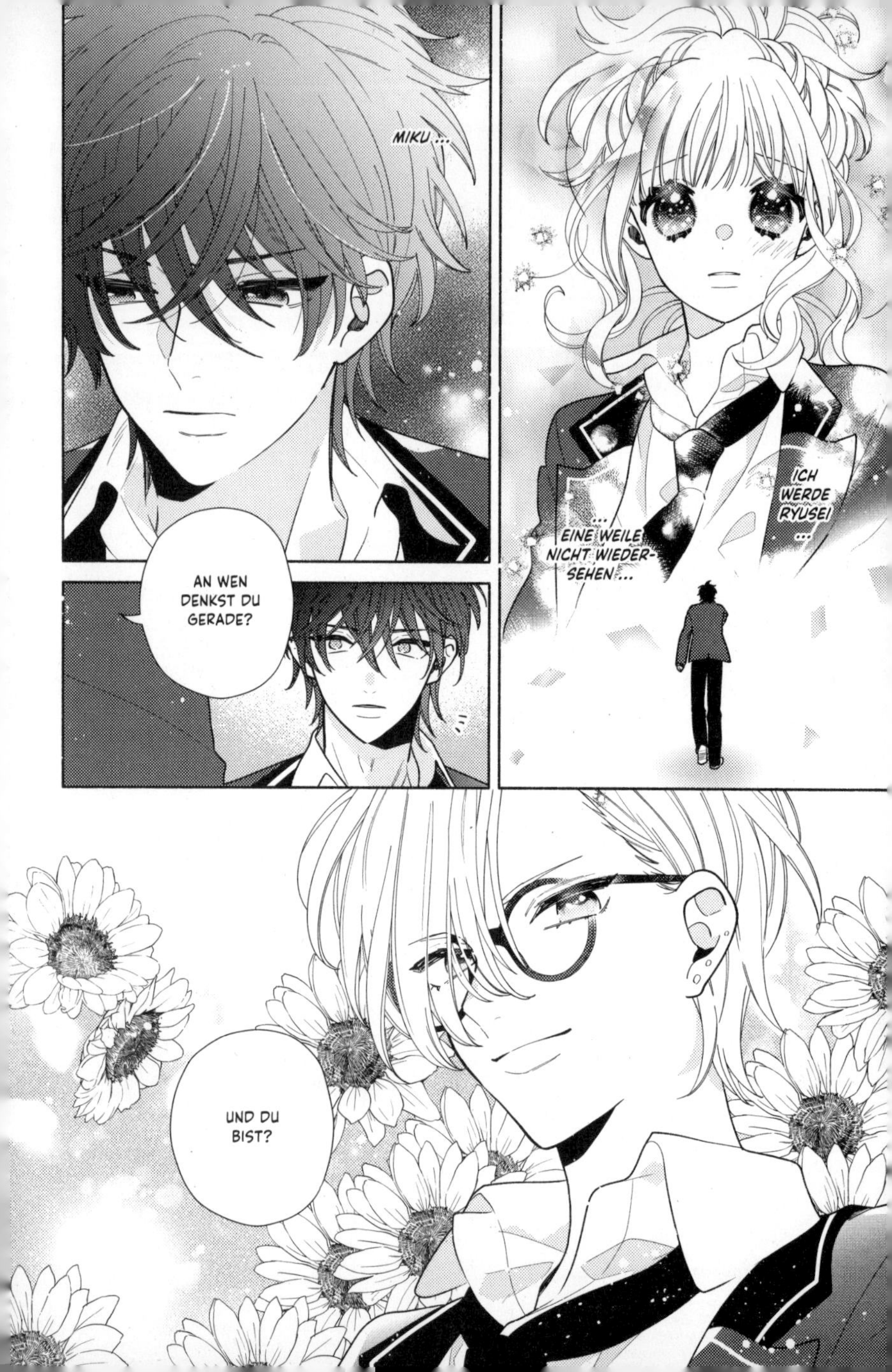
ICH WERDE RYUSEI ...
... EINE WEILE NICHT WIEDER-SEHEN ...
MIKU ...
AN WEN DENKST DU GERADE?
UND DU BIST?

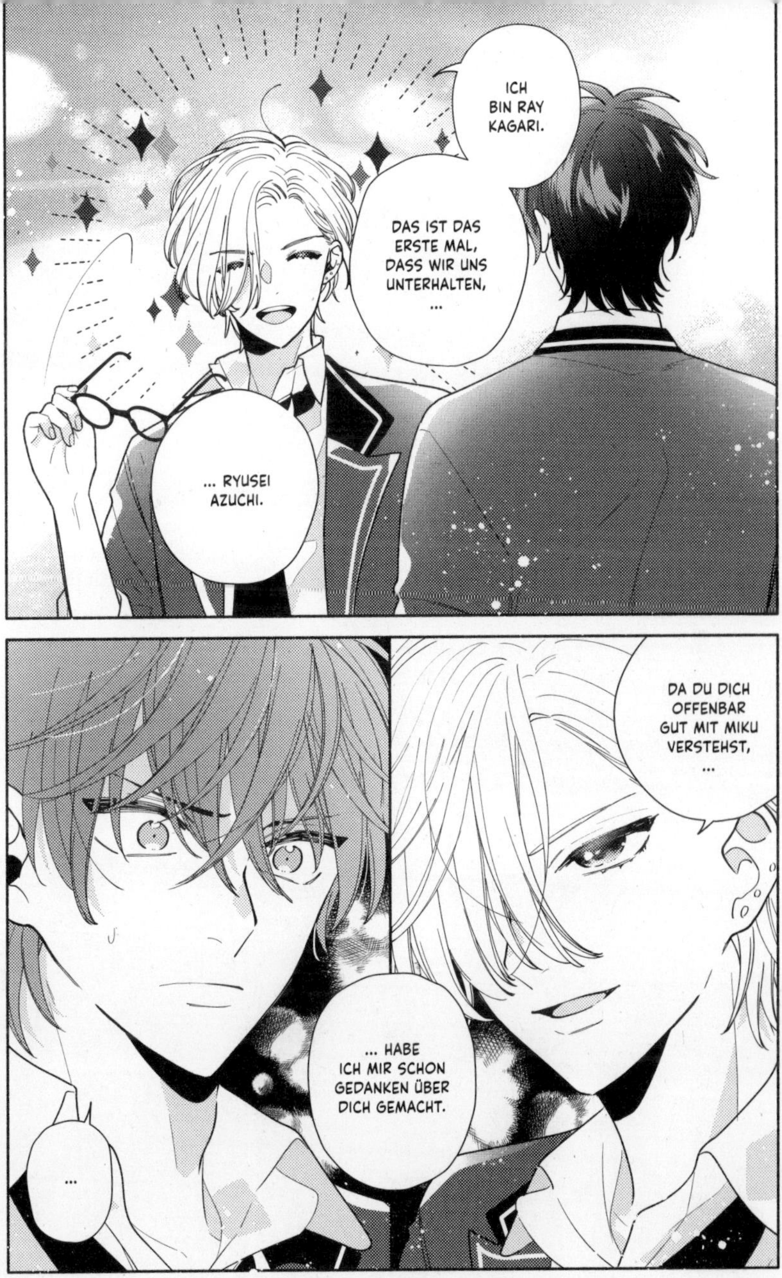
ICH BIN RAY KAGARI.
DAS IST DAS ERSTE MAL, DASS WIR UNS UNTERHALTEN, ...
... RYUSEI AZUCHI.
DA DU DICH OFFENBAR GUT MIT MIKU VERSTEHST, ...
... HABE ICH MIR SCHON GEDANKEN ÜBER DICH GEMACHT.
...

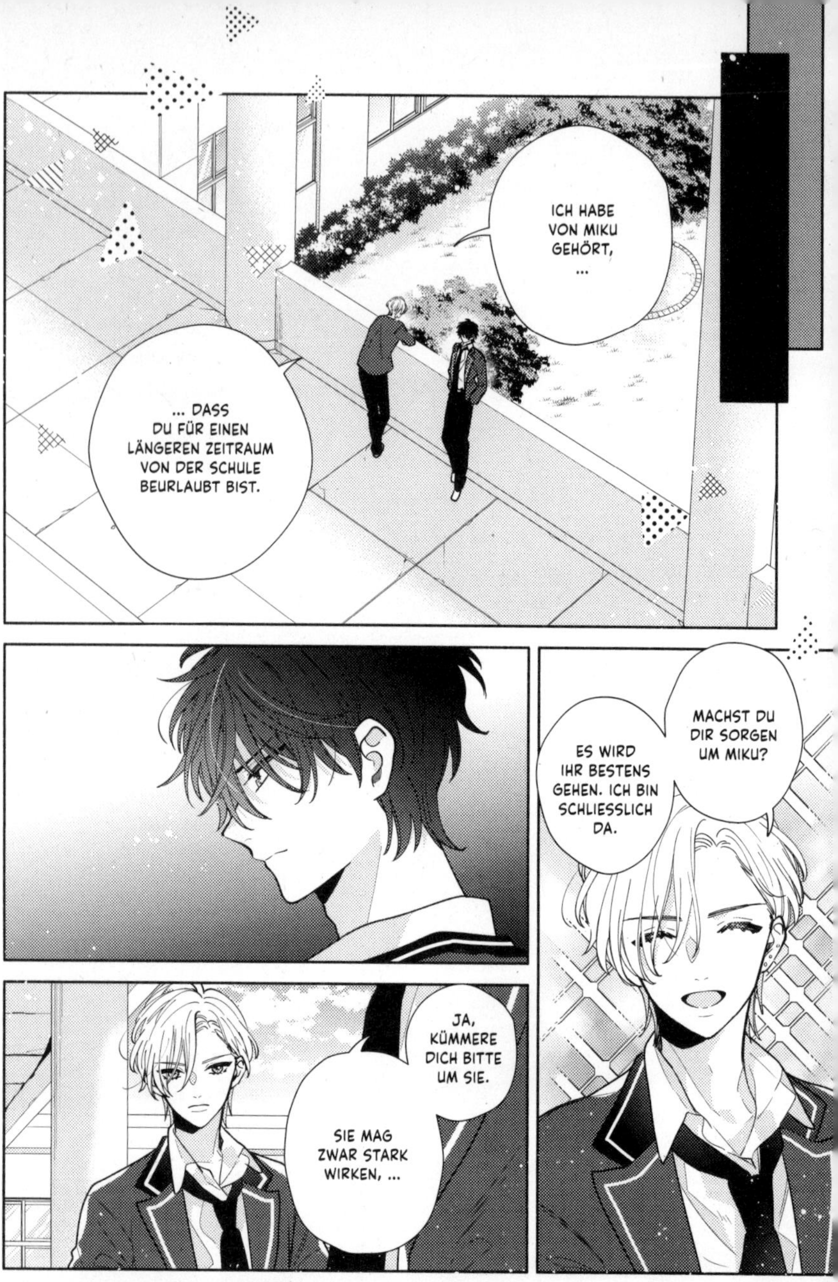
ICH HABE VON MIKU GEHÖRT, ...
... DASS DU FÜR EINEN LÄNGEREN ZEITRAUM VON DER SCHULE BEURLAUBT BIST.
MACHST DU DIR SORGEN UM MIKU?
ES WIRD IHR BESTENS GEHEN. ICH BIN SCHLIESSLICH DA.
JA, KÜMMERE DICH BITTE UM SIE.
SIE MAG ZWAR STARK WIRKEN, ...

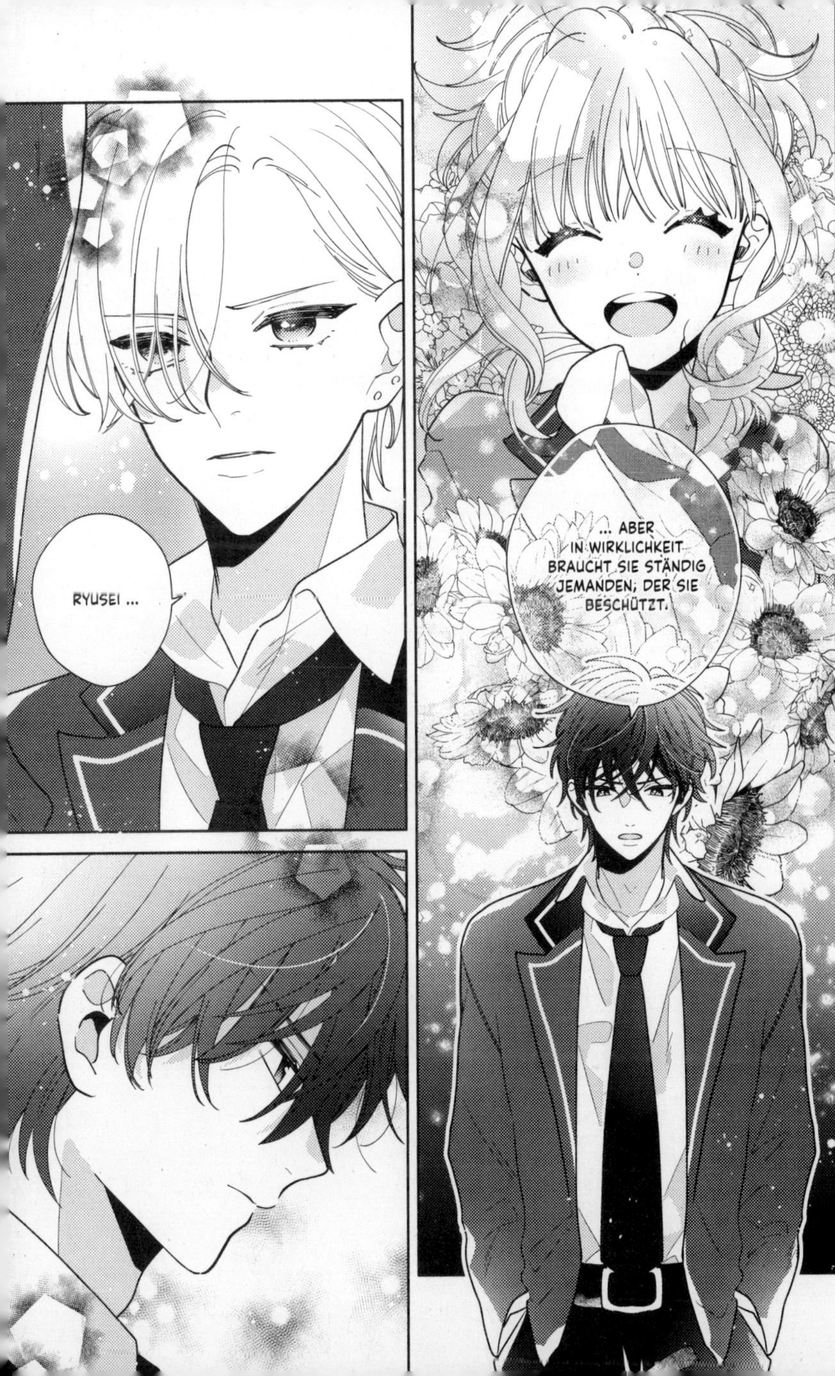
... ABER IN WIRKLICHKEIT BRAUCHT SIE STÄNDIG JEMANDEN, DER SIE BESCHÜTZT.
RYUSEI ...

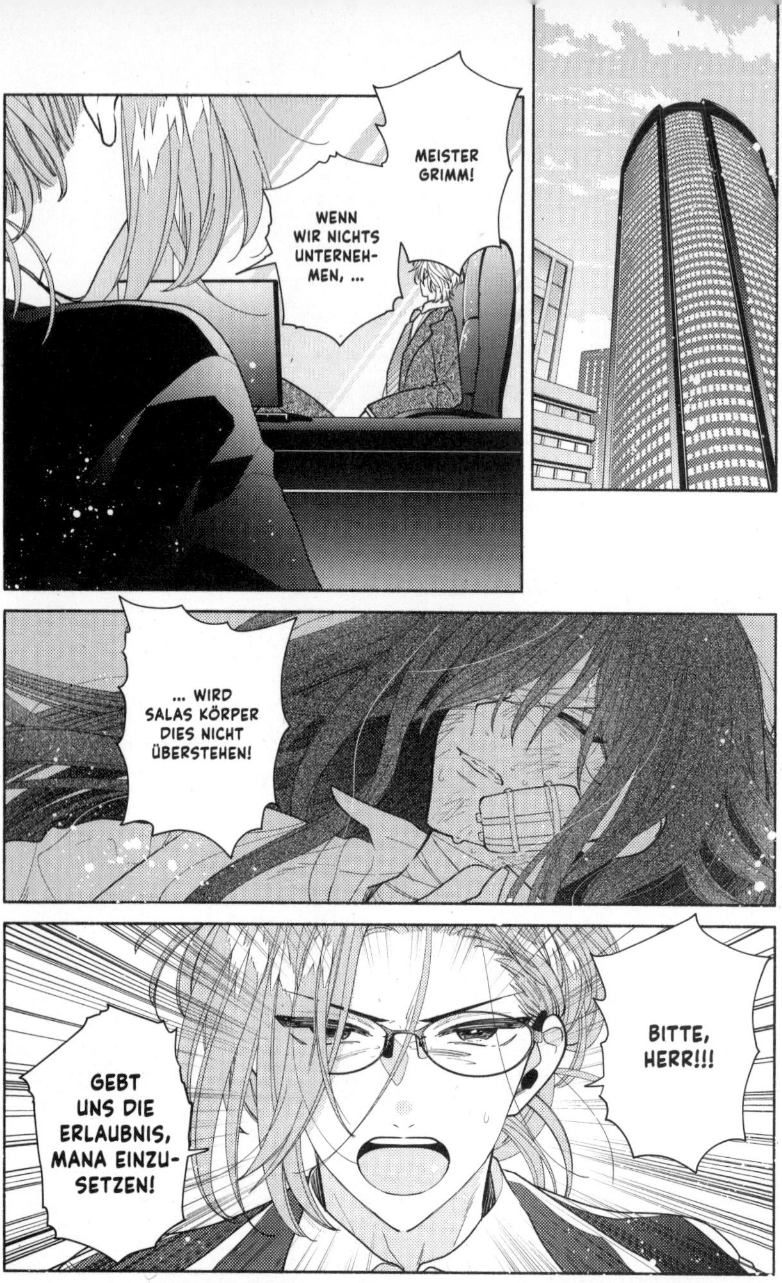
MEISTER GRIMM!
WENN WIR NICHTS UNTERNEH-MEN, ...
... WIRD SALAS KÖRPER DIES NICHT ÜBERSTEHEN!
BITTE, HERR!!!
GEBT UNS DIE ERLAUBNIS, MANA EINZU-SETZEN!

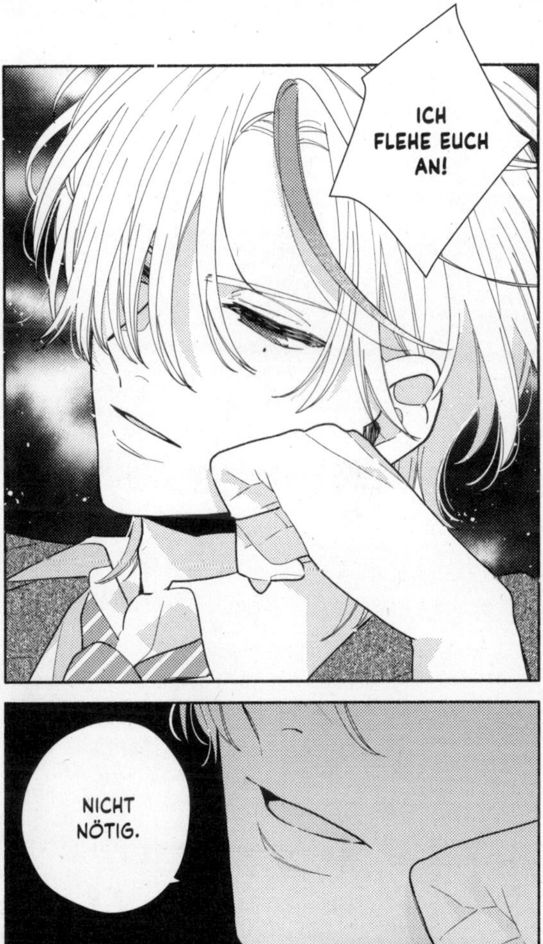

Stellar Witch LIPS

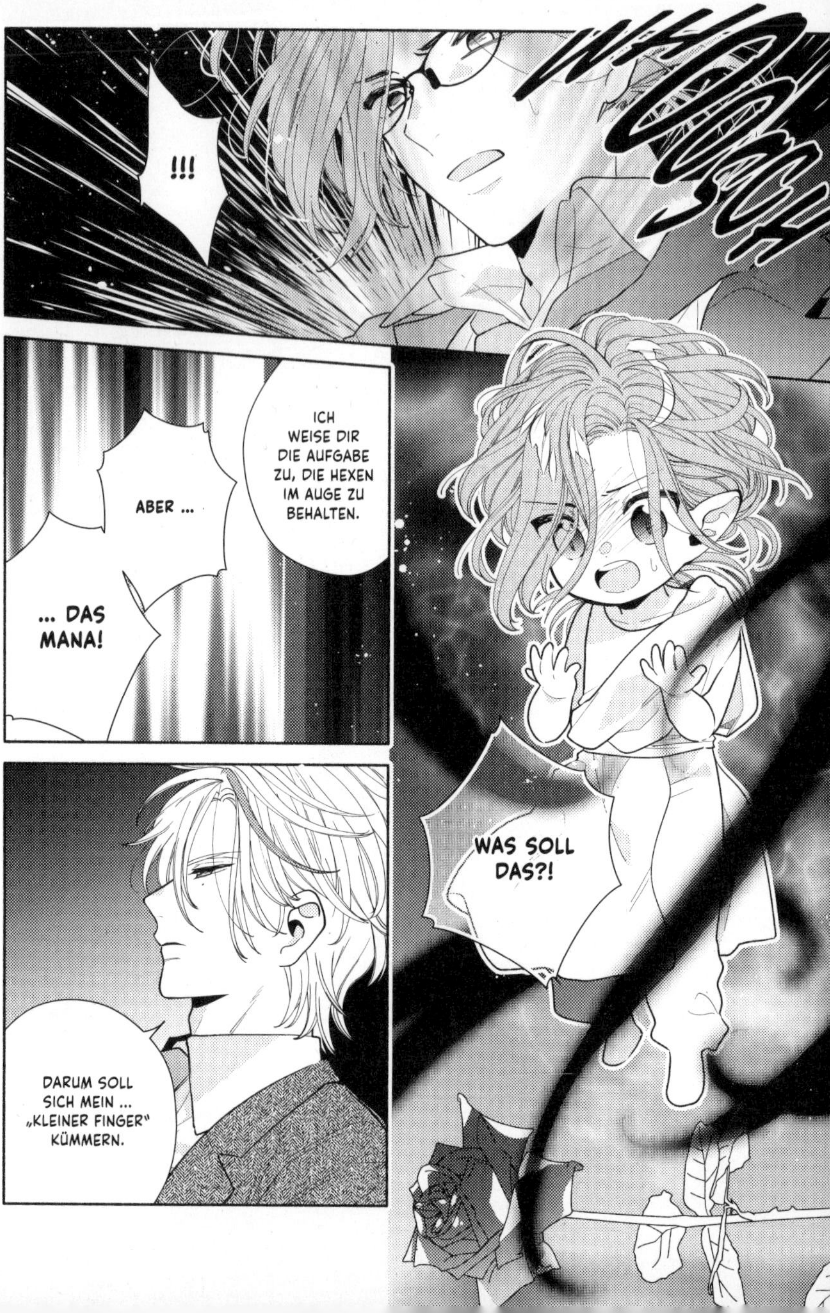
WHOOSCH!
!!!
WAS SOLL DAS?!
ICH WEISE DIR DIE AUFGABE ZU, DIE HEXEN IM AUGE ZU BEHALTEN.
ABER ...
... DAS MANA!
DARUM SOLL SICH MEIN ... „KLEINER FINGER“ KÜMMERN.

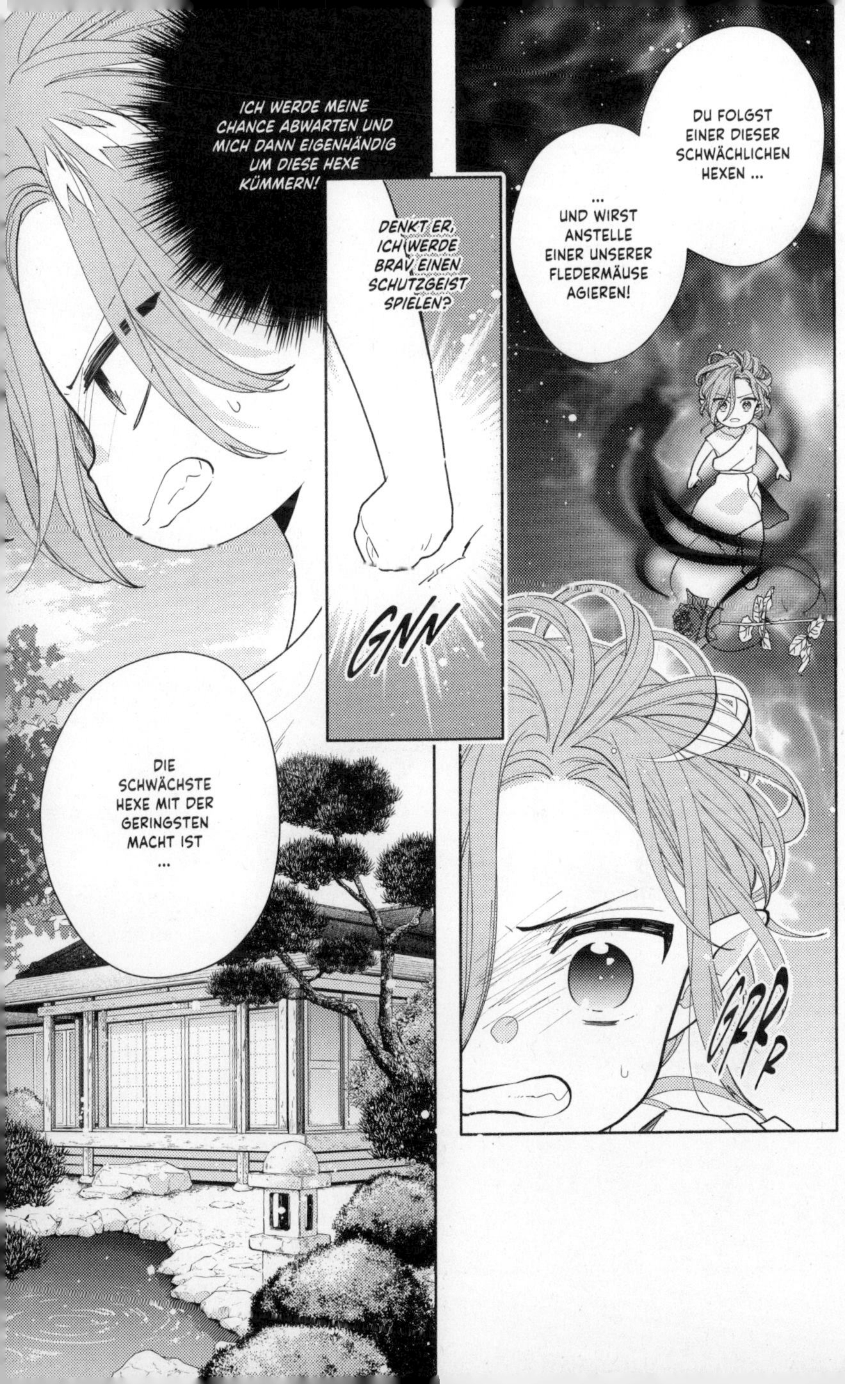
DU FOLGST EINER DIESER SCHWÄCHLICHEN HEXEN ...
... UND WIRST ANSTELLE EINER UNSERER FLEDERMÄUSE AGIEREN!
GRRR
DENKT ER, ICH WERDE BRAV EINEN SCHUTZGEIST SPIELEN?
GNN
ICH WERDE MEINE CHANCE ABWARTEN UND MICH DANN EIGENHÄNDIG UM DIESE HEXE KÜMMERN!
DIE SCHWÄCHSTE HEXE MIT DER GERINGSTEN MACHT IST ...

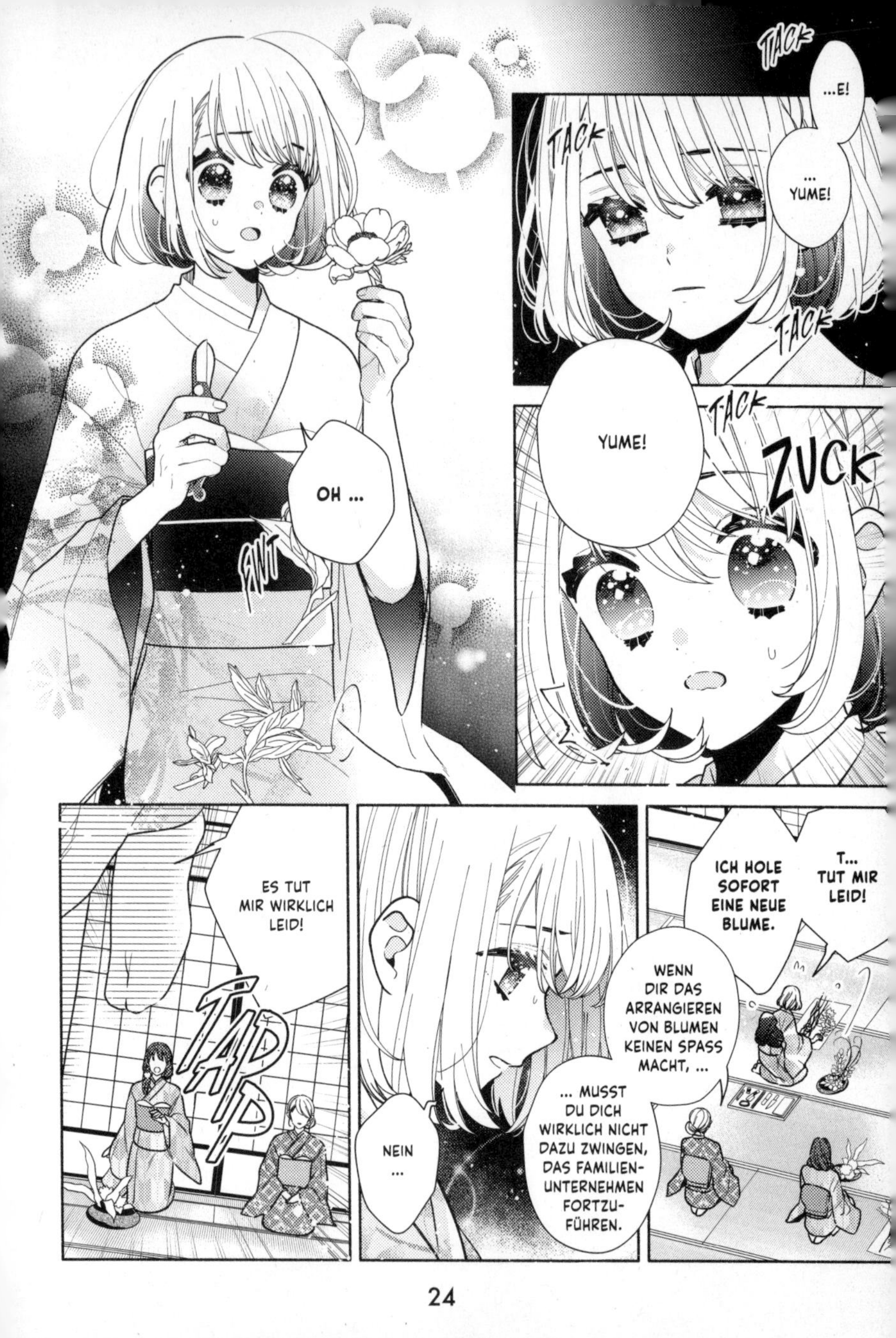
TACK
...E!
... YUME!
TACK
TACK
YUME!
TACK
ZUCK
OH ...
T... TUT MIR LEID!
ICH HOLE SOFORT EINE NEUE BLUME.
WENN DIR DAS ARRANGIEREN VON BLUMEN KEINEN SPASS MACHT, ...
... MUSST DU DICH WIRKLICH NICHT DAZU ZWINGEN, DAS FAMILIEN-UNTERNEHMEN FORTZU-FÜHREN.
NEIN ...
ES TUT MIR WIRKLICH LEID!
TAP

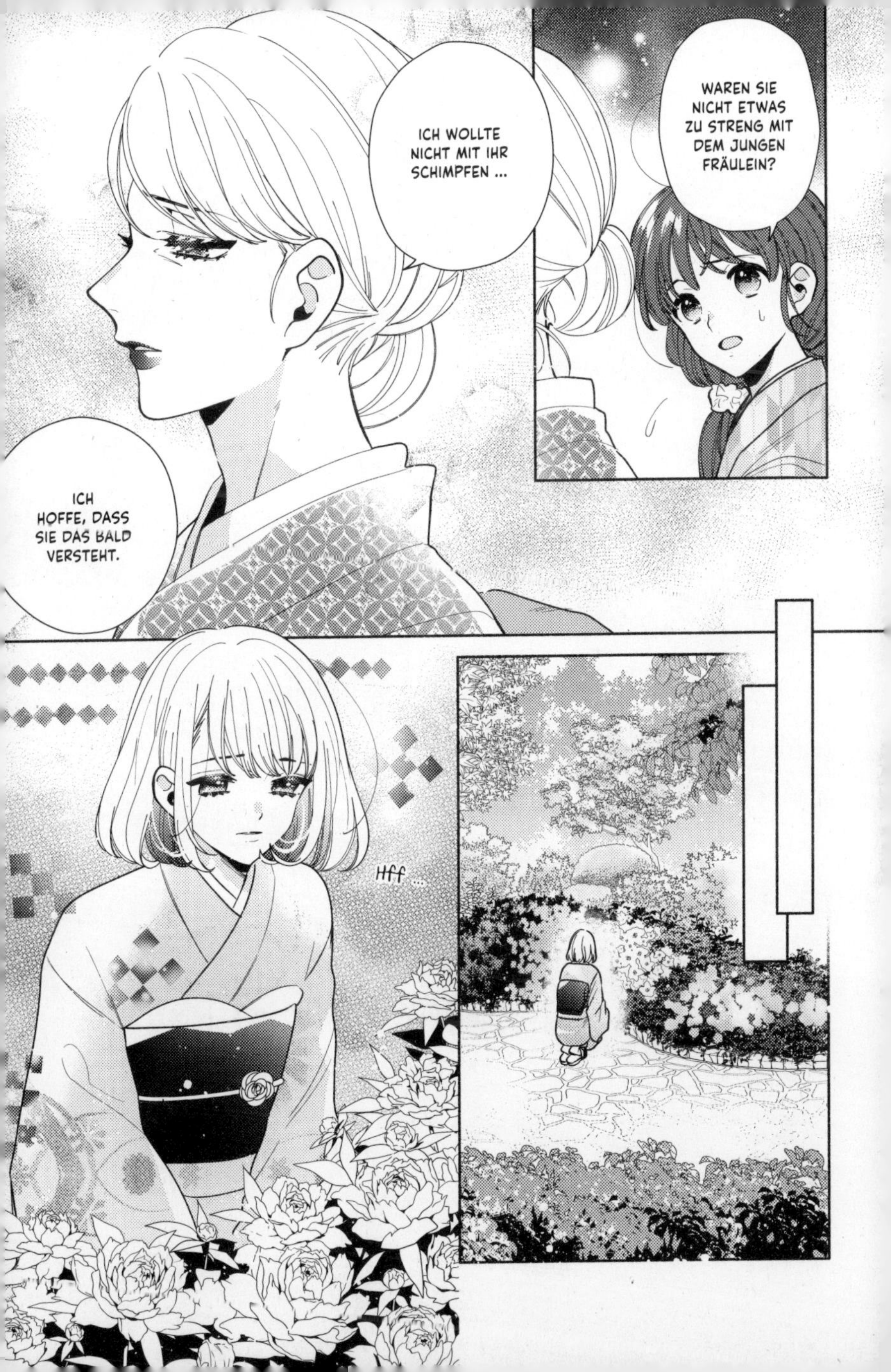
WAREN SIE NICHT ETWAS ZU STRENG MIT DEM JUNGEN FRÄULEIN?
ICH WOLLTE NICHT MIT IHR SCHIMPFEN ...
ICH HOFFE, DASS SIE DAS BALD VERSTEHT.
Hff ...

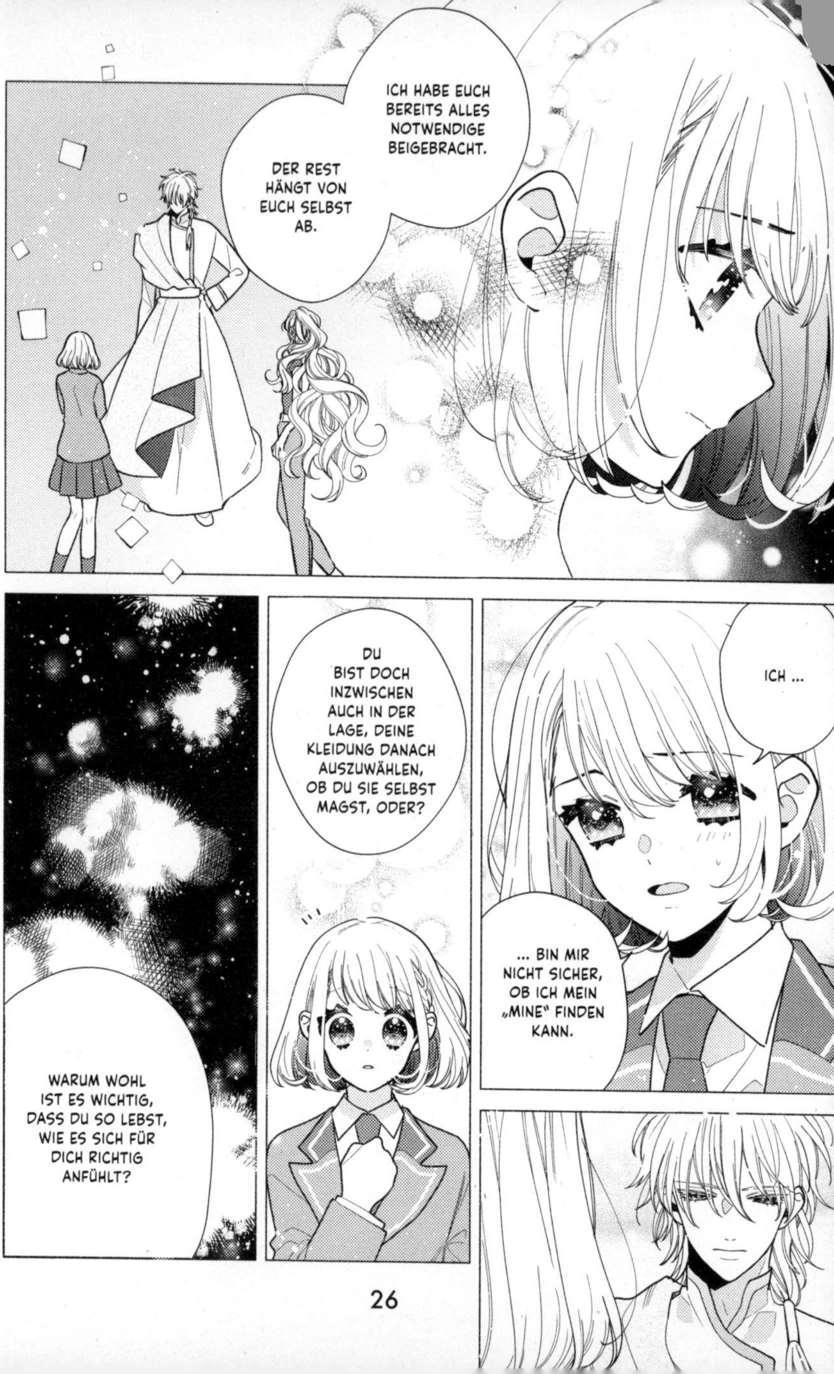

ICH HABE EUCH BEREITS ALLES NOTWENDIGE BEIGEBRACHT.
DER REST HÄNGT VON EUCH SELBST AB.
ICH ...
... BIN MIR NICHT SICHER, OB ICH MEIN „MINE" FINDEN KANN.
DU BIST DOCH INZWISCHEN AUCH IN DER LAGE, DEINE KLEIDUNG DANACH AUSZUWÄHLEN, OB DU SIE SELBST MAGST, ODER?
WARUM WOHL IST ES WICHTIG, DASS DU SO LEBST, WIE ES SICH FÜR DICH RICHTIG ANFÜHLT?

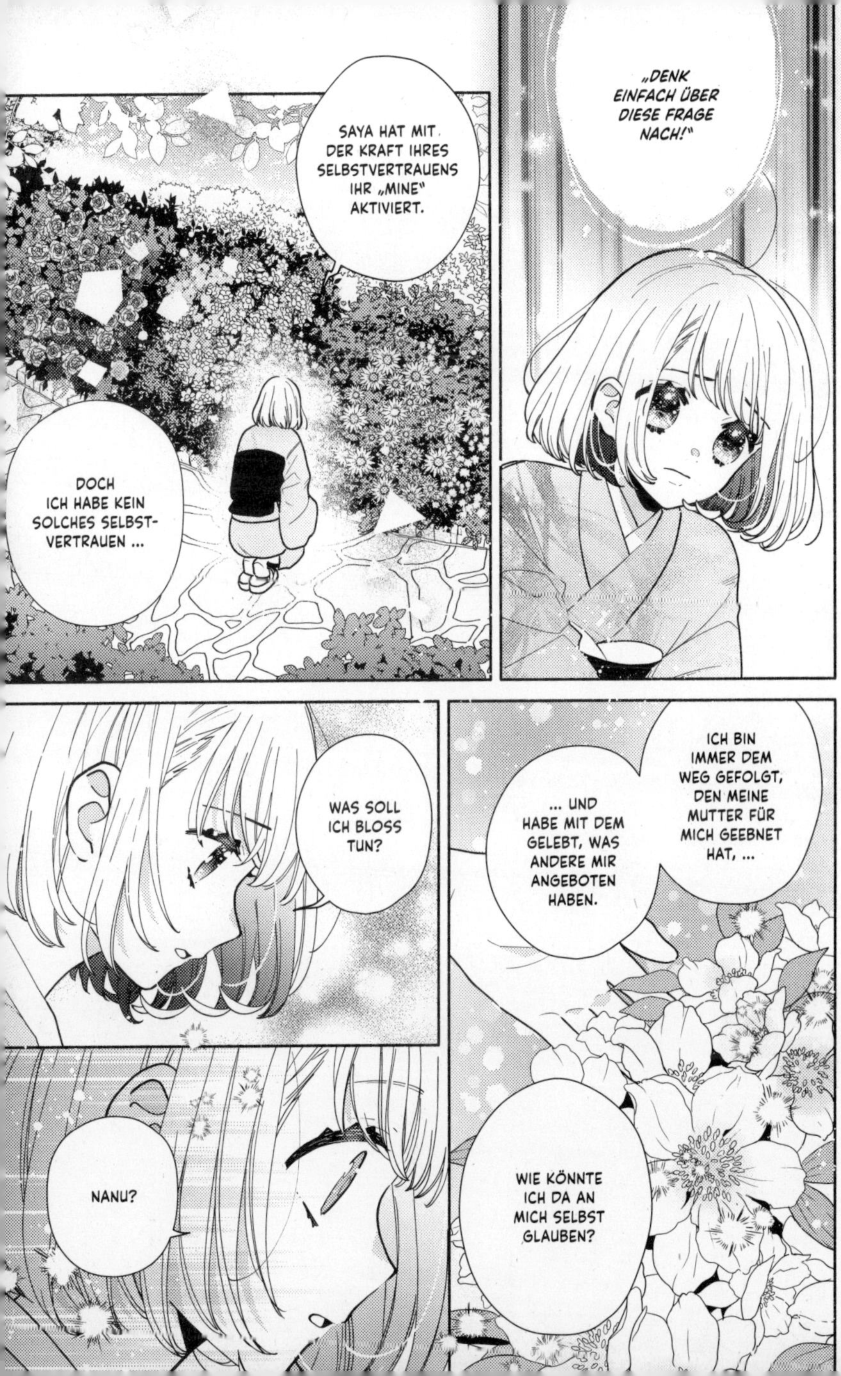
„DENK EINFACH ÜBER DIESE FRAGE NACH!"
SAYA HAT MIT DER KRAFT IHRES SELBSTVERTRAUENS IHR „MINE" AKTIVIERT.
DOCH ICH HABE KEIN SOLCHES SELBST-VERTRAUEN ...
ICH BIN IMMER DEM WEG GEFOLGT, DEN MEINE MUTTER FÜR MICH GEEBNET HAT, ...
... UND HABE MIT DEM GELEBT, WAS ANDERE MIR ANGEBOTEN HABEN.
WAS SOLL ICH BLOSS TUN?
WIE KÖNNTE ICH DA AN MICH SELBST GLAUBEN?
NANU?

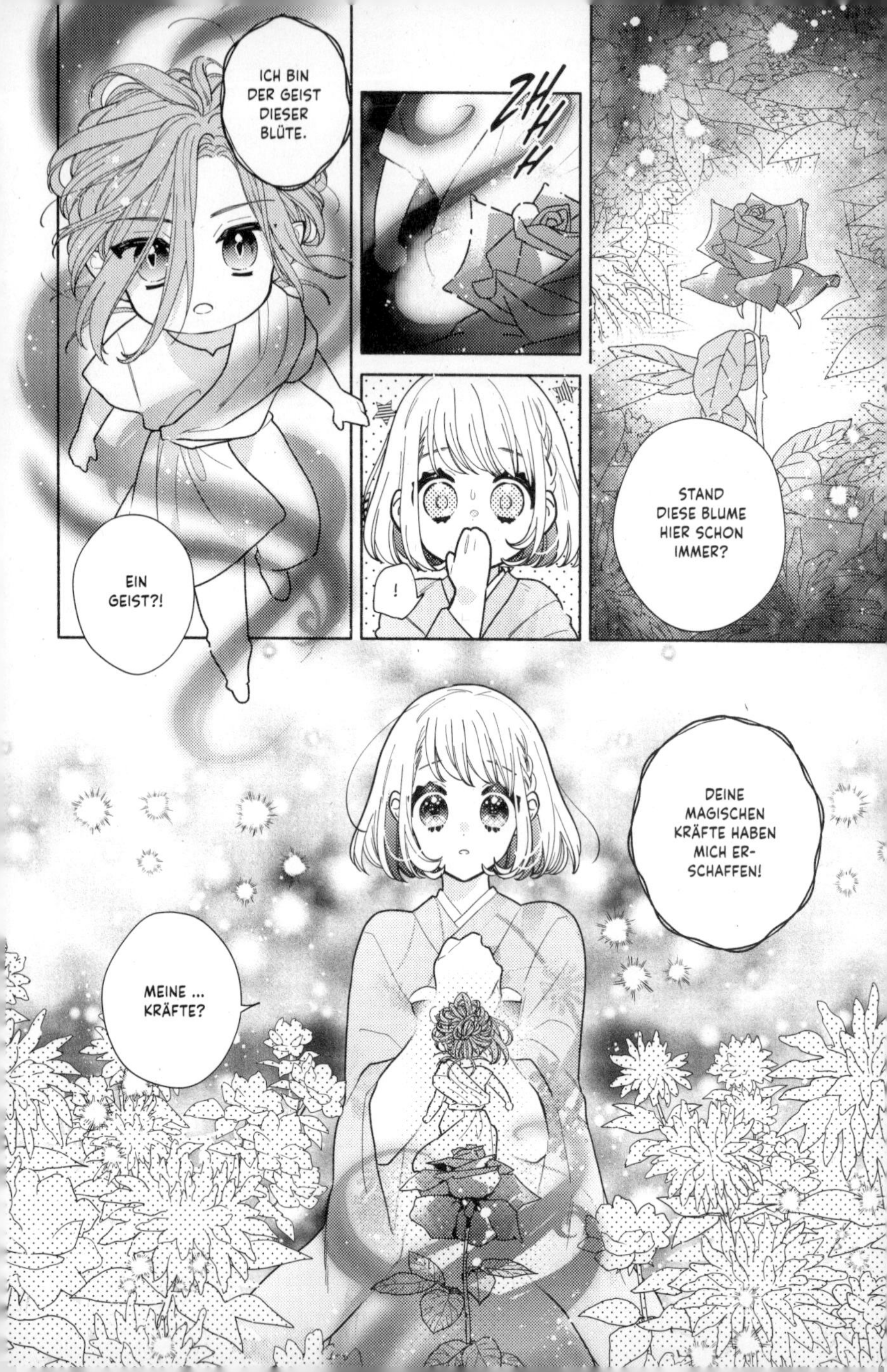
STAND DIESE BLUME HIER SCHON IMMER?
ZHHH
!
ICH BIN DER GEIST DIESER BLÜTE.
EIN GEIST?!
DEINE MAGISCHEN KRÄFTE HABEN MICH ER-SCHAFFEN!
MEINE ... KRÄFTE?

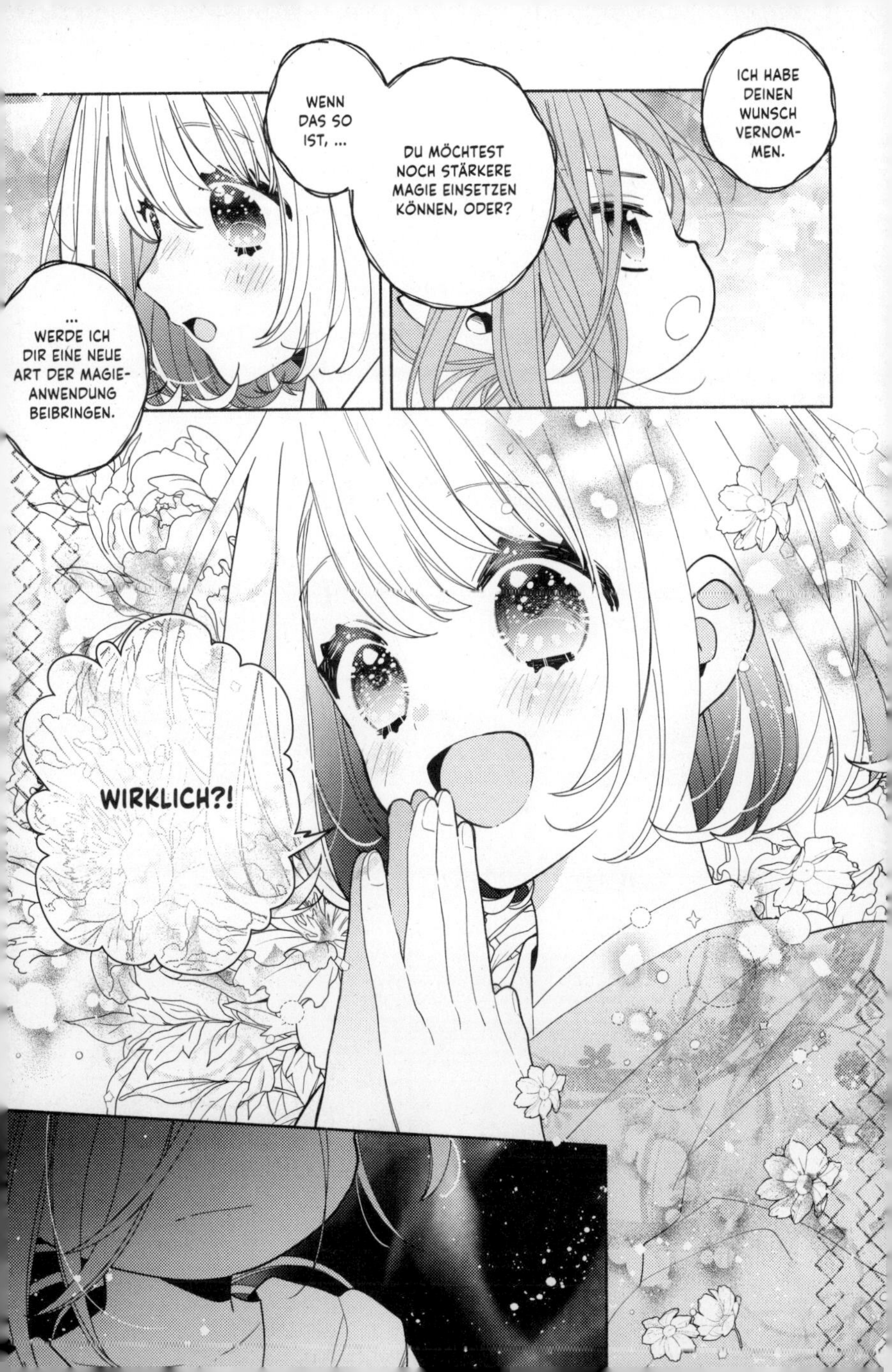
ICH HABE DEINEN WUNSCH VERNOMMEN.
DU MÖCHTEST NOCH STÄRKERE MAGIE EINSETZEN KÖNNEN, ODER?
WENN DAS SO IST, ...
... WERDE ICH DIR EINE NEUE ART DER MAGIE-ANWENDUNG BEIBRINGEN.
WIRKLICH?!

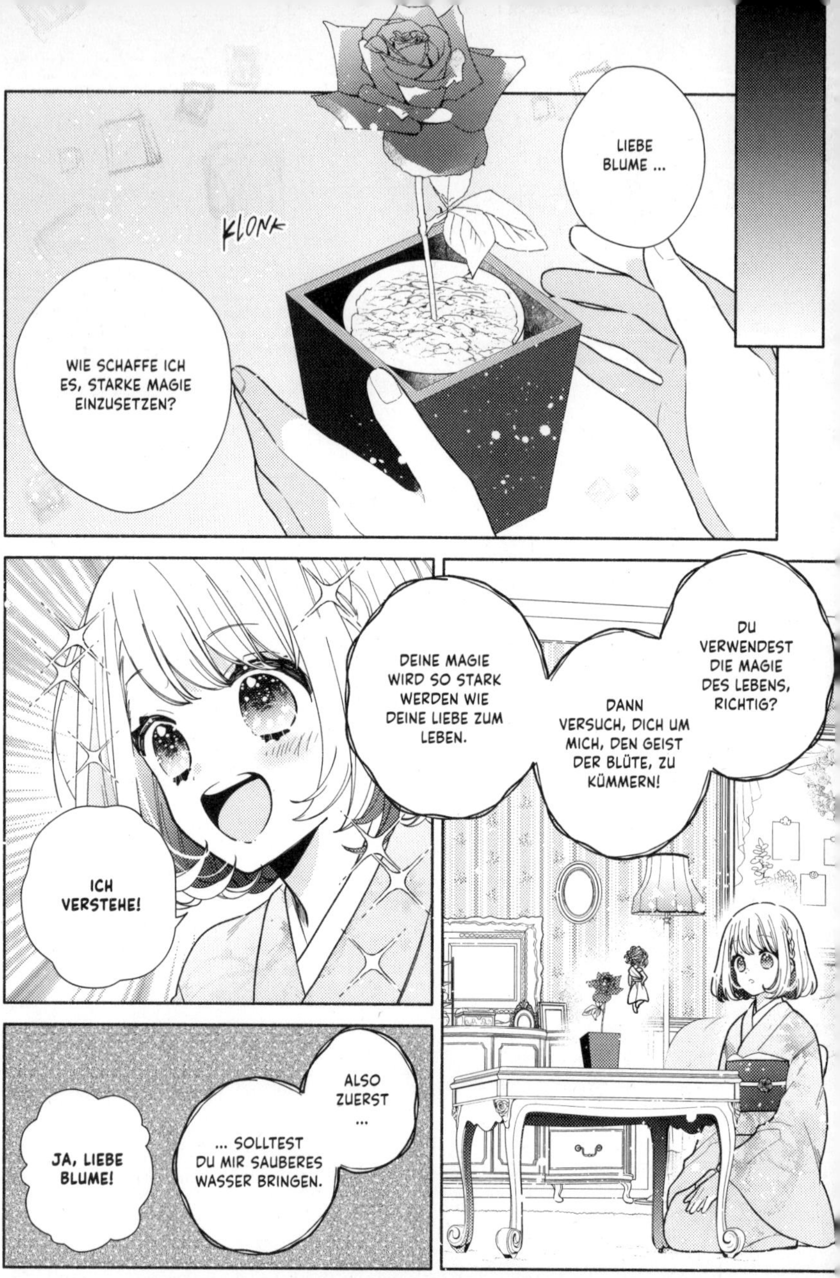
LIEBE BLUME ...
KLONK
WIE SCHAFFE ICH ES, STARKE MAGIE EINZUSETZEN?
DU VERWENDEST DIE MAGIE DES LEBENS, RICHTIG?
DANN VERSUCH, DICH UM MICH, DEN GEIST DER BLÜTE, ZU KÜMMERN!
DEINE MAGIE WIRD SO STARK WERDEN WIE DEINE LIEBE ZUM LEBEN.
ICH VERSTEHE!
ALSO ZUERST ...
... SOLLTEST DU MIR SAUBERES WASSER BRINGEN.
JA, LIEBE BLUME!

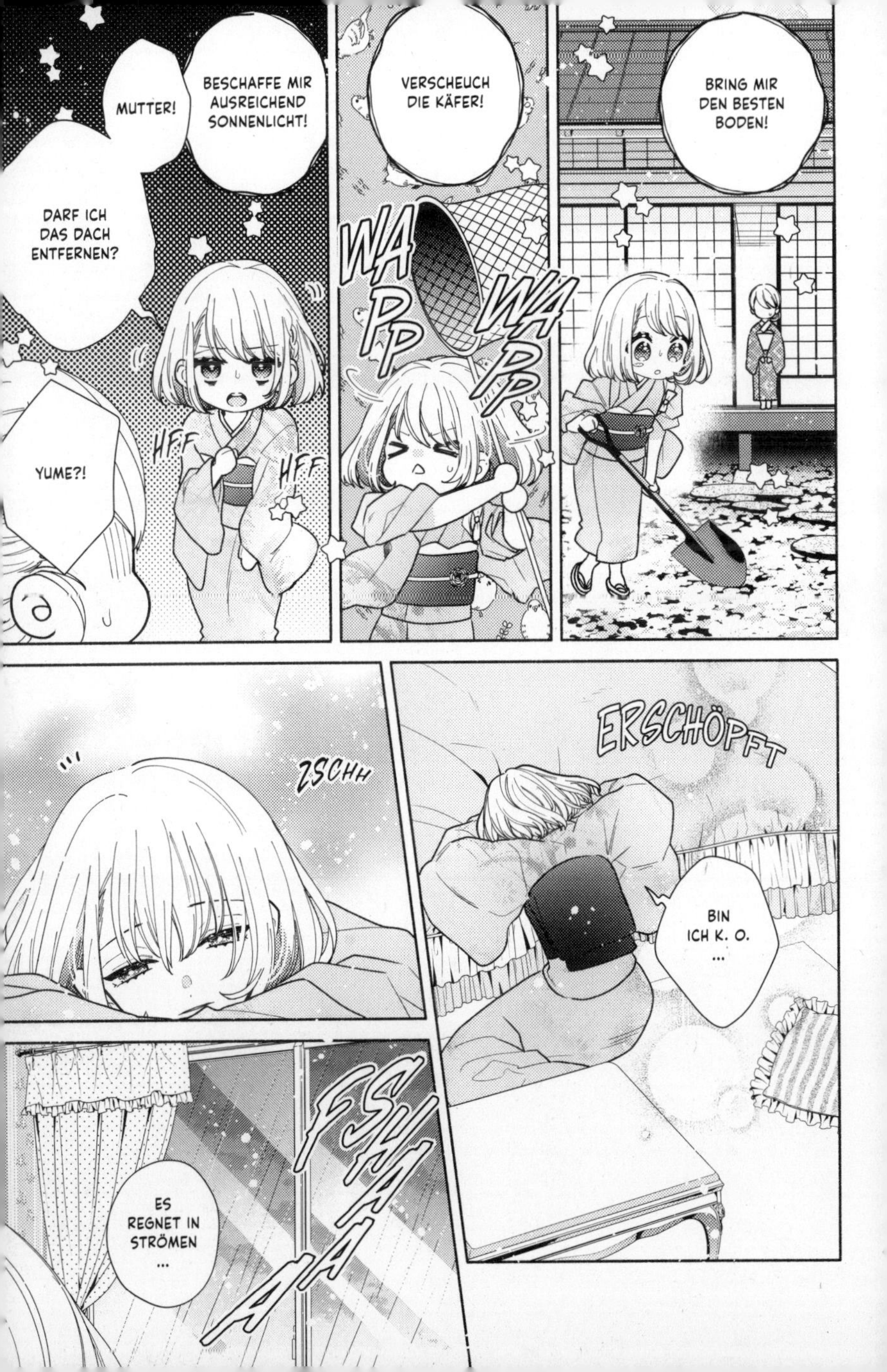
BRING MIR DEN BESTEN BODEN!
VERSCHEUCH DIE KÄFER!
WAPP
WAPP
BESCHAFFE MIR AUSREICHEND SONNENLICHT!
MUTTER!
DARF ICH DAS DACH ENTFERNEN?
HFF
HFF
YUME?!
ERSCHÖPFT
BIN ICH K. O. ...
ZSCHH
ES REGNET IN STRÖMEN ...

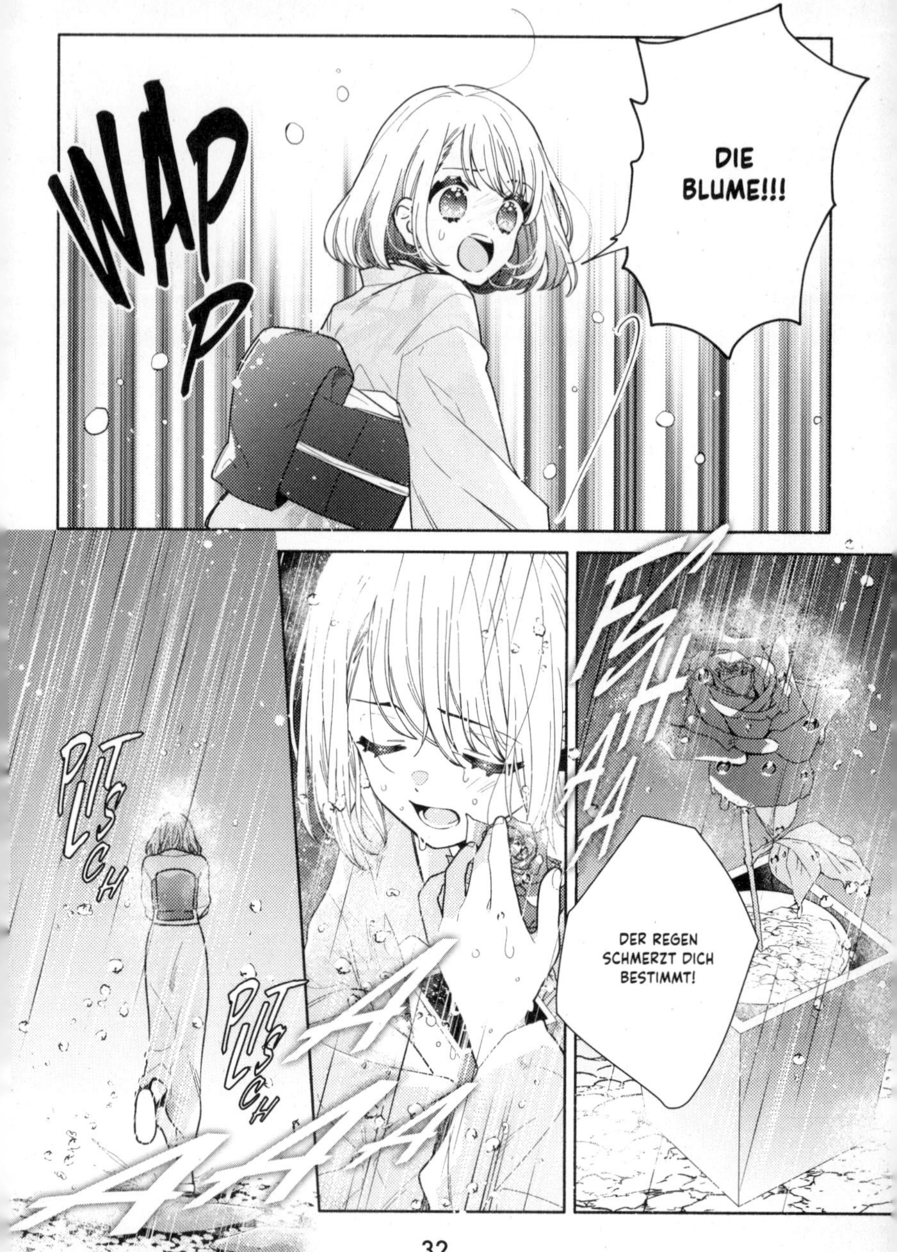
DIE BLUME!!!
WAPP
FSHAAA
DER REGEN SCHMERZT DICH BESTIMMT!
AAAAA
PLITSCH
PLITSCH

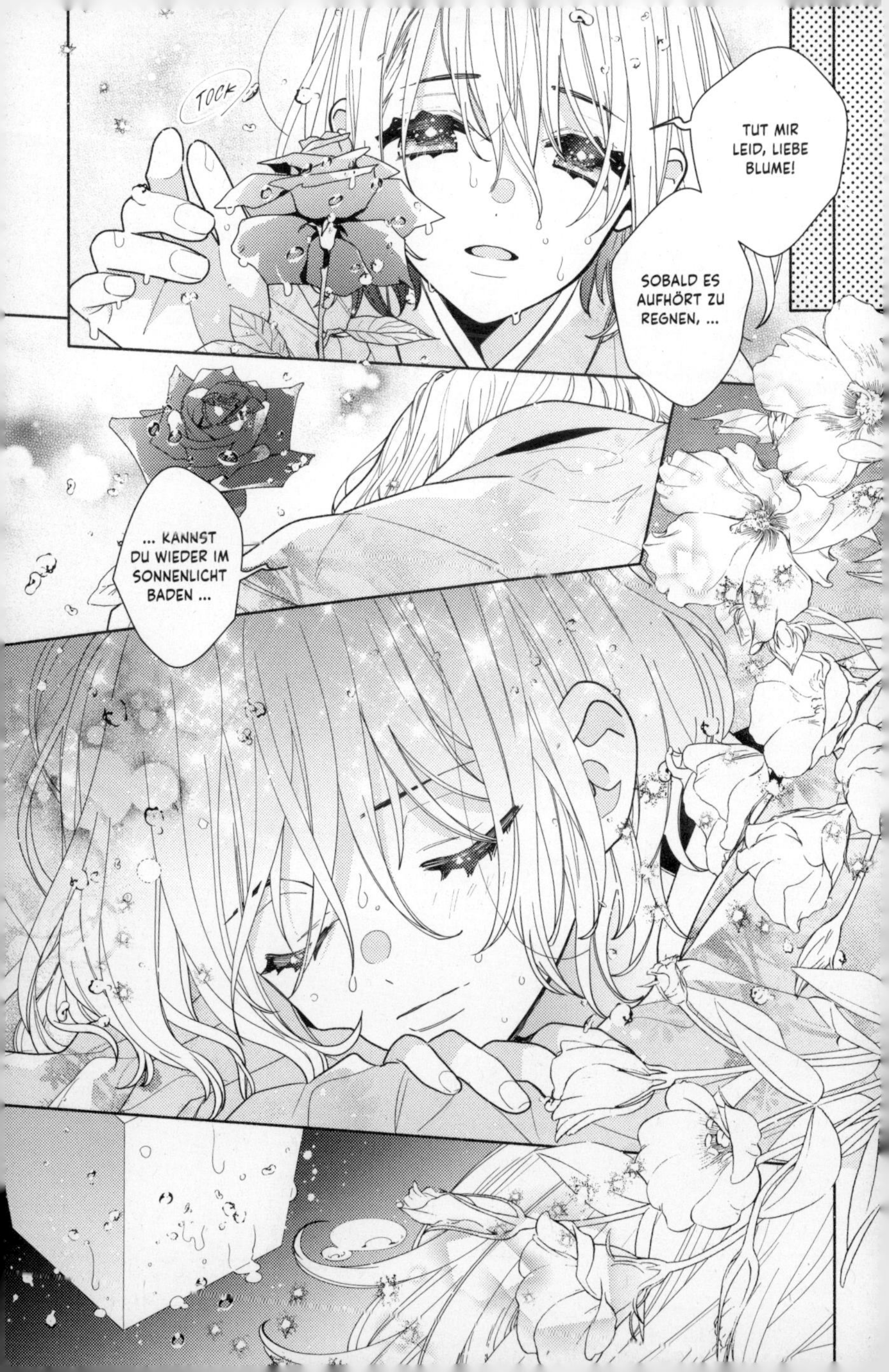
TOCK
TUT MIR LEID, LIEBE BLUME!
SOBALD ES AUFHÖRT ZU REGNEN, ...
... KANNST DU WIEDER IM SONNENLICHT BADEN ...

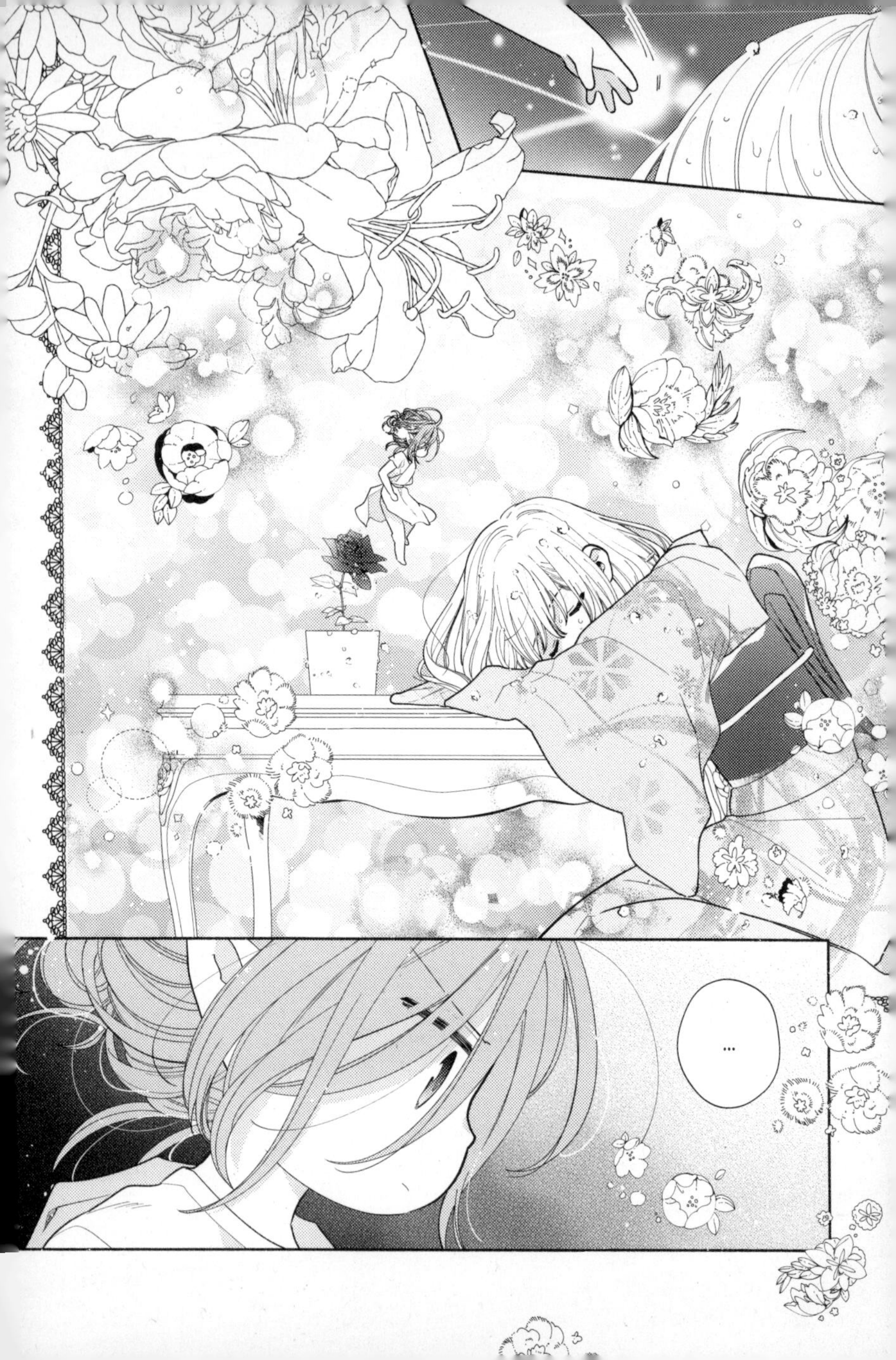

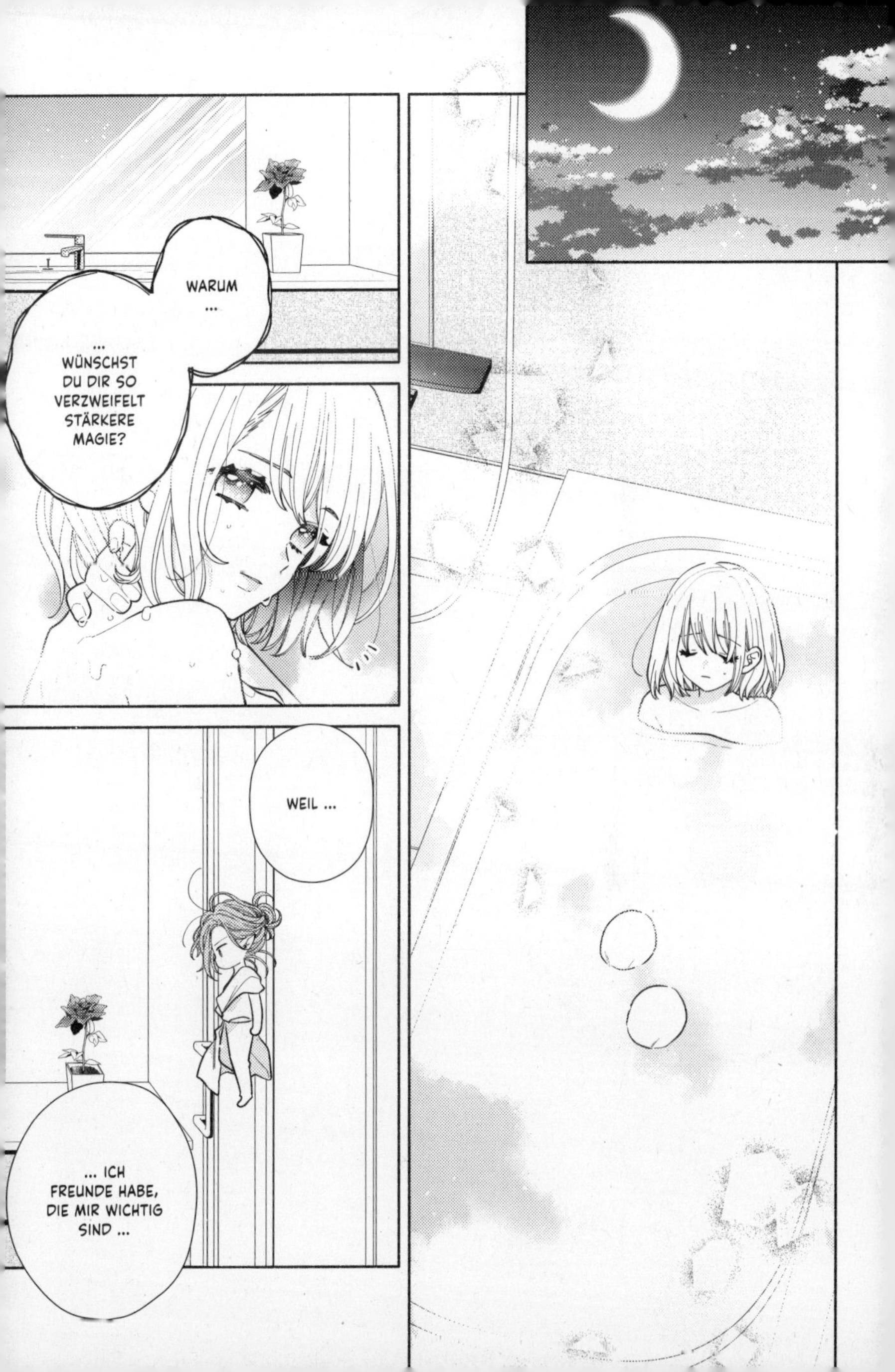
WARUM ... ... WÜNSCHST DU DIR SO VERZWEIFELT STÄRKERE MAGIE?
WEIL ...
... ICH FREUNDE HABE, DIE MIR WICHTIG SIND ...

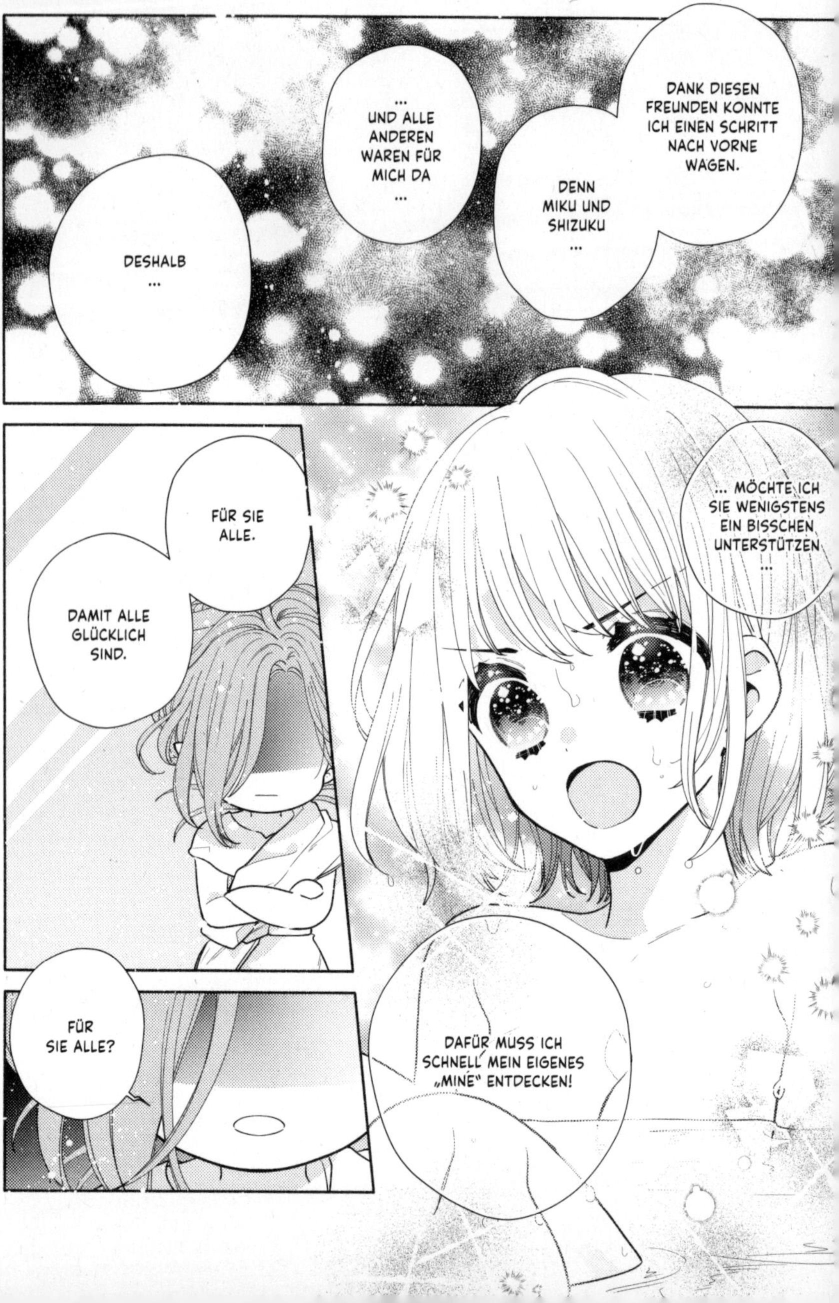
DANK DIESEN FREUNDEN KONNTE ICH EINEN SCHRITT NACH VORNE WAGEN.
DENN MIKU UND SHIZUKU ...
... UND ALLE ANDEREN WAREN FÜR MICH DA ...
DESHALB ...
... MÖCHTE ICH SIE WENIGSTENS EIN BISSCHEN UNTERSTÜTZEN ...
FÜR SIE ALLE.
DAMIT ALLE GLÜCKLICH SIND.
DAFÜR MUSS ICH SCHNELL MEIN EIGENES „MINE" ENTDECKEN!
FÜR SIE ALLE?

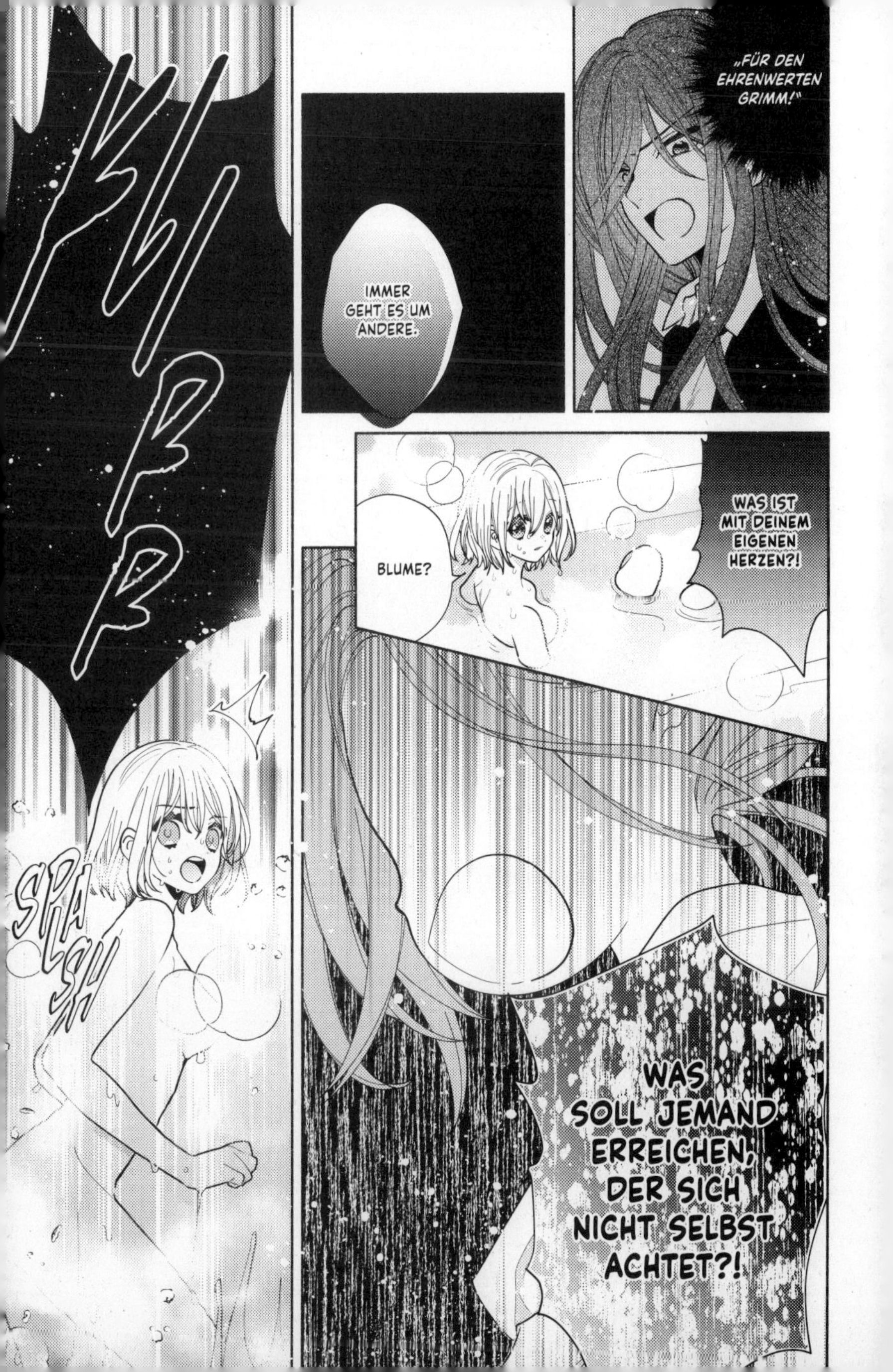
„FÜR DEN EHRENWERTEN GRIMM!“
IMMER GEHT ES UM ANDERE.
WAS IST MIT DEINEM EIGENEN HERZEN?!
BLUME?
WAS SOLL JEMAND ERREICHEN, DER SICH NICHT SELBST ACHTET?!
SPLASH

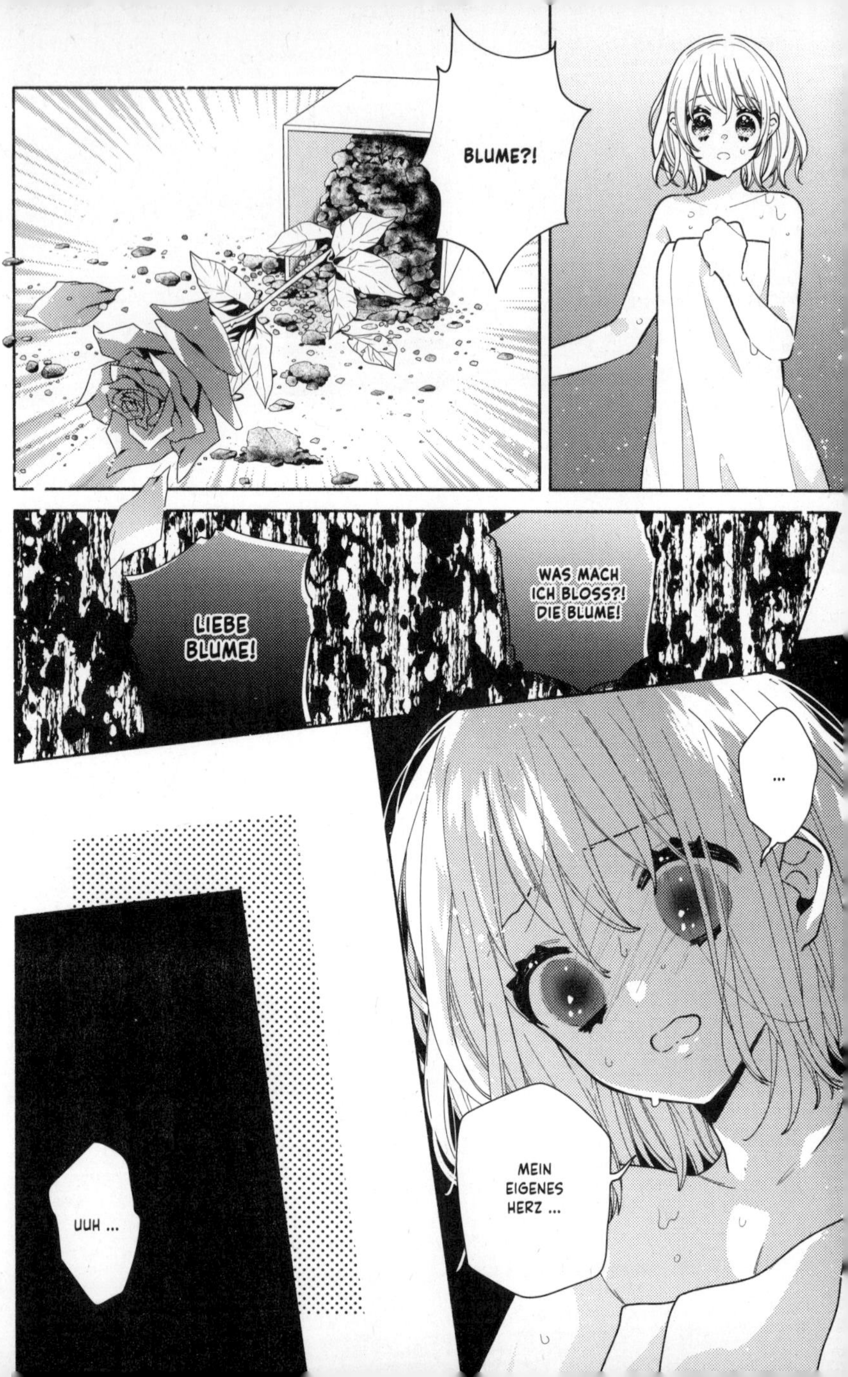
BLUME?!
WAS MACH ICH BLOSS?! DIE BLUME!
LIEBE BLUME!
...
MEIN EIGENES HERZ ...
UUH ...

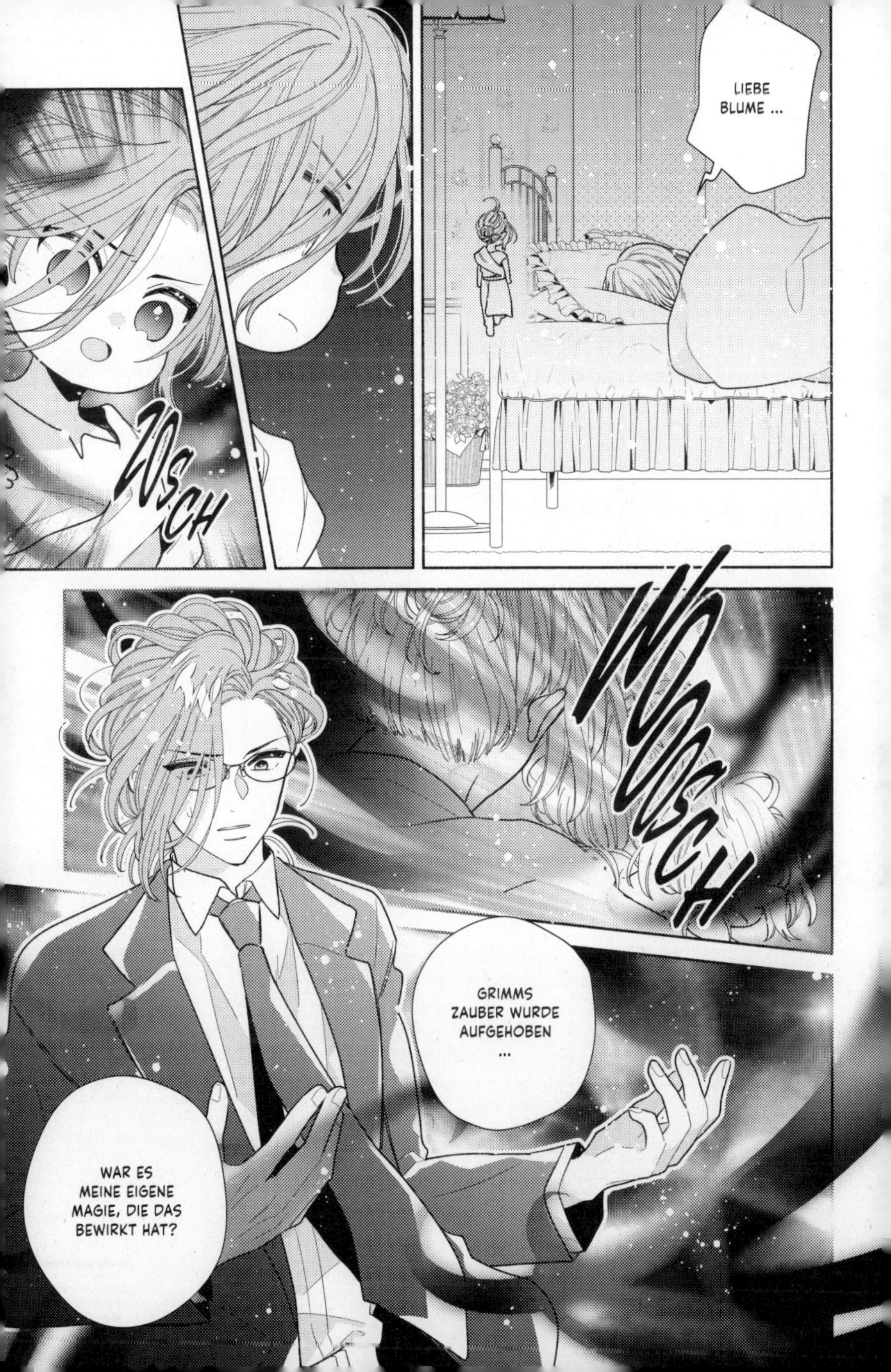

LIEBE BLUME ...
WOSCH
WOOOSCH
GRIMMS ZAUBER WURDE AUFGEHOBEN ...
WAR ES MEINE EIGENE MAGIE, DIE DAS BEWIRKT HAT?

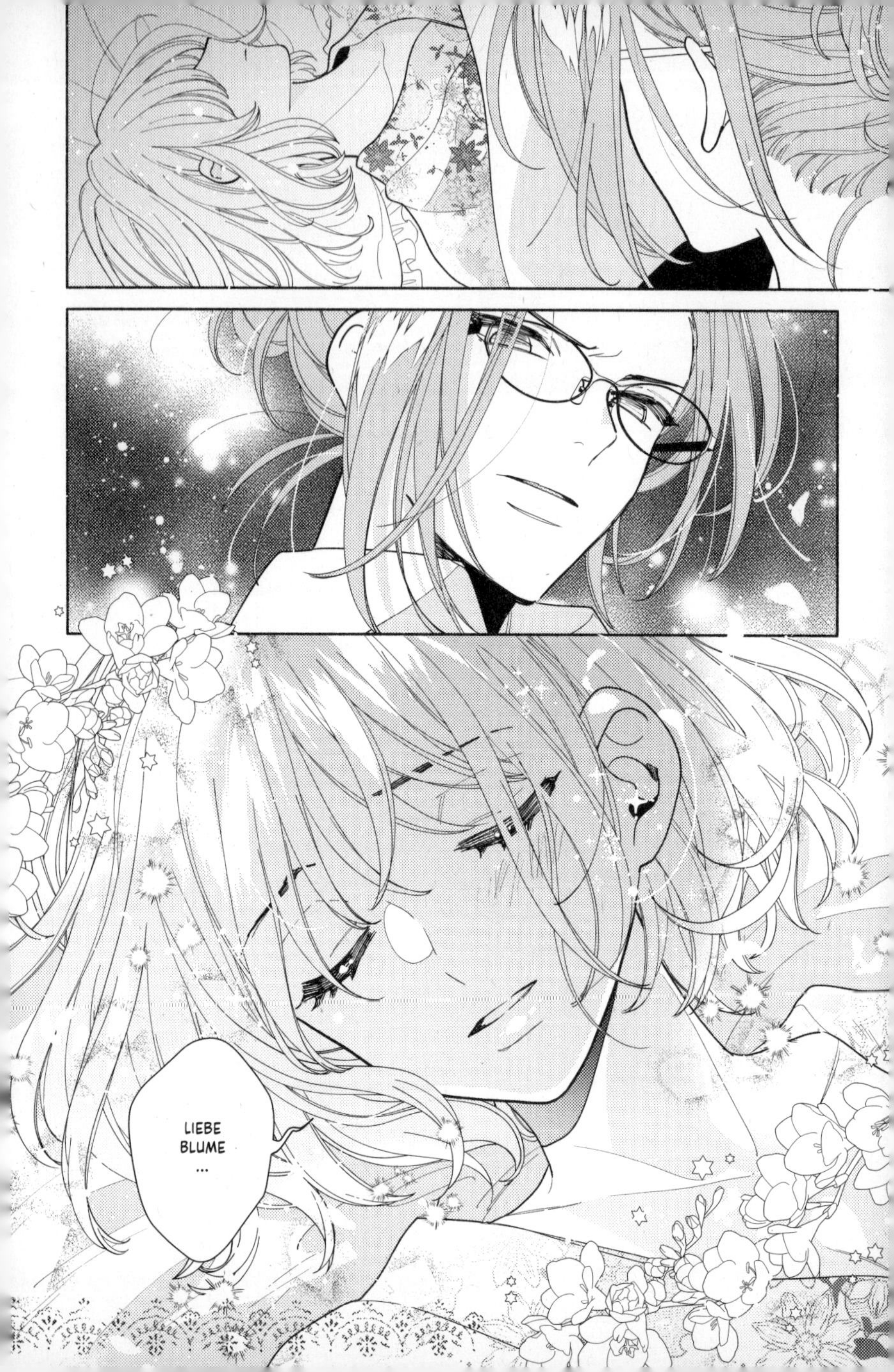
LIEBE BLUME ...

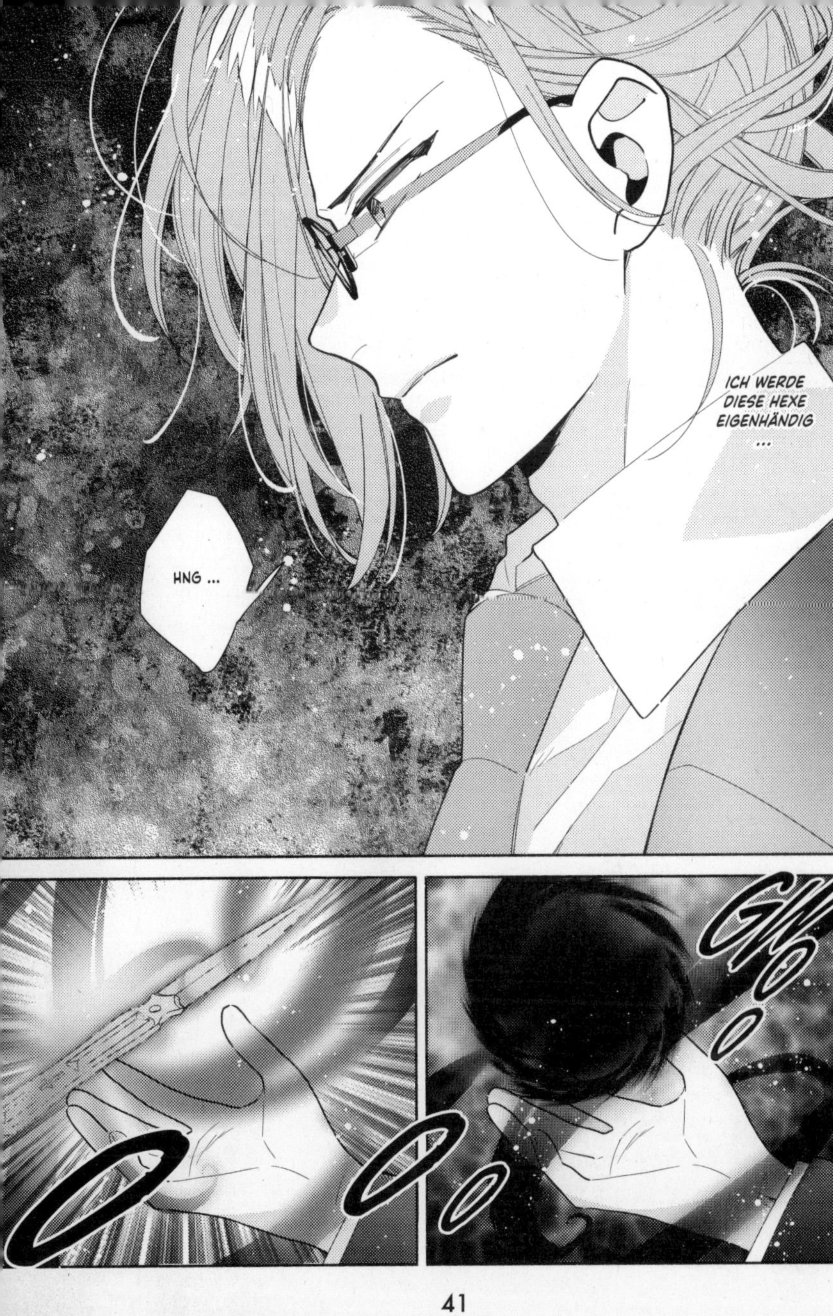

ICH WERDE DIESE HEXE EIGENHÄNDIG ...
HNG ...

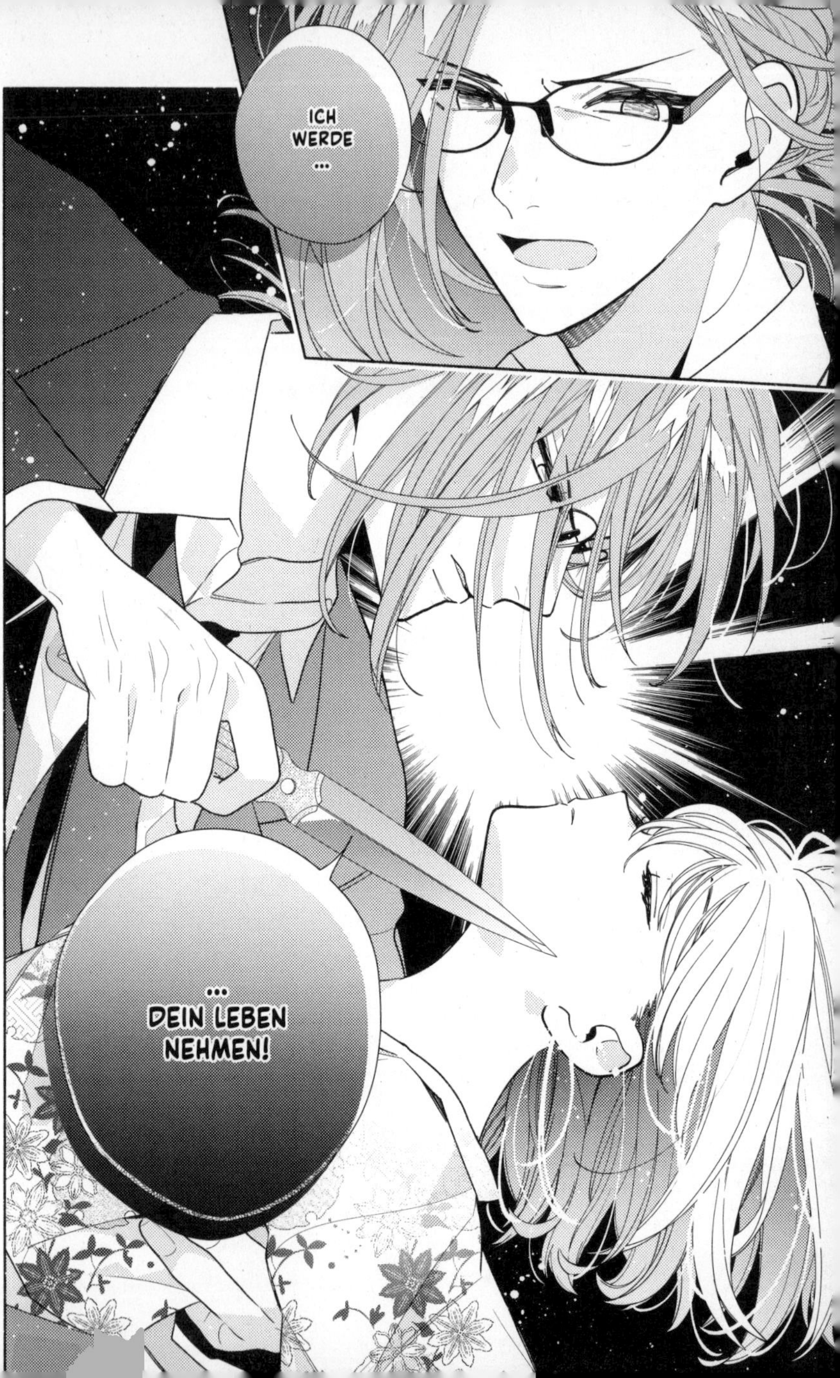
ICH WERDE ...
... DEIN LEBEN NEHMEN!

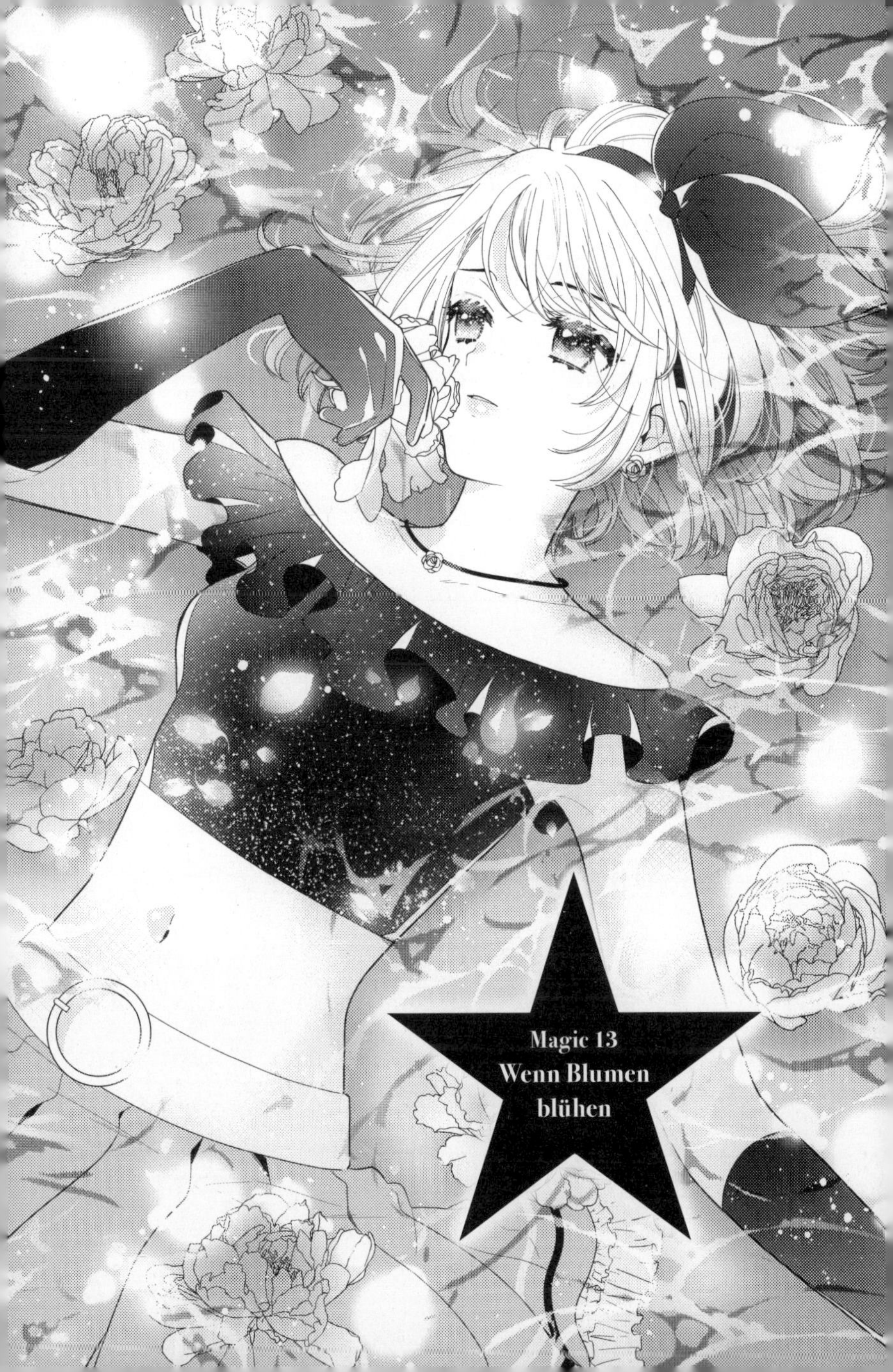
Magic 13
Wenn Blumen
blühen

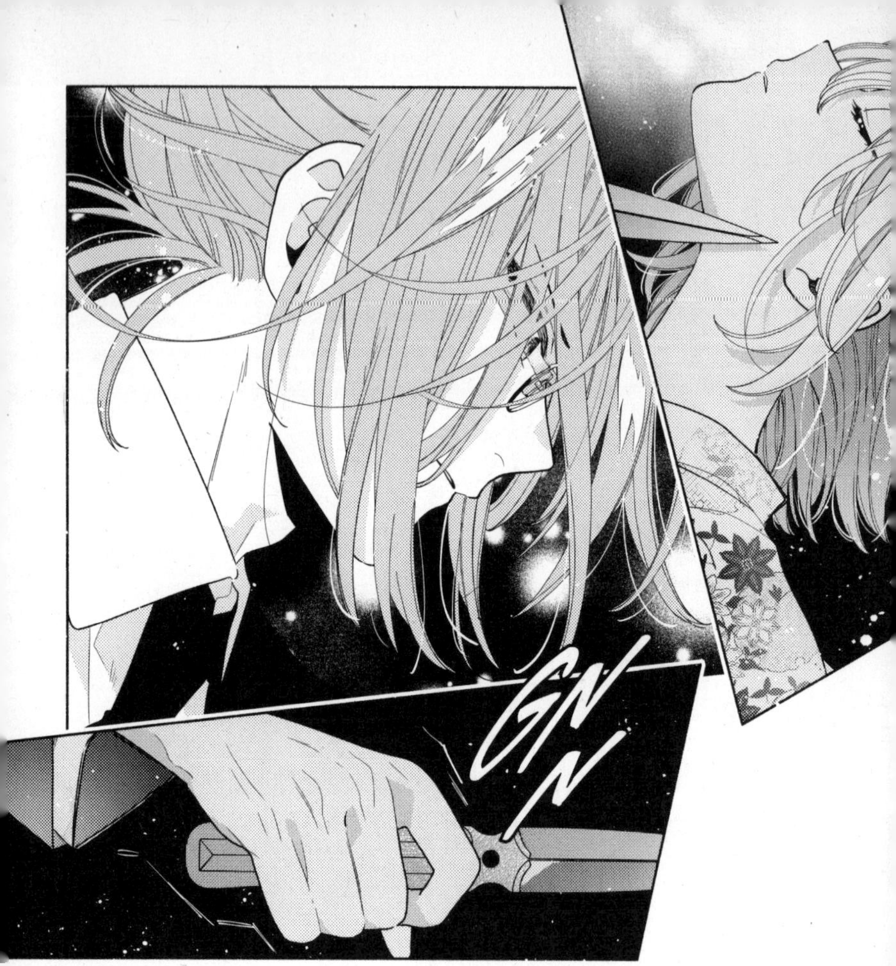

Stellar Witch

LIPS

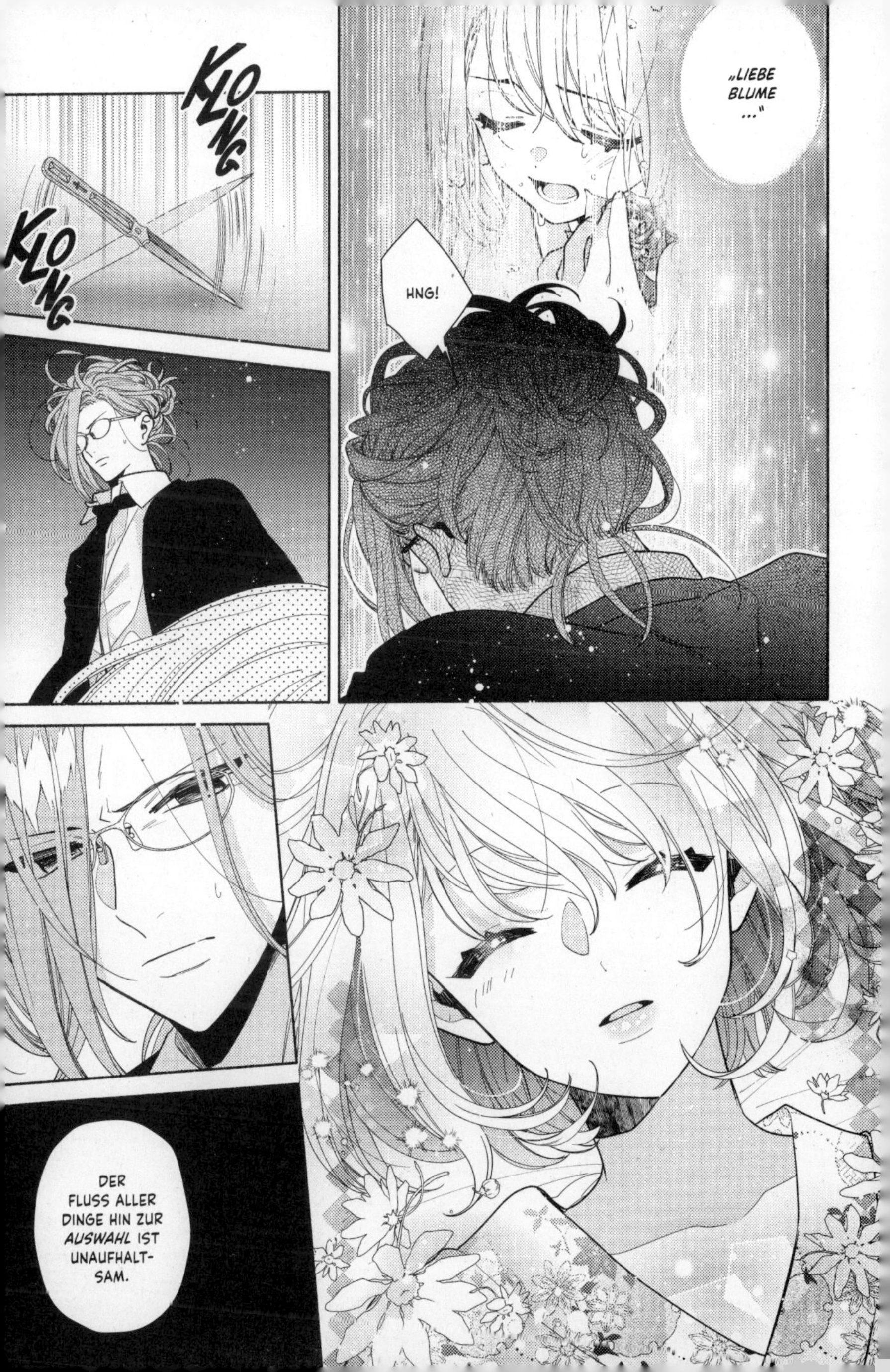
„LIEBE BLUME ...“
HNG!
KLONG
KLONG
DER FLUSS ALLER DINGE HIN ZUR *AUSWAHL* IST UNAUFHALT-SAM.

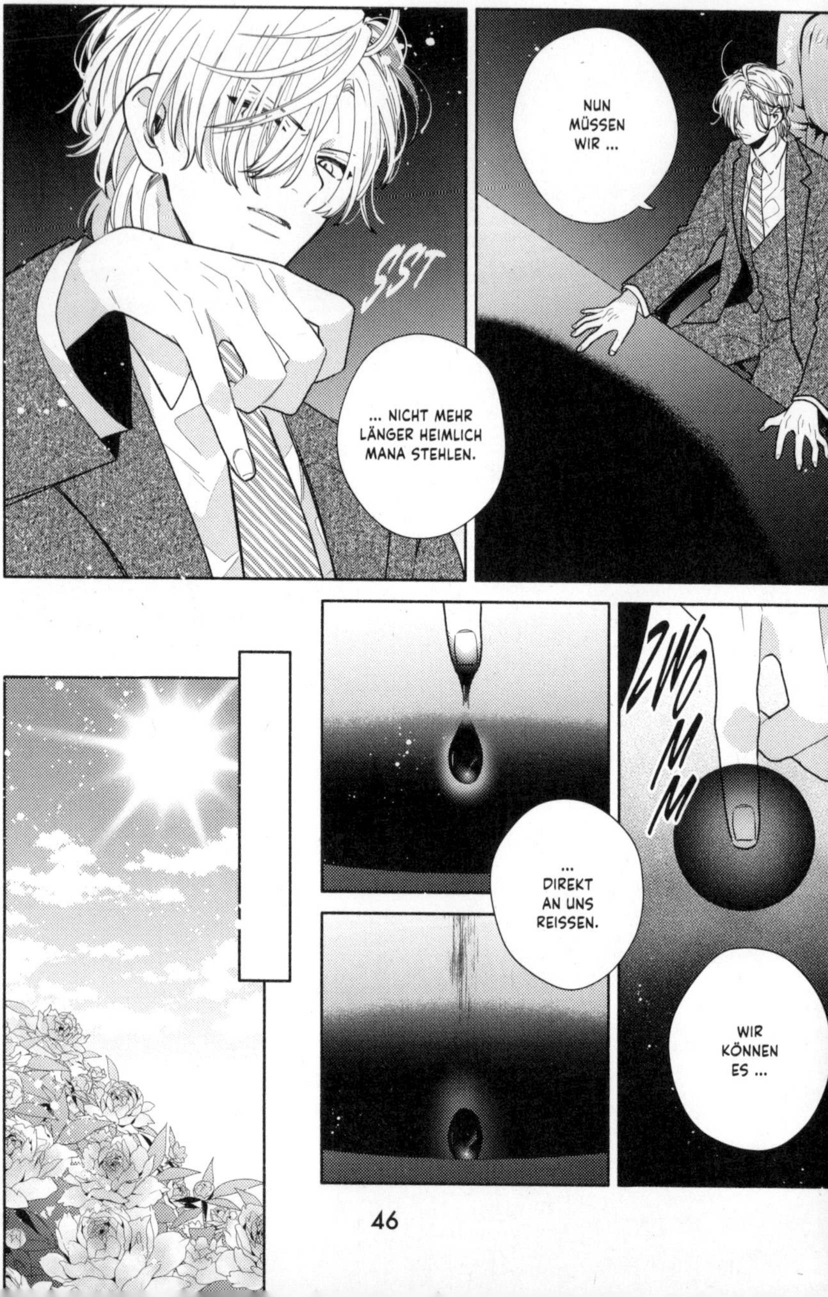

NUN MÜSSEN WIR ...
SST
... NICHT MEHR LÄNGER HEIMLICH MANA STEHLEN.
ZWOMMM
WIR KÖNNEN ES ...
... DIREKT AN UNS REISSEN.

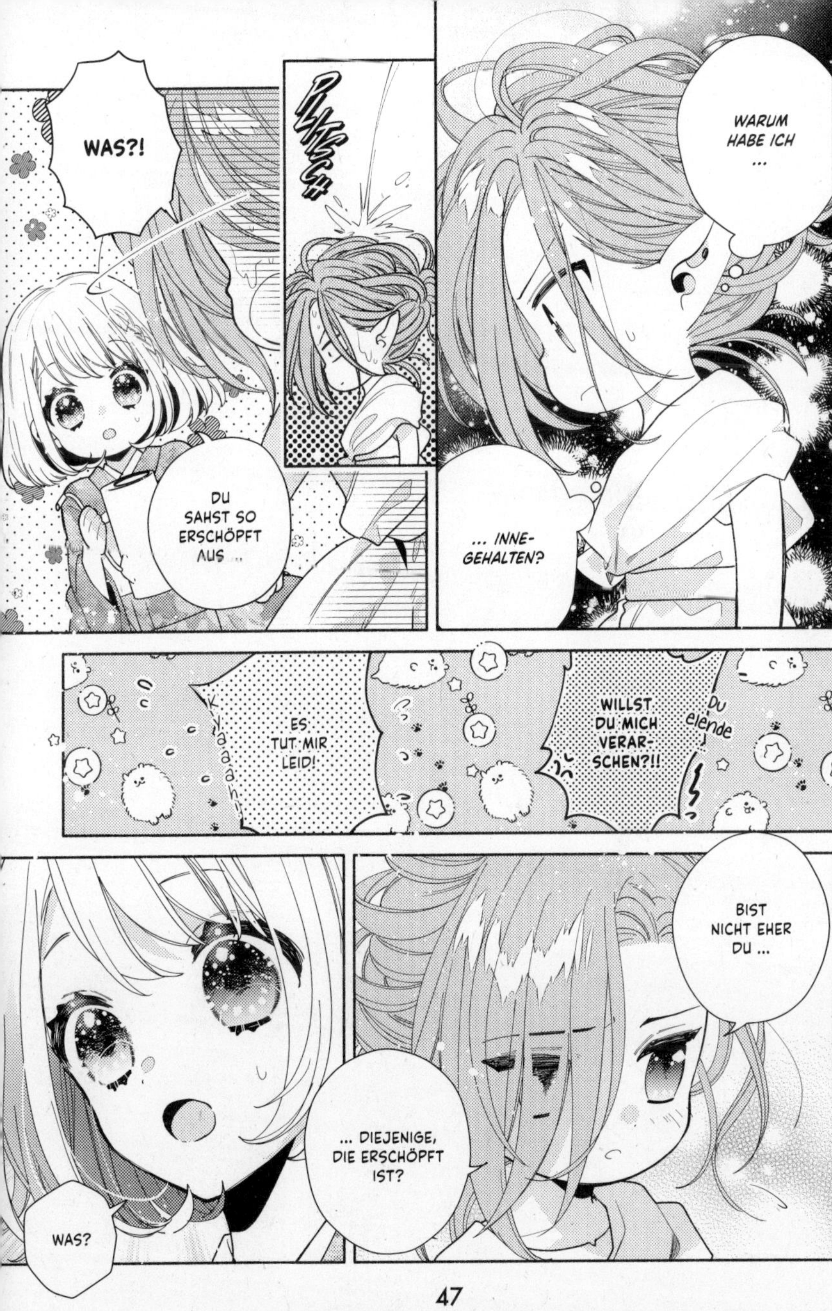
WARUM HABE ICH ...
... INNE-GEHALTEN?
WAS?!
DU SAHST SO ERSCHÖPFT AUS ...
Du elende
WILLST DU MICH VERAR-SCHEN?!!
ES TUT MIR LEID!
Kyaaah!!
BIST NICHT EHER DU ...
... DIEJENIGE, DIE ERSCHÖPFT IST?
WAS?

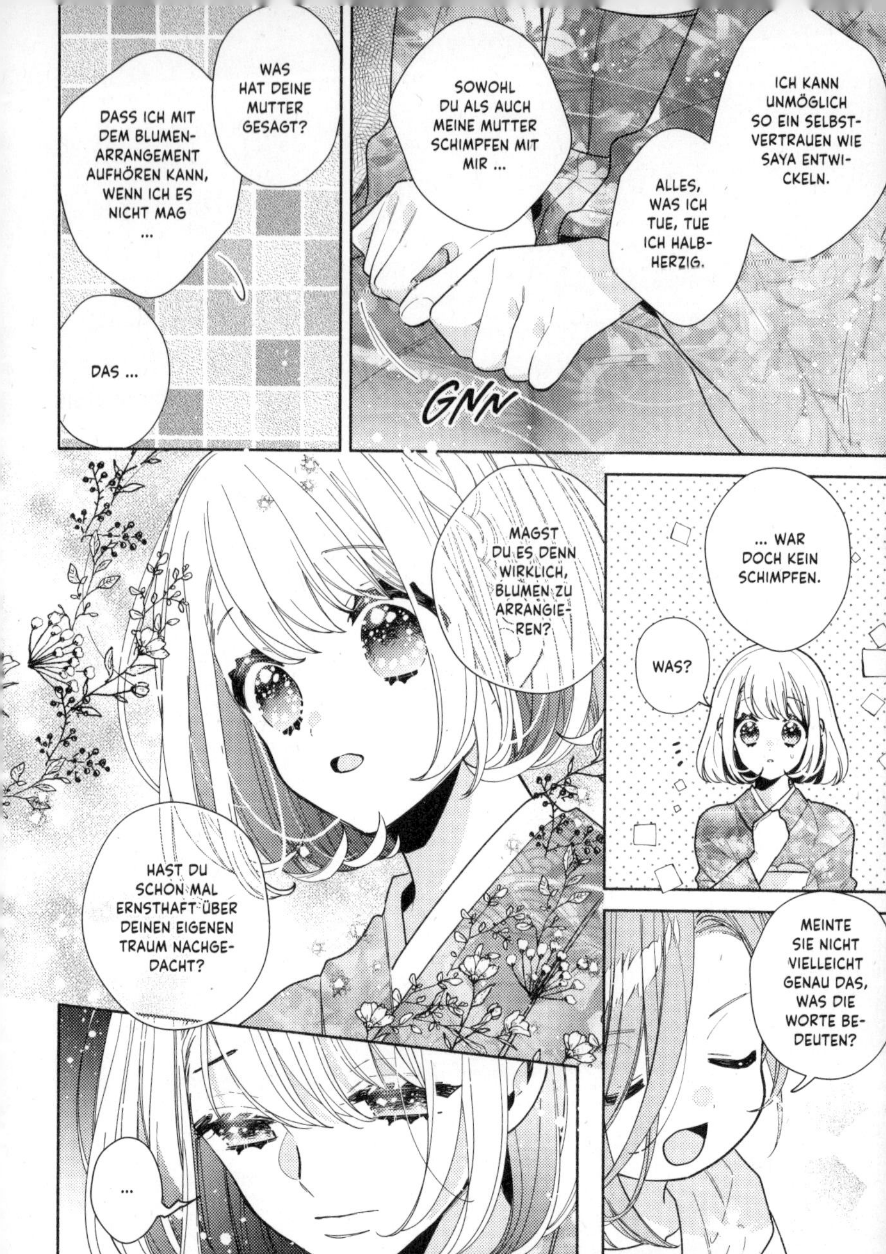
ICH KANN UNMÖGLICH SO EIN SELBST-VERTRAUEN WIE SAYA ENTWI-CKELN.
ALLES, WAS ICH TUE, TUE ICH HALB-HERZIG.
SOWOHL DU ALS AUCH MEINE MUTTER SCHIMPFEN MIT MIR ...
GNN
WAS HAT DEINE MUTTER GESAGT?
DASS ICH MIT DEM BLUMEN-ARRANGEMENT AUFHÖREN KANN, WENN ICH ES NICHT MAG ...
DAS ...
... WAR DOCH KEIN SCHIMPFEN.
WAS?
MEINTE SIE NICHT VIELLEICHT GENAU DAS, WAS DIE WORTE BE-DEUTEN?
MAGST DU ES DENN WIRKLICH, BLUMEN ZU ARRANGIE-REN?
HAST DU SCHON MAL ERNSTHAFT ÜBER DEINEN EIGENEN TRAUM NACHGE-DACHT?
...

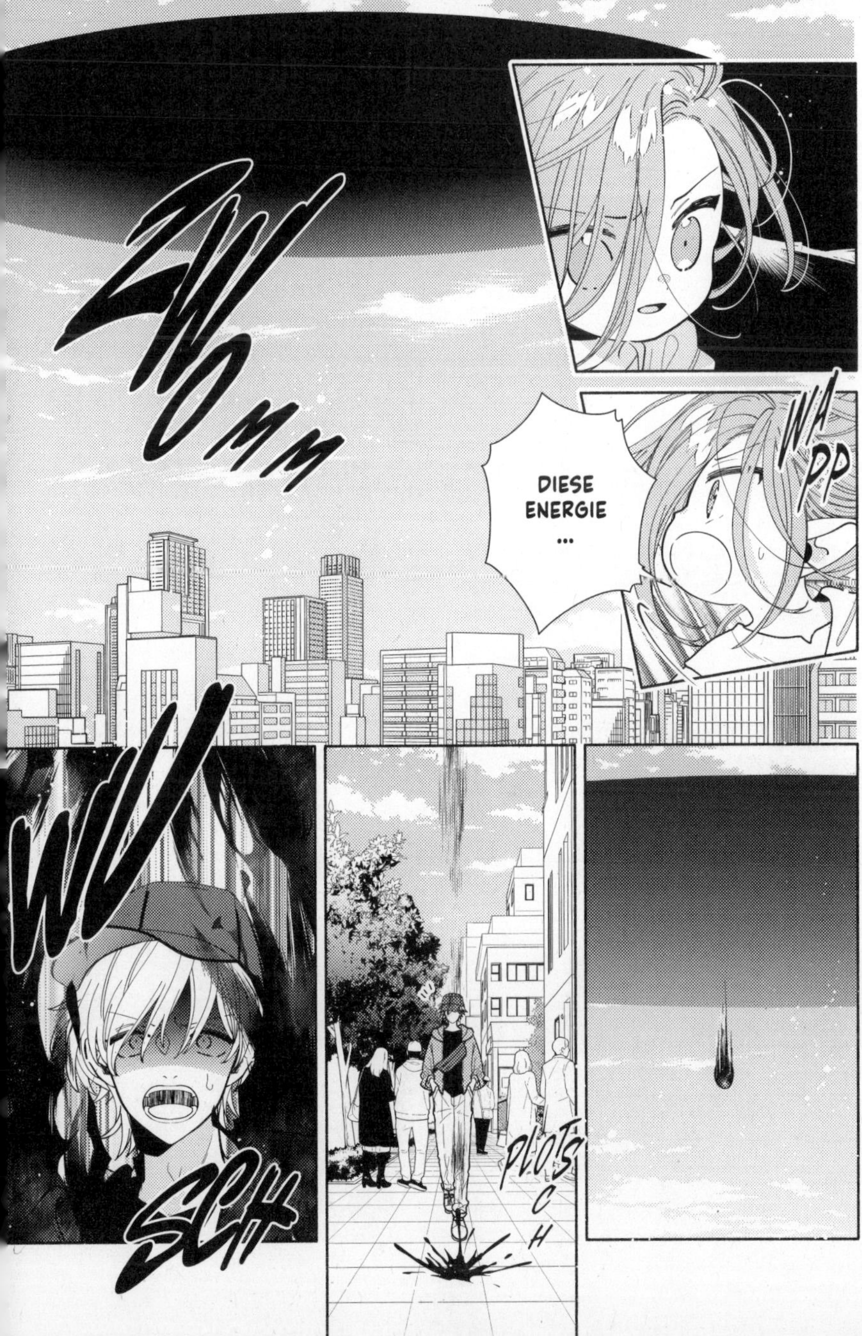
WAPP
DIESE ENERGIE ...
ZWOMMM
PLOTSCH
WUSCH

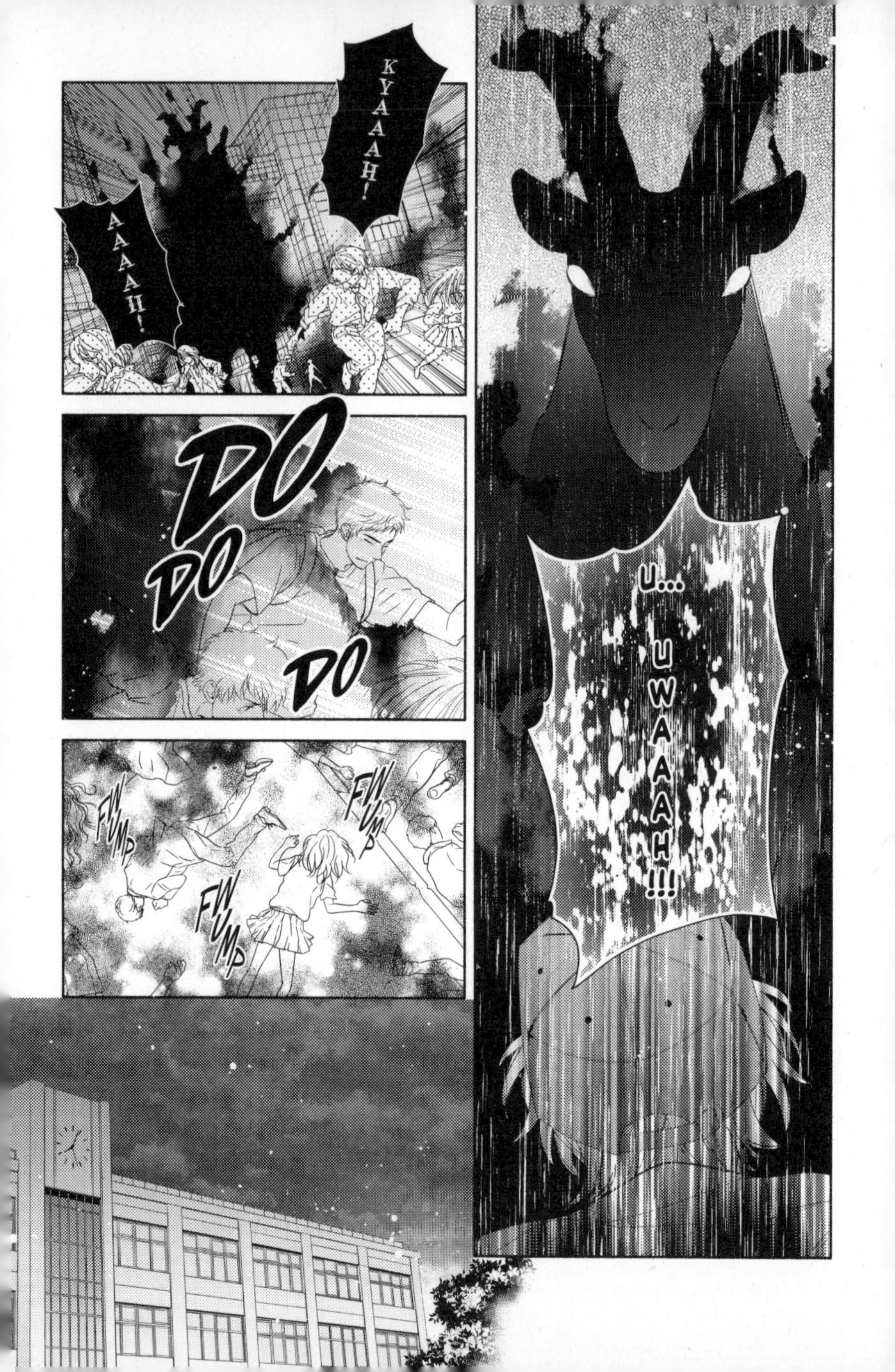

KYAAAH!
AAAAH!
DO DO DO
FWUMP
FWUMP
FWUMP
U...
UWAAAAH!!!

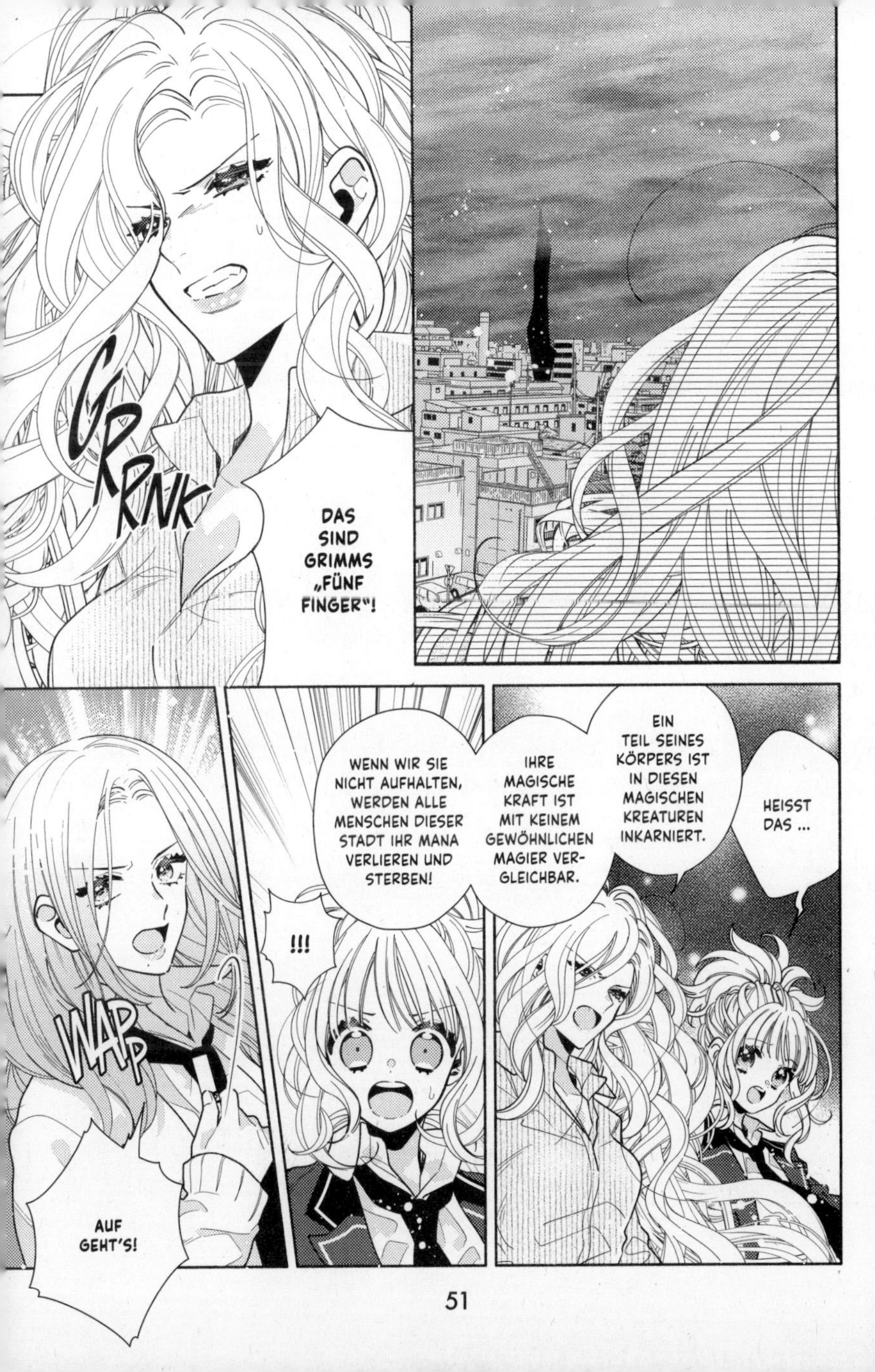
GRRNK
DAS SIND GRIMMS „FÜNF FINGER"!
HEISST DAS ...
EIN TEIL SEINES KÖRPERS IST IN DIESEN MAGISCHEN KREATUREN INKARNIERT.
IHRE MAGISCHE KRAFT IST MIT KEINEM GEWÖHNLICHEN MAGIER VER-GLEICHBAR.
WENN WIR SIE NICHT AUFHALTEN, WERDEN ALLE MENSCHEN DIESER STADT IHR MANA VERLIEREN UND STERBEN!
!!!
WAPP
AUF GEHT'S!

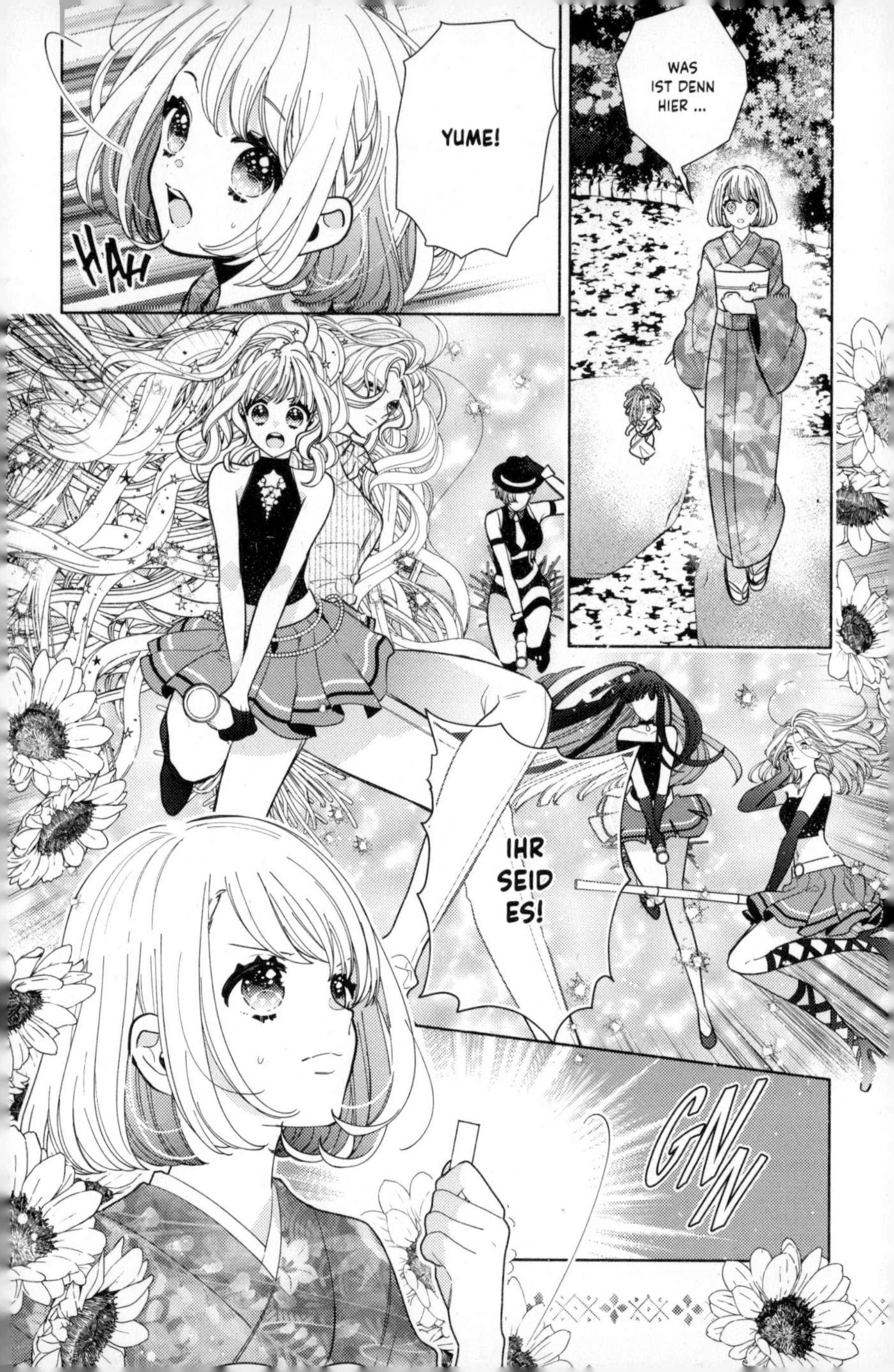
WAS IST DENN HIER ...
YUME!
HAH
IHR SEID ES!
GNN

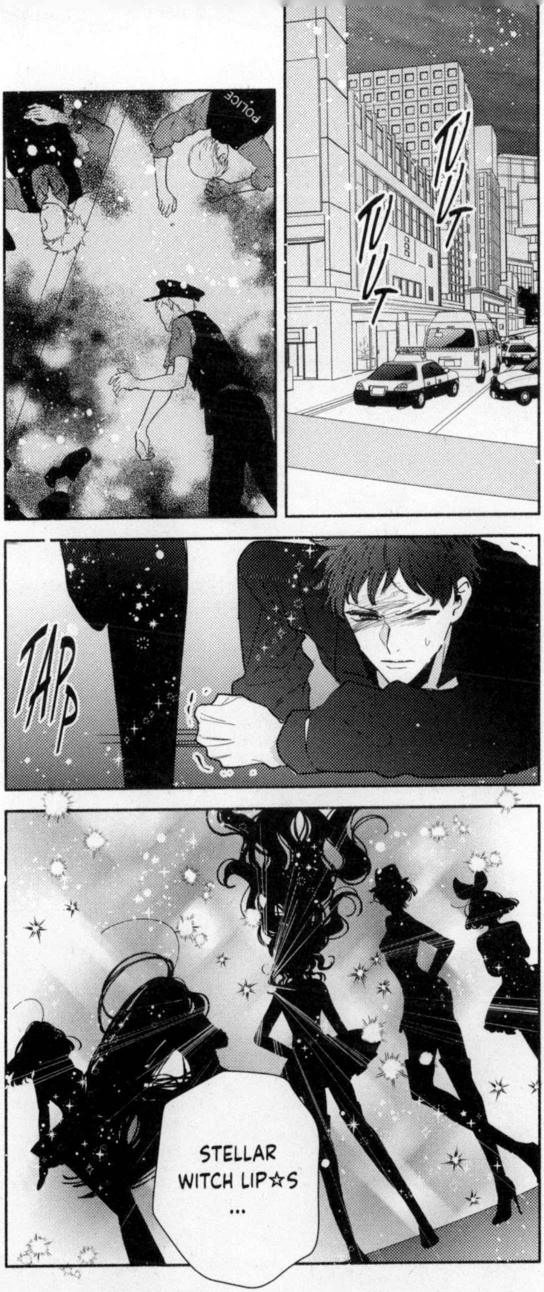

Stellar Witch LIPS

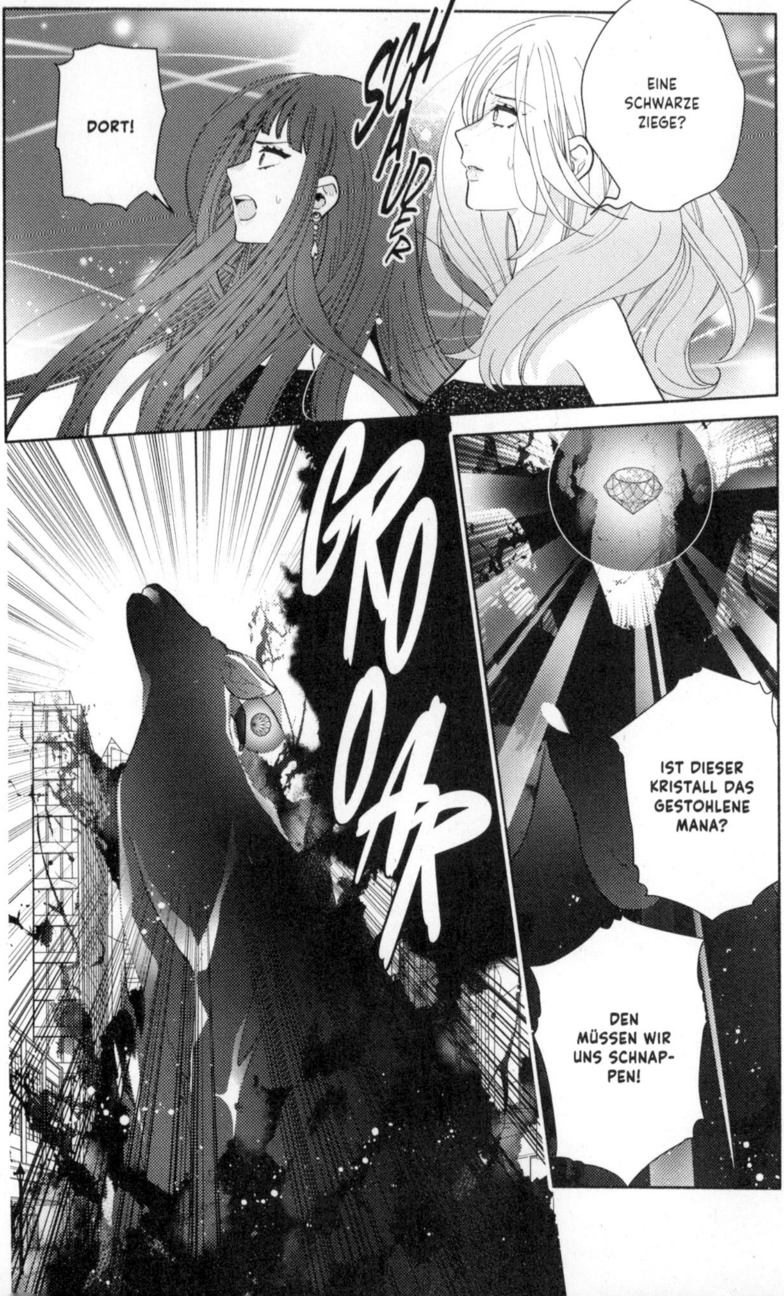
EINE SCHWARZE ZIEGE?
SCHAUDER
DORT!
GROOAR
IST DIESER KRISTALL DAS GESTOHLENE MANA?
DEN MÜSSEN WIR UNS SCHNAP-PEN!

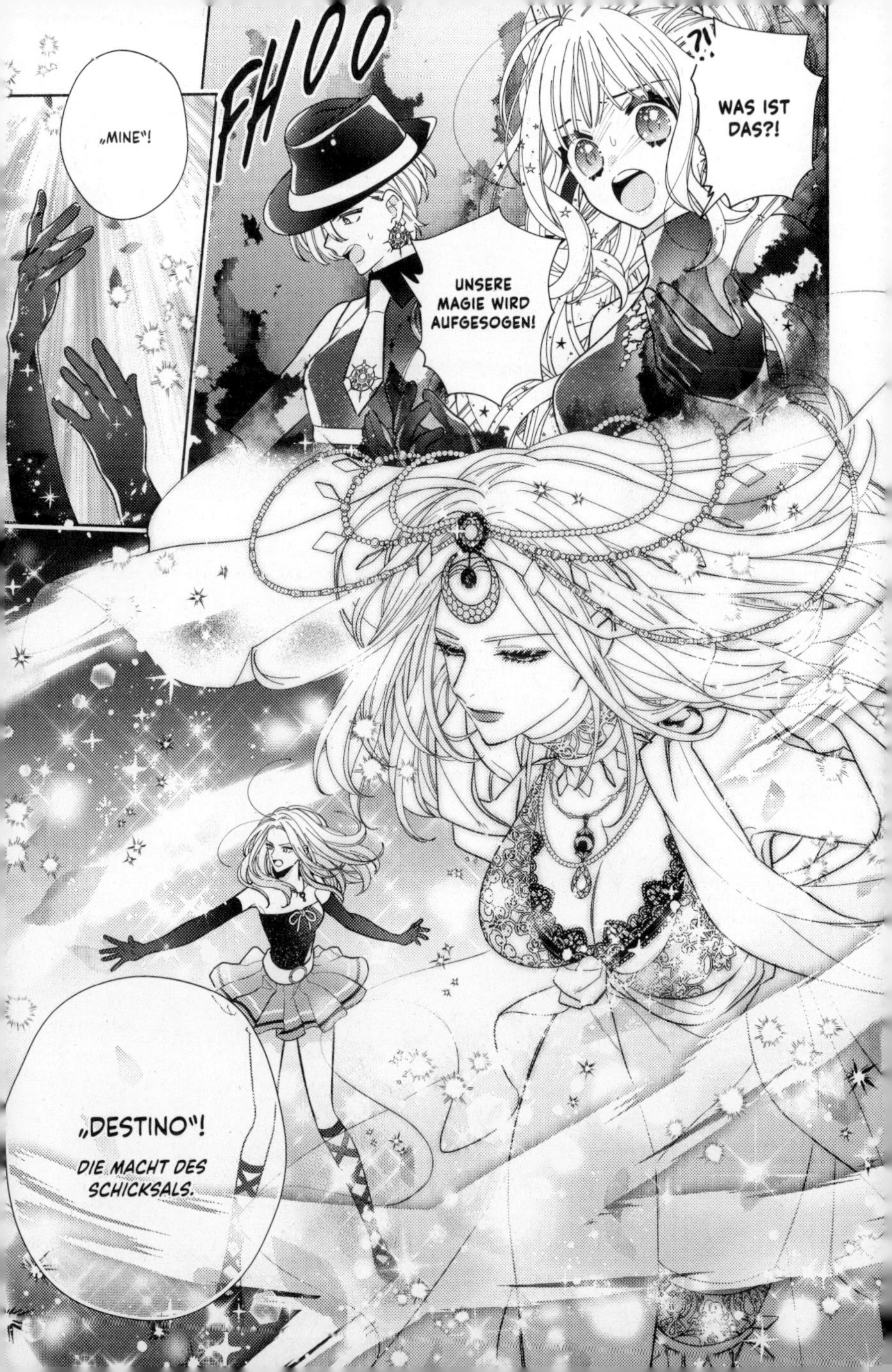
?!
WAS IST DAS?!
FHOO
UNSERE MAGIE WIRD AUFGESOGEN!
„MINE"!
„DESTINO"!
DIE MACHT DES SCHICKSALS.

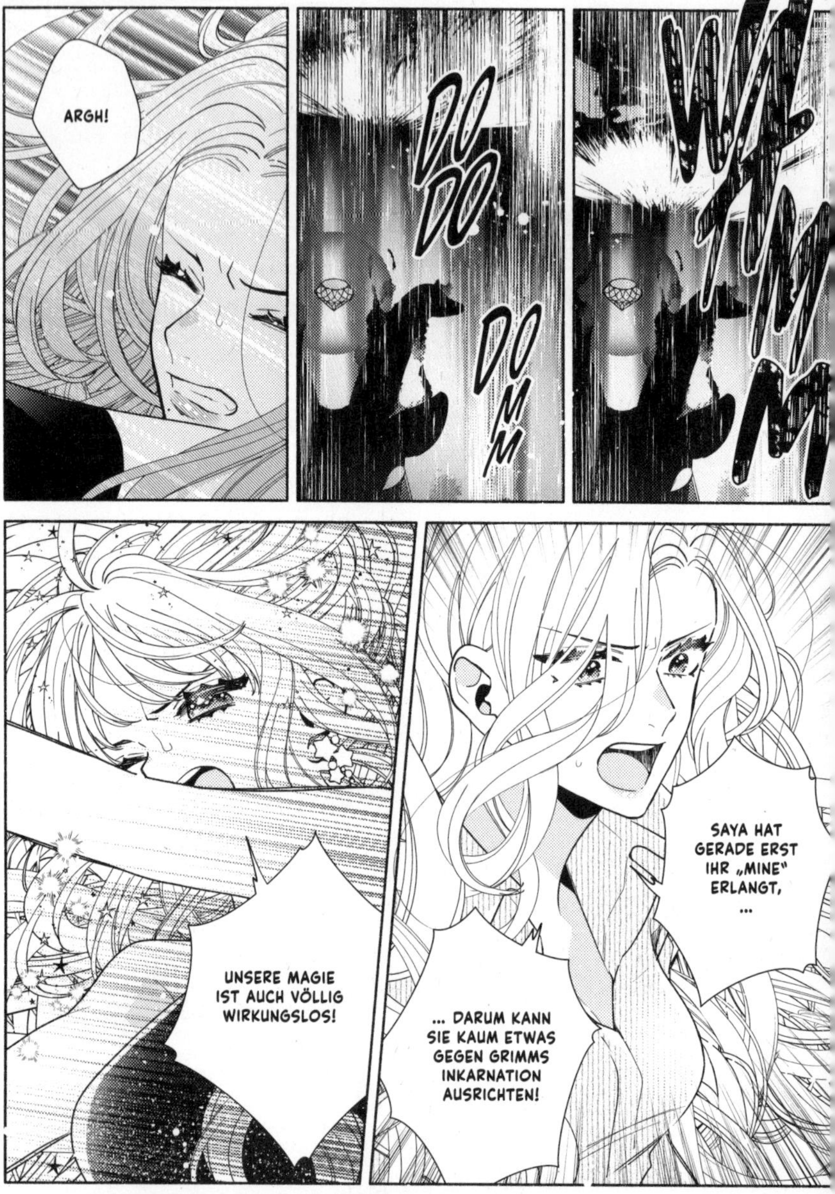
DODO
DOMM
ARGH!
SAYA HAT GERADE ERST IHR „MINE" ERLANGT, ...
... DARUM KANN SIE KAUM ETWAS GEGEN GRIMMS INKARNATION AUSRICHTEN!
UNSERE MAGIE IST AUCH VÖLLIG WIRKUNGSLOS!

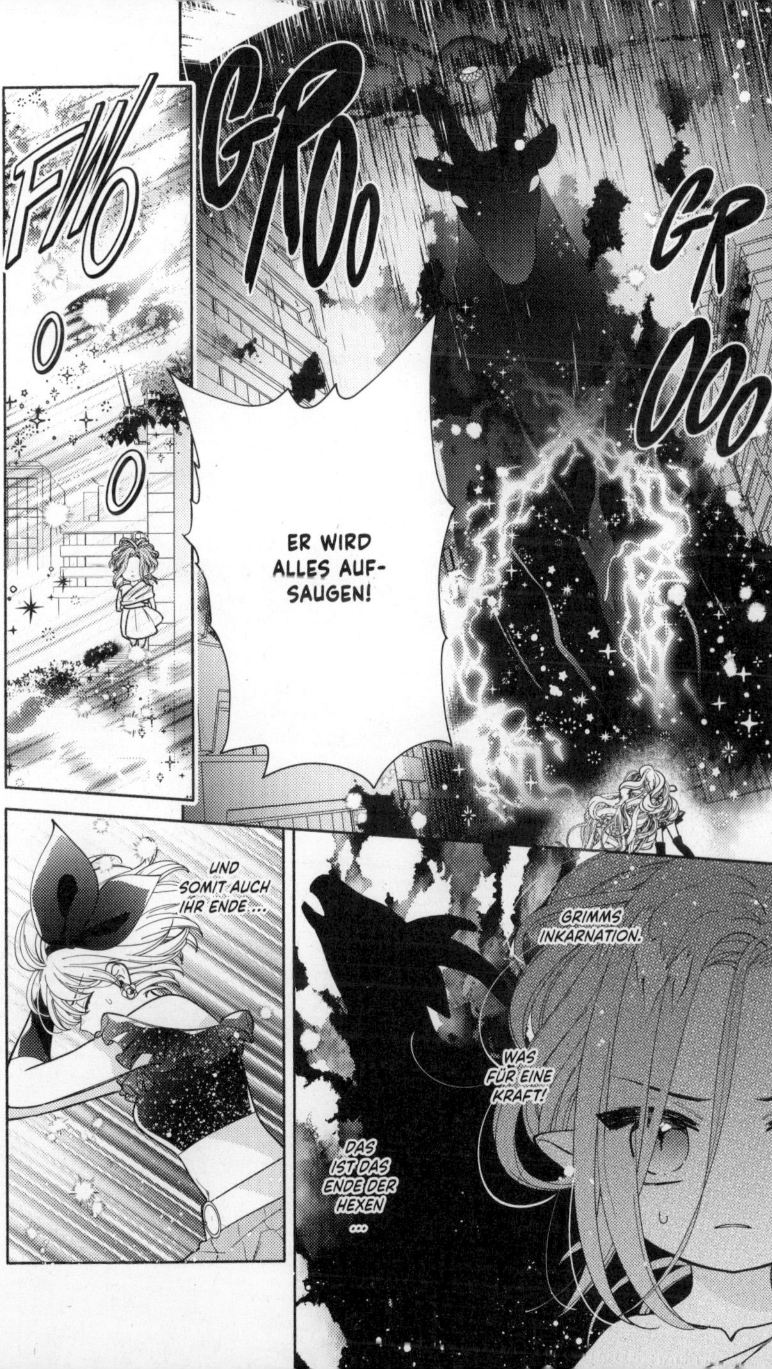
GROOOO
GROOO
FWOOO
ER WIRD ALLES AUF-SAUGEN!
GRIMMS INKARNATION.
WAS FÜR EINE KRAFT!
DAS IST DAS ENDE DER HEXEN ...
UND SOMIT AUCH IHR ENDE ...

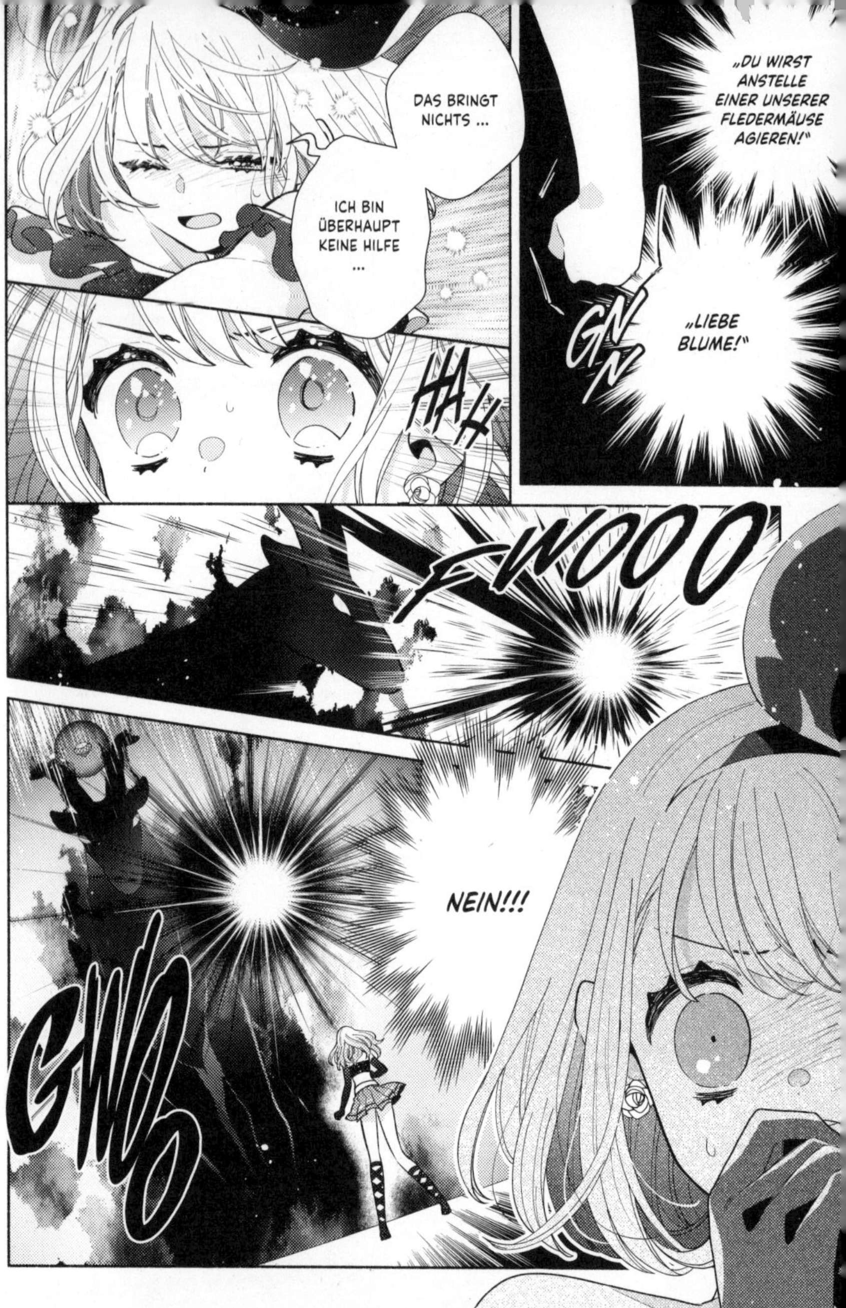
„DU WIRST ANSTELLE EINER UNSERER FLEDERMÄUSE AGIEREN!"
GNN
„LIEBE BLUME!"
DAS BRINGT NICHTS ...
ICH BIN ÜBERHAUPT KEINE HILFE ...
HAH
FWOOO
NEIN!!!

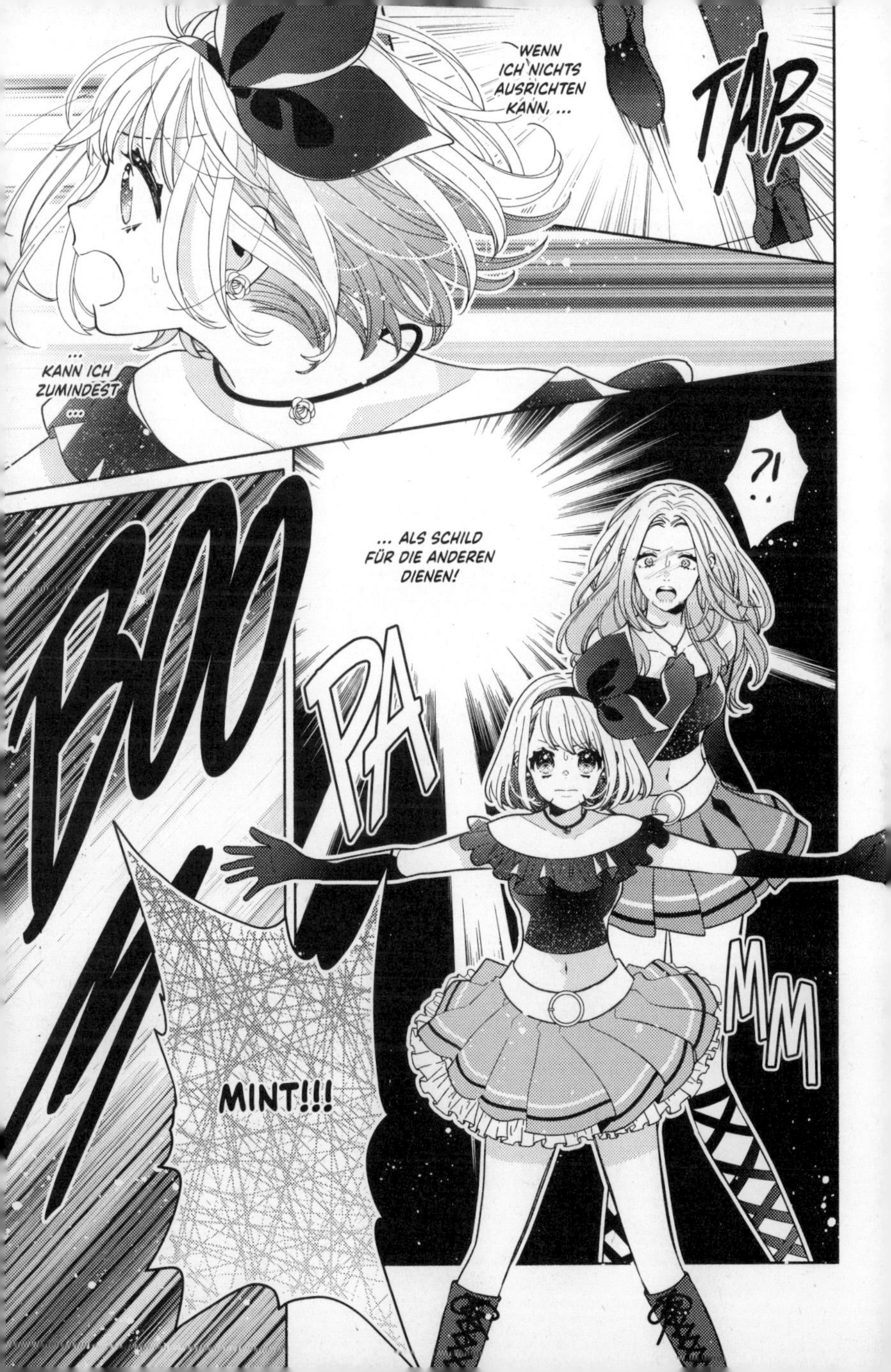
TAPP
WENN ICH NICHTS AUSRICHTEN KANN, ...
... KANN ICH ZUMINDEST ...
?!
... ALS SCHILD FÜR DIE ANDEREN DIENEN!
BOO
PA
MM
MINT!!!

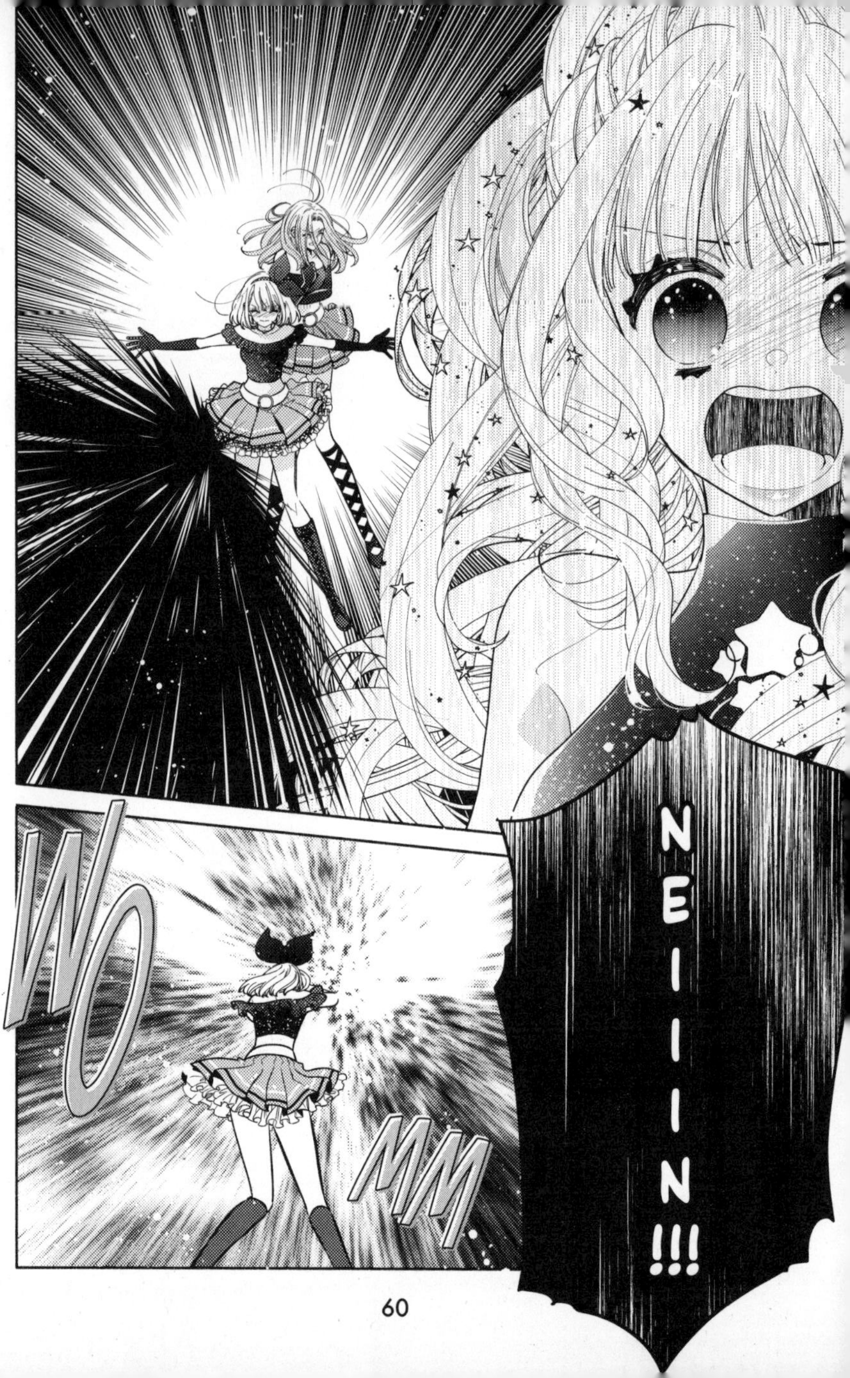
NEIIIN!!!
WOMM

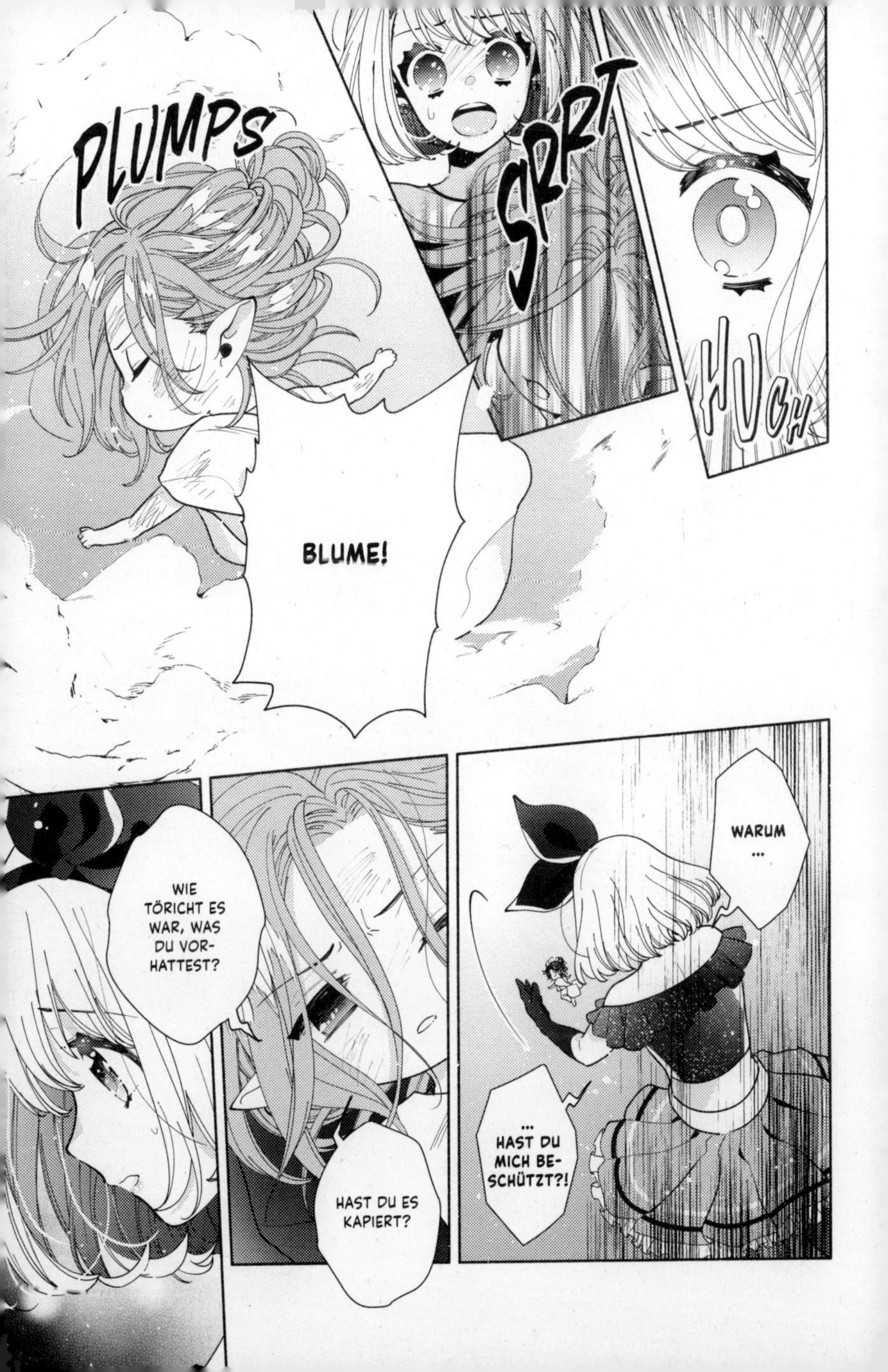
HUCH
SRRT
PLUMPS
BLUME!
WARUM …
… HAST DU MICH BE-SCHÜTZT?!
HAST DU ES KAPIERT?
WIE TÖRICHT ES WAR, WAS DU VOR-HATTEST?

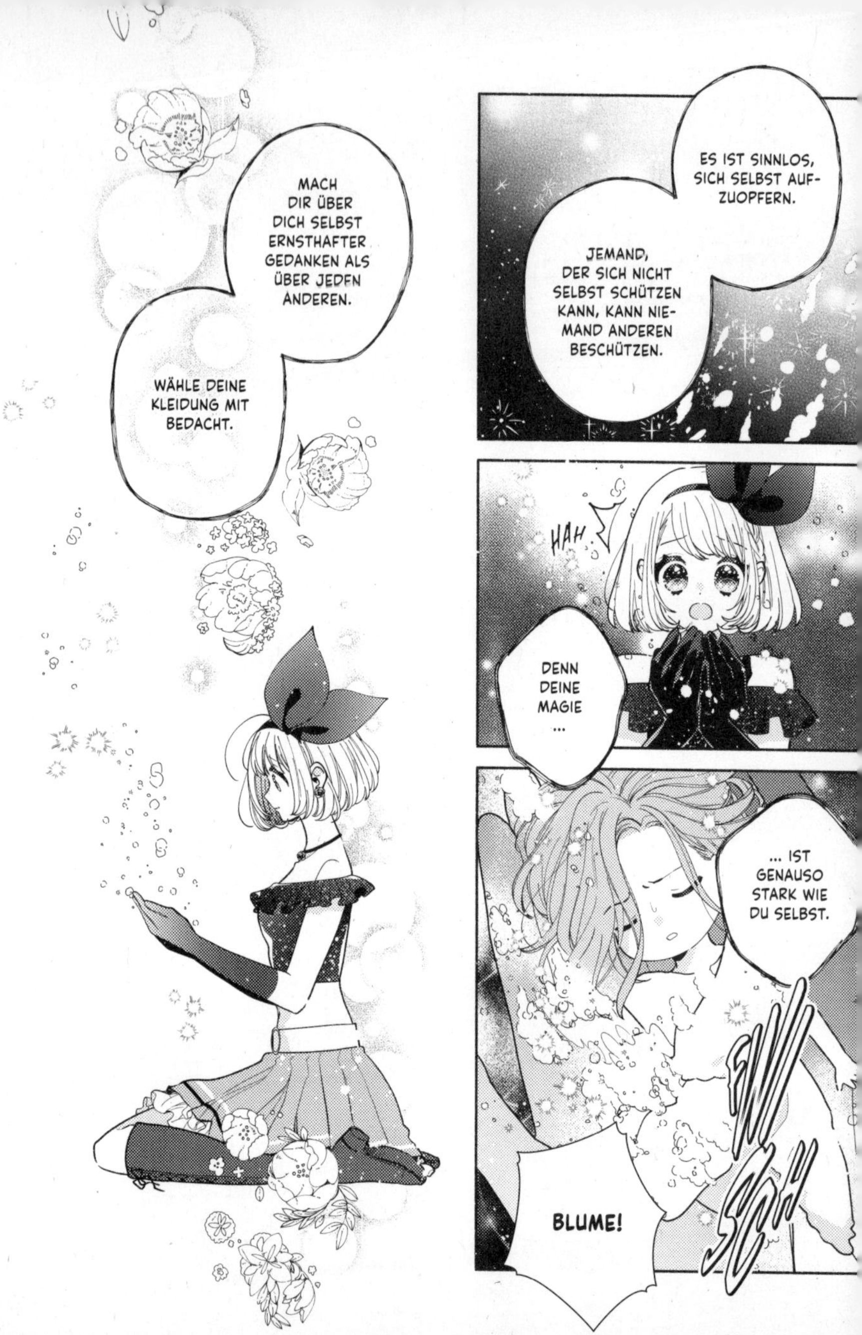
ES IST SINNLOS, SICH SELBST AUFZUOPFERN.
JEMAND, DER SICH NICHT SELBST SCHÜTZEN KANN, KANN NIEMAND ANDEREN BESCHÜTZEN.
HAH
DENN DEINE MAGIE ...
... IST GENAUSO STARK WIE DU SELBST.
BLUME!
MACH DIR ÜBER DICH SELBST ERNSTHAFTER GEDANKEN ALS ÜBER JEDEN ANDEREN.
WÄHLE DEINE KLEIDUNG MIT BEDACHT.

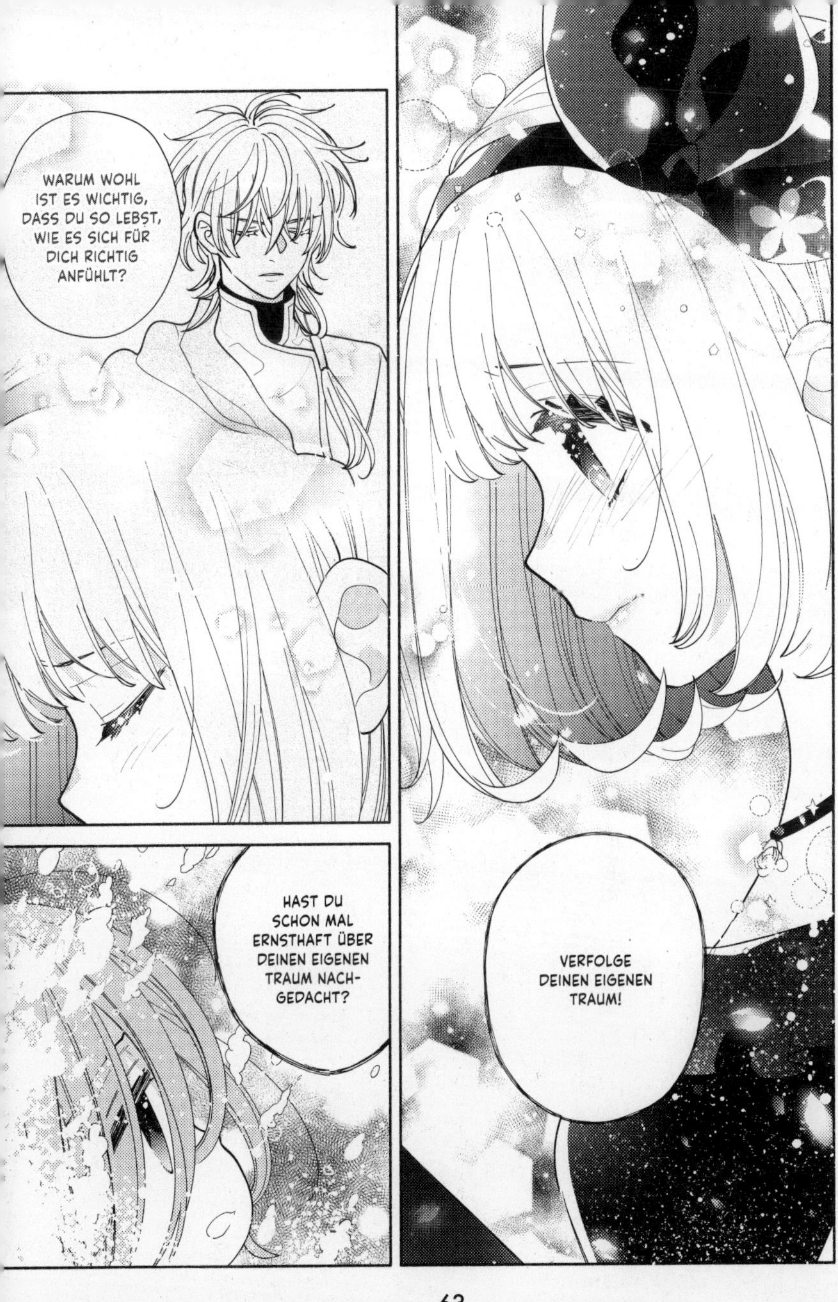
WARUM WOHL IST ES WICHTIG, DASS DU SO LEBST, WIE ES SICH FÜR DICH RICHTIG ANFÜHLT?
HAST DU SCHON MAL ERNSTHAFT ÜBER DEINEN EIGENEN TRAUM NACH-GEDACHT?
VERFOLGE DEINEN EIGENEN TRAUM!

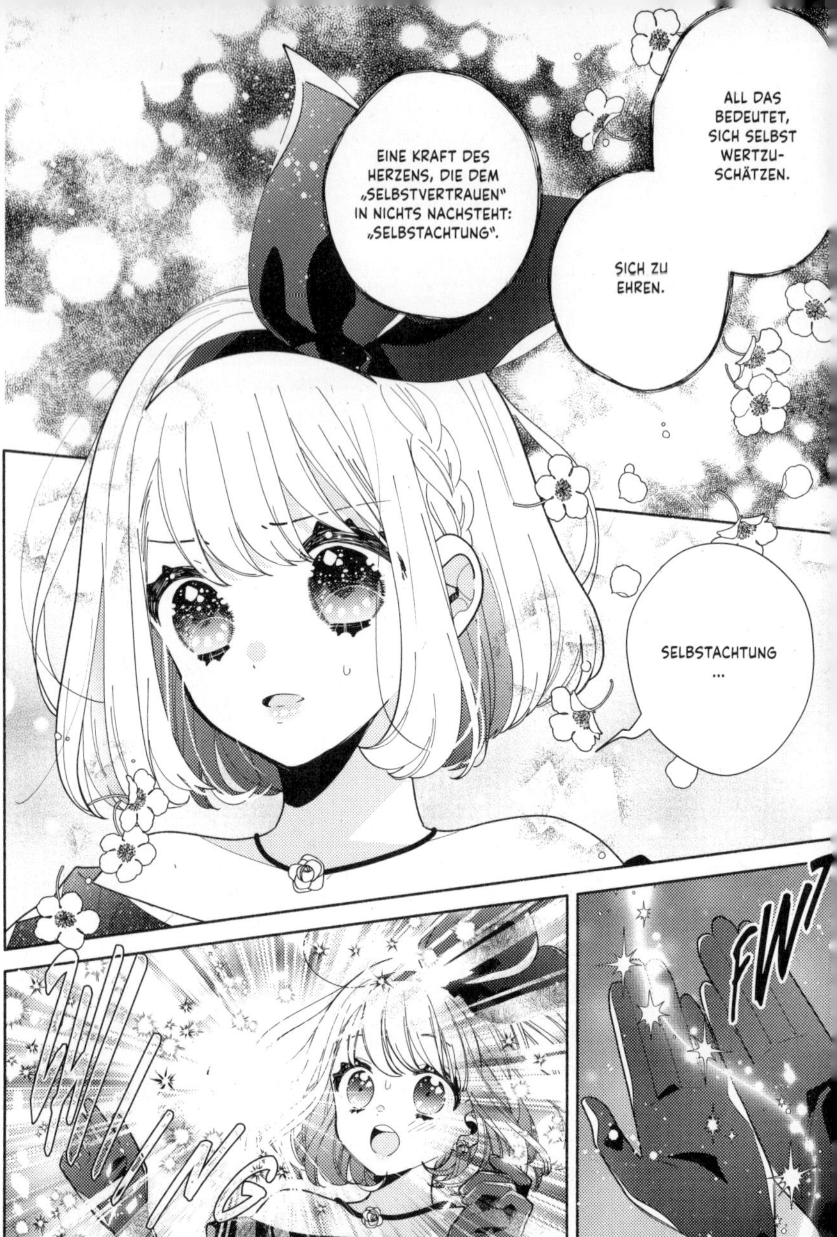
ALL DAS BEDEUTET, SICH SELBST WERTZU-SCHÄTZEN.
SICH ZU EHREN.
EINE KRAFT DES HERZENS, DIE DEM „SELBSTVERTRAUEN" IN NICHTS NACHSTEHT: „SELBSTACHTUNG".
SELBSTACHTUNG ...
FWI
ZWING

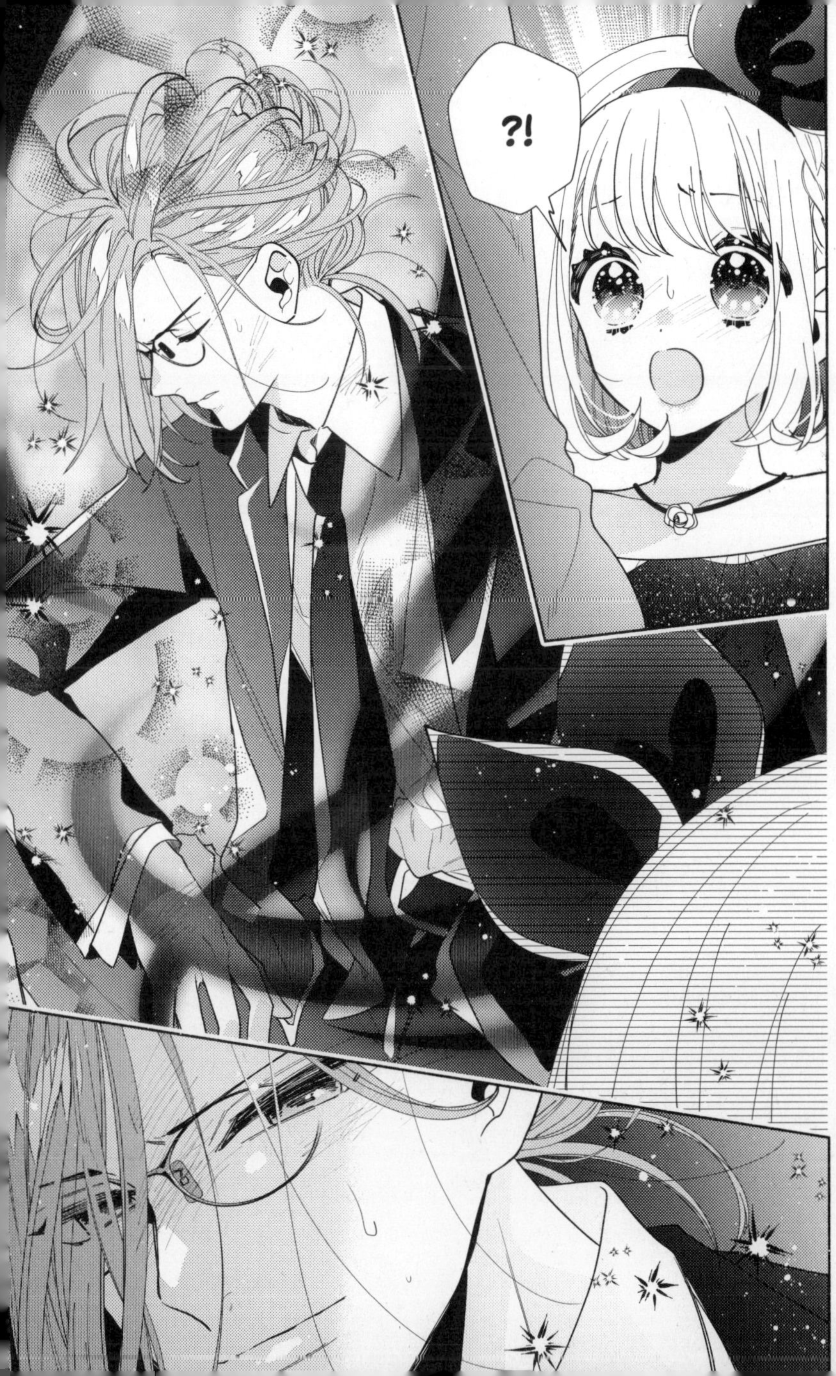

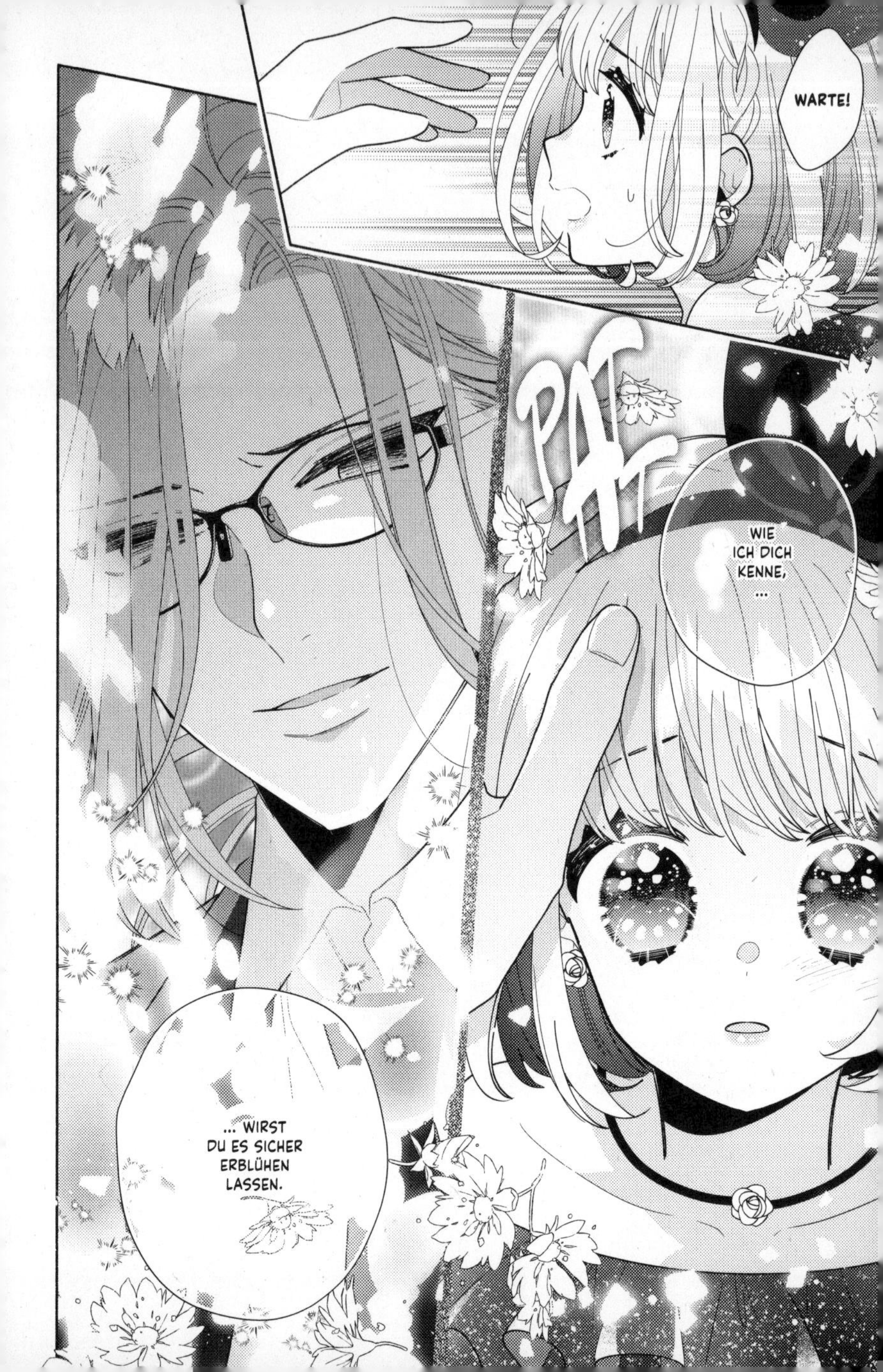
WARTE!
PAT
WIE ICH DICH KENNE, ...
... WIRST DU ES SICHER ERBLÜHEN LASSEN.

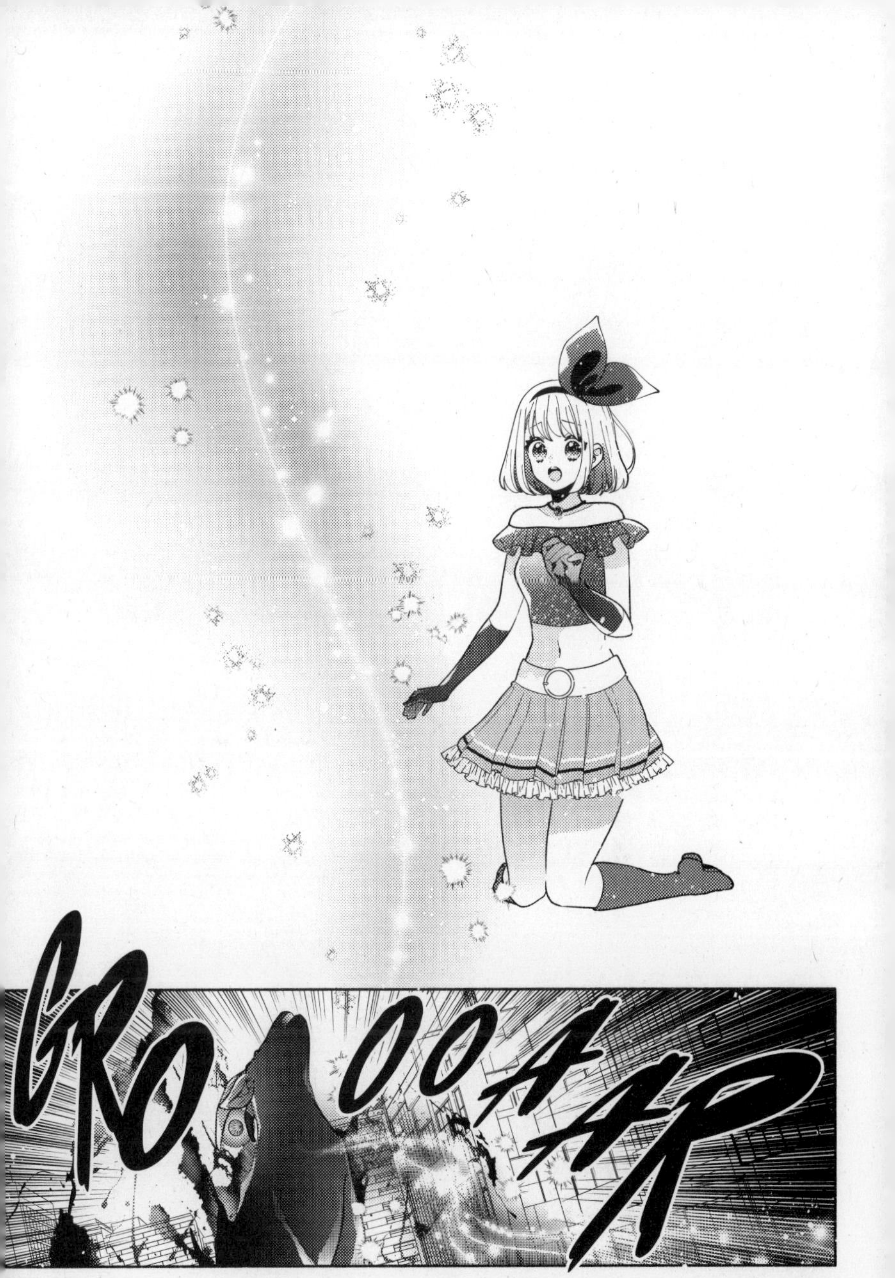
GROOOAAR

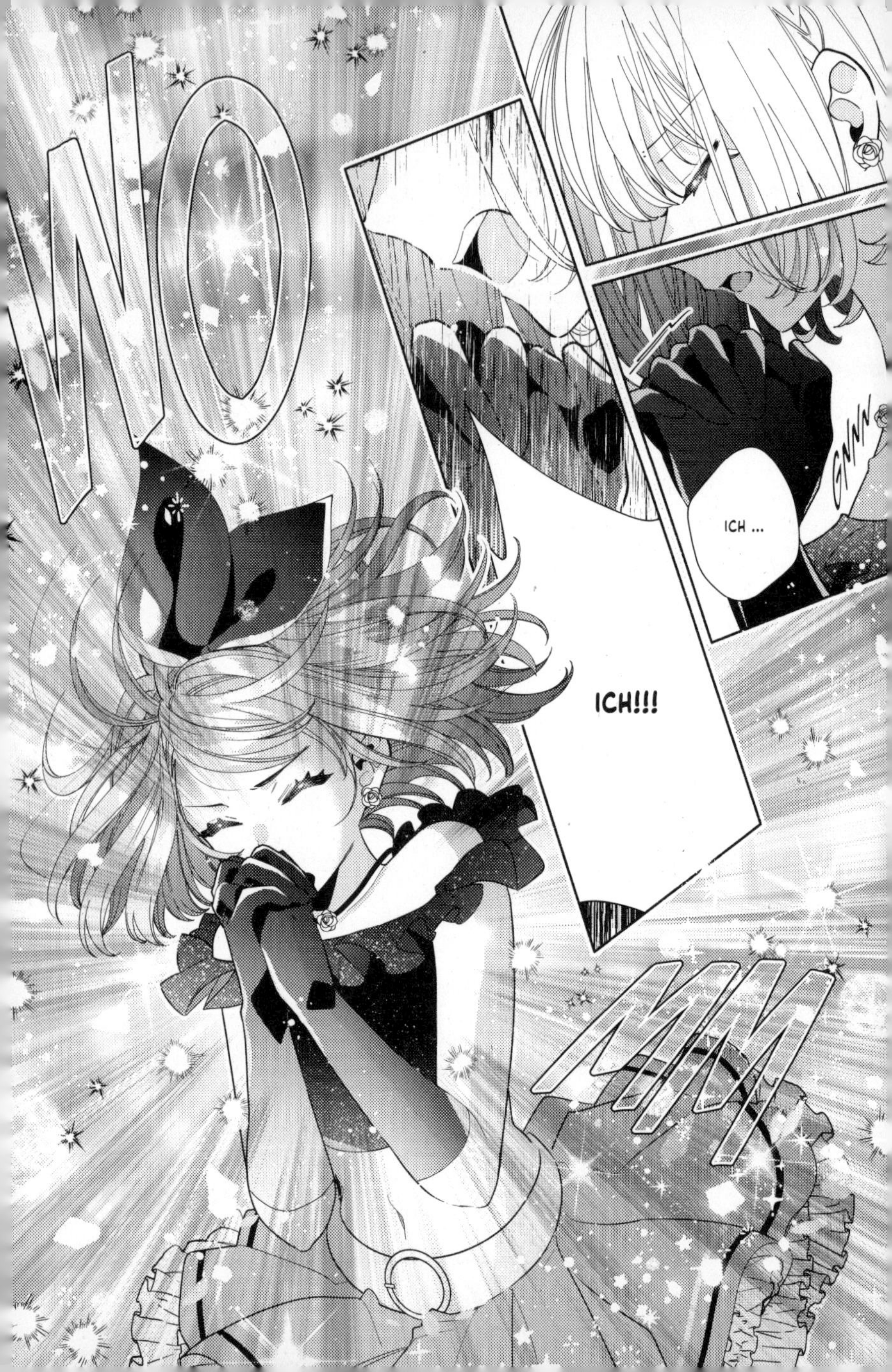

GNNN
ICH ...
ICH!!!
WO
MM

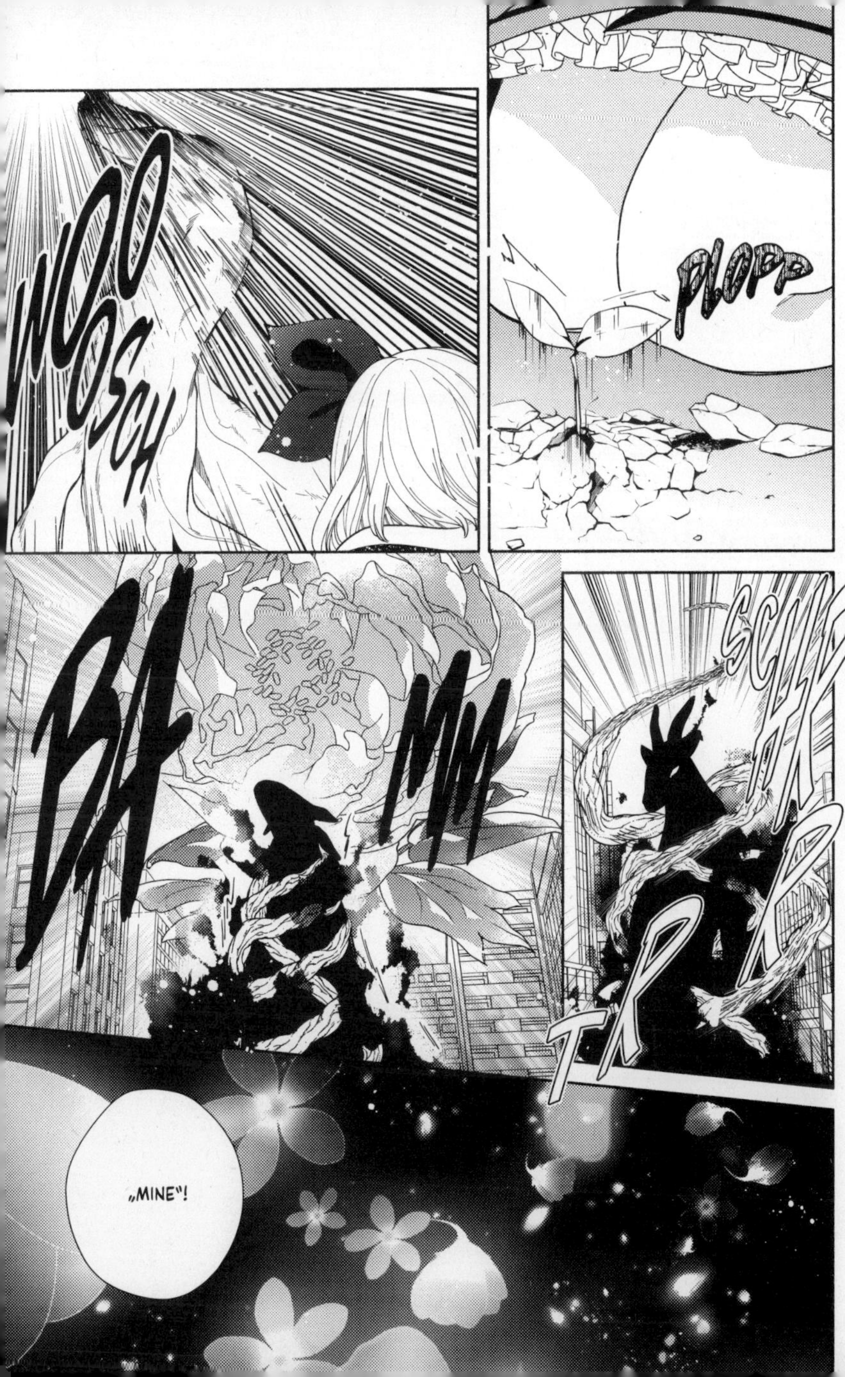
PLOPP
WOOSCH
BAMM
TRR
„MINE"!

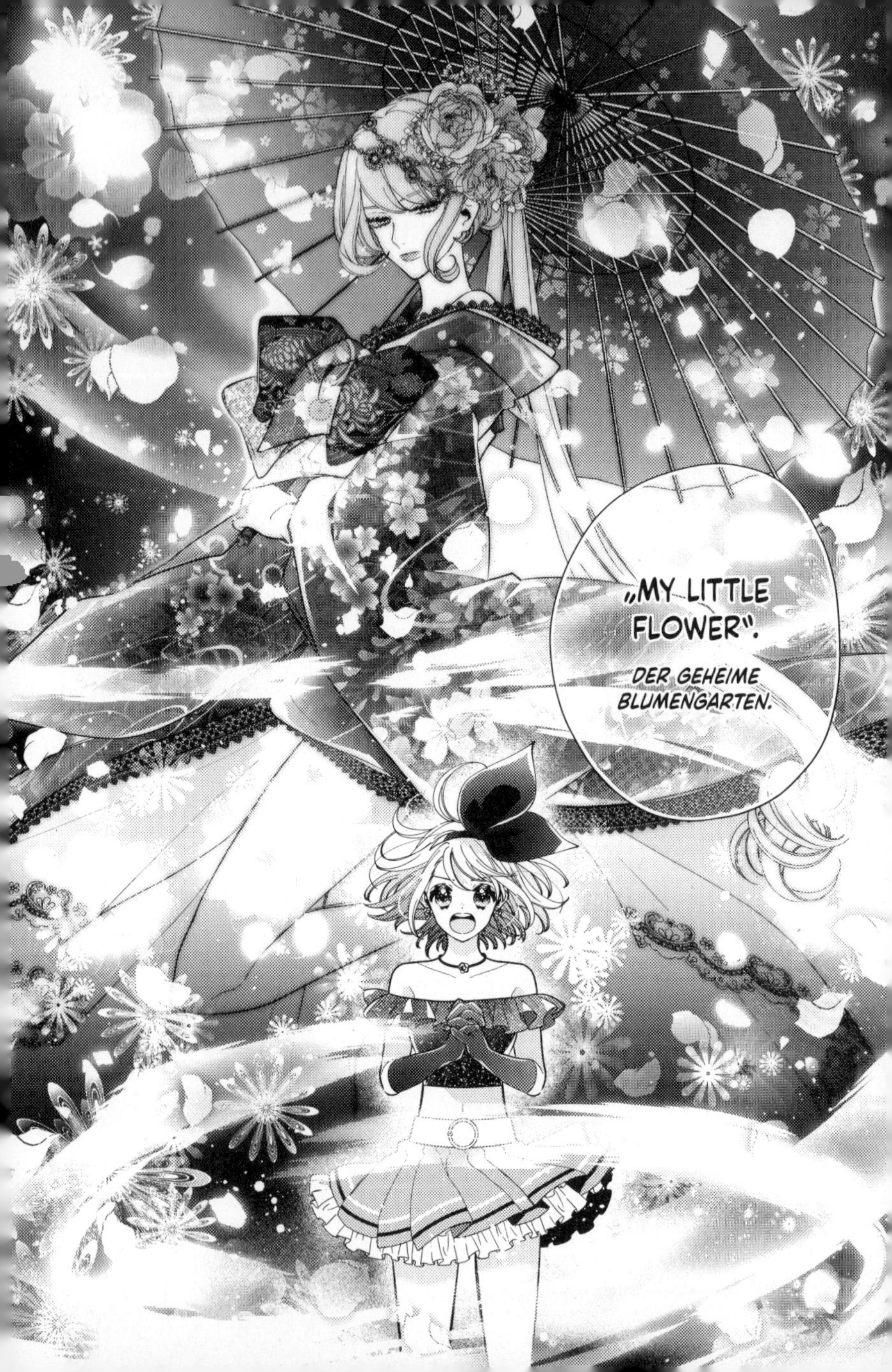
„MY LITTLE FLOWER“.
DER GEHEIME BLUMENGARTEN.

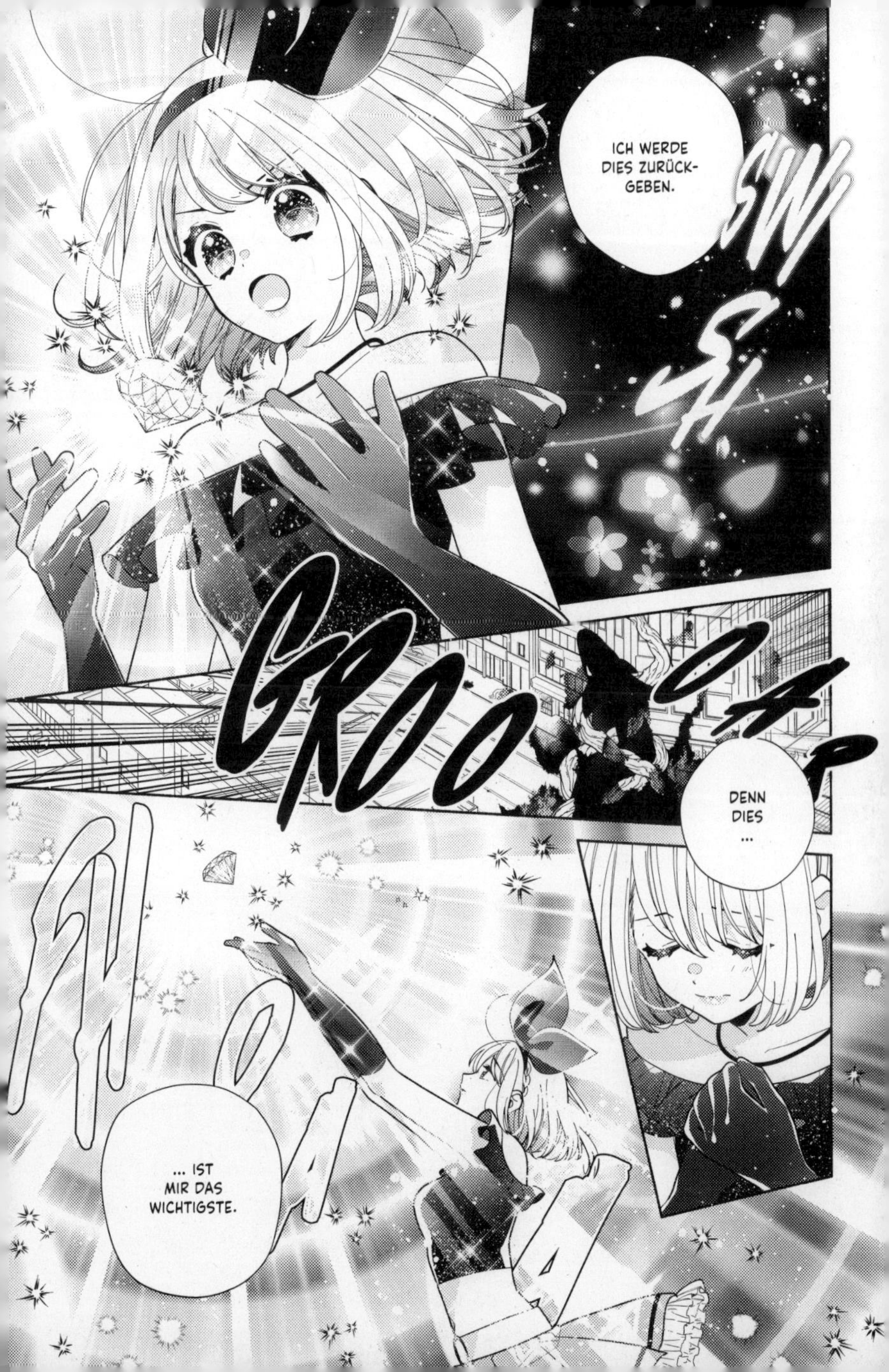
ICH WERDE DIES ZURÜCK-GEBEN.
SWISH
DENN DIES ...
... IST MIR DAS WICHTIGSTE.

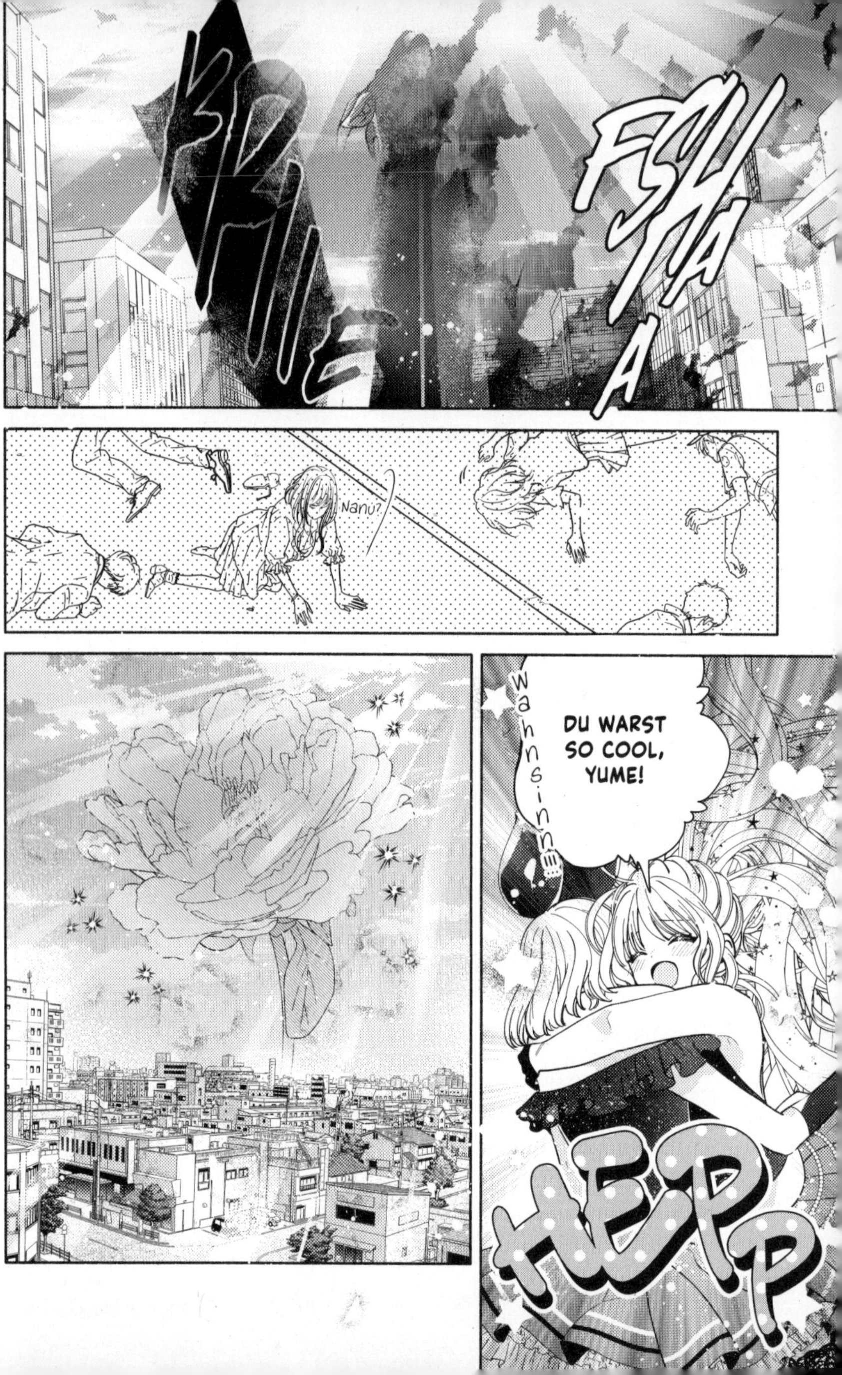
FSHAAA
Nanu?
Wahnsinn!!!
DU WARST SO COOL, YUME!
HEPP

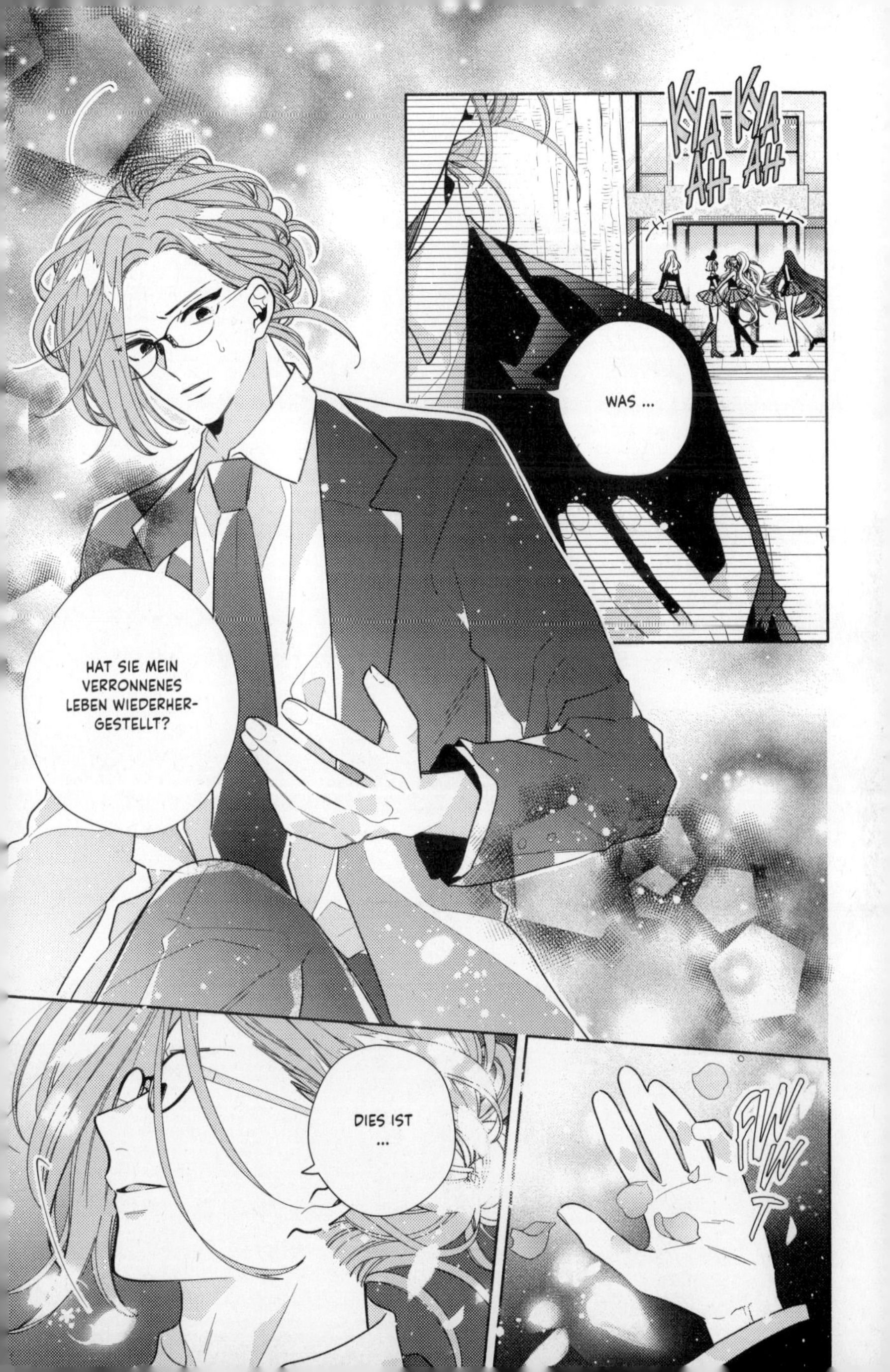
KYA KYA AH AH
WAS ...
HAT SIE MEIN VERRONNENES LEBEN WIEDERHER-GESTELLT?
DIES IST ...
FWWT

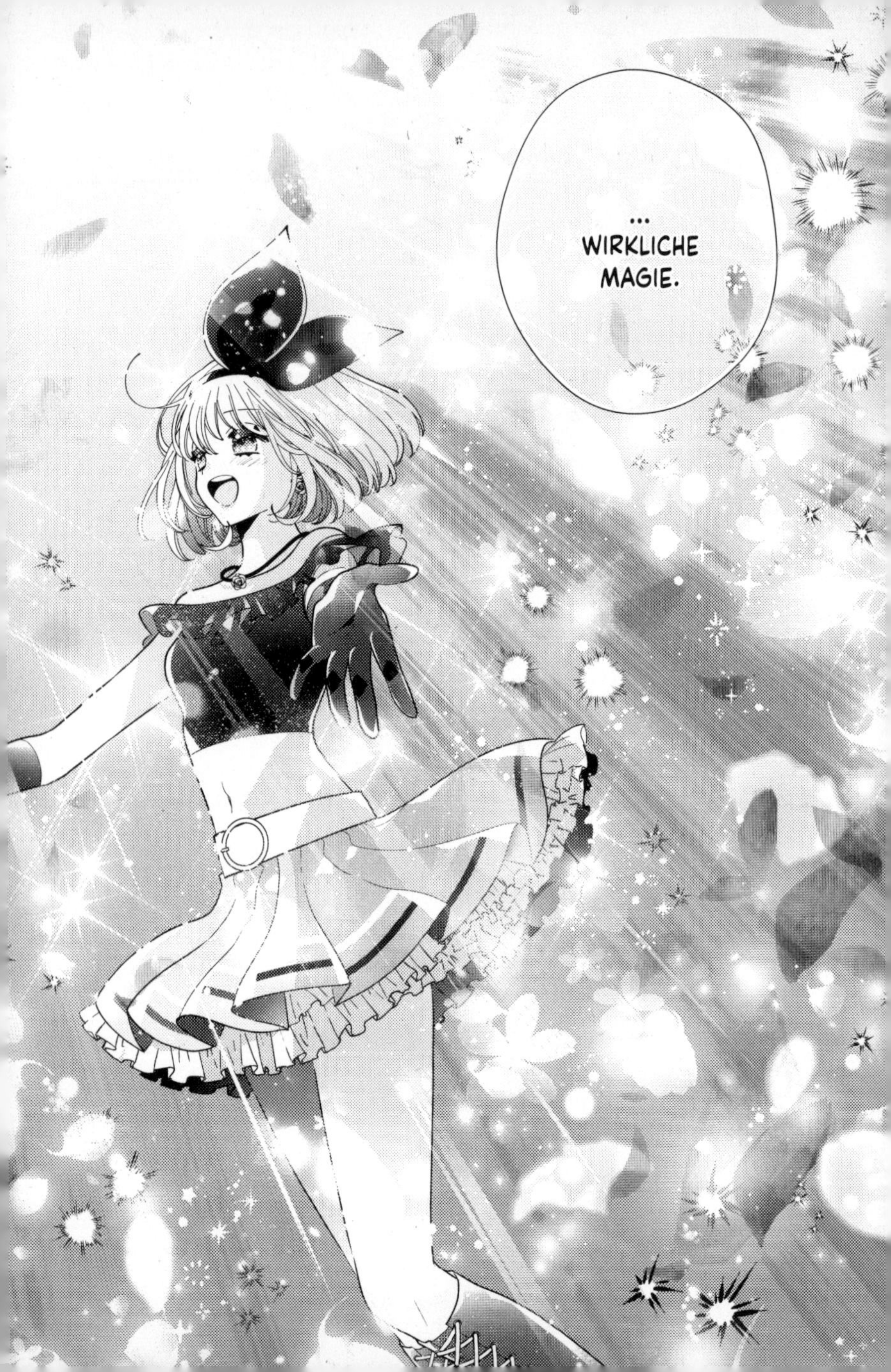
... WIRKLICHE MAGIE.

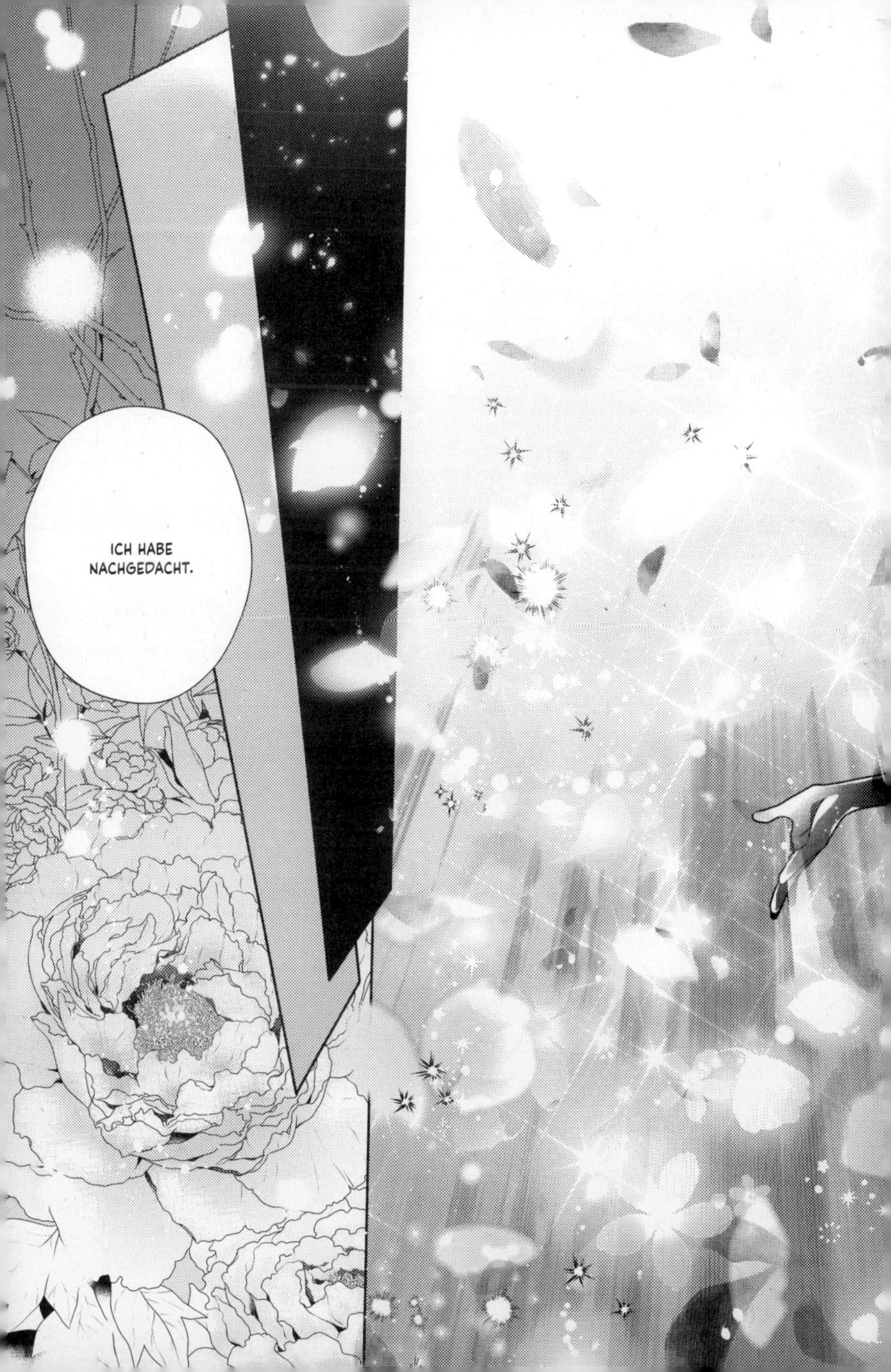
ICH HABE NACHGEDACHT.

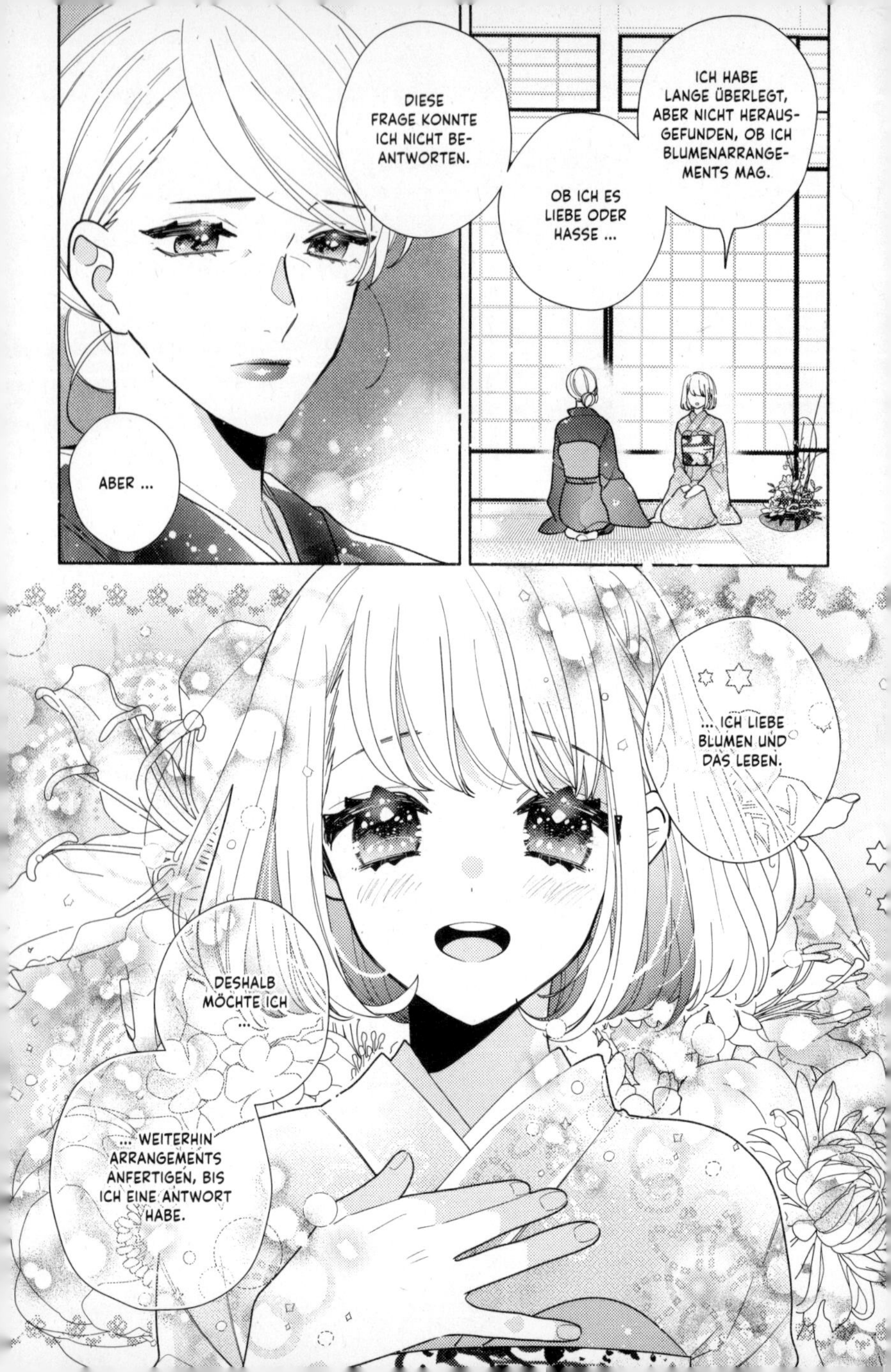
ICH HABE LANGE ÜBERLEGT, ABER NICHT HERAUSGEFUNDEN, OB ICH BLUMENARRANGEMENTS MAG.
OB ICH ES LIEBE ODER HASSE ...
DIESE FRAGE KONNTE ICH NICHT BEANTWORTEN.
ABER ...
... ICH LIEBE BLUMEN UND DAS LEBEN.
DESHALB MÖCHTE ICH ...
... WEITERHIN ARRANGEMENTS ANFERTIGEN, BIS ICH EINE ANTWORT HABE.

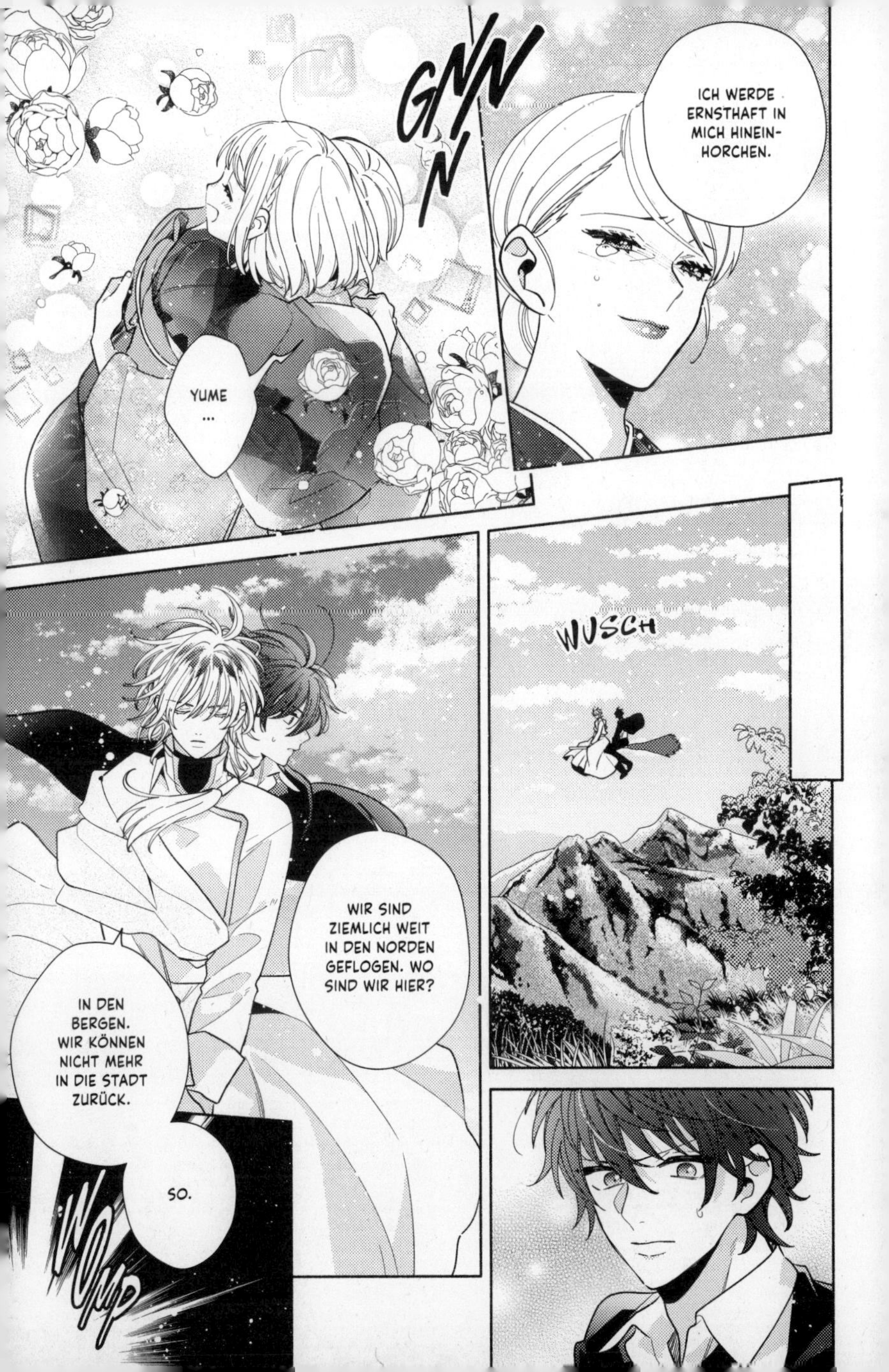
ICH WERDE ERNSTHAFT IN MICH HINEIN-HORCHEN.
GNNN
YUME ...
WUSCH
WIR SIND ZIEMLICH WEIT IN DEN NORDEN GEFLOGEN. WO SIND WIR HIER?
IN DEN BERGEN. WIR KÖNNEN NICHT MEHR IN DIE STADT ZURÜCK.
SO.
WOMP

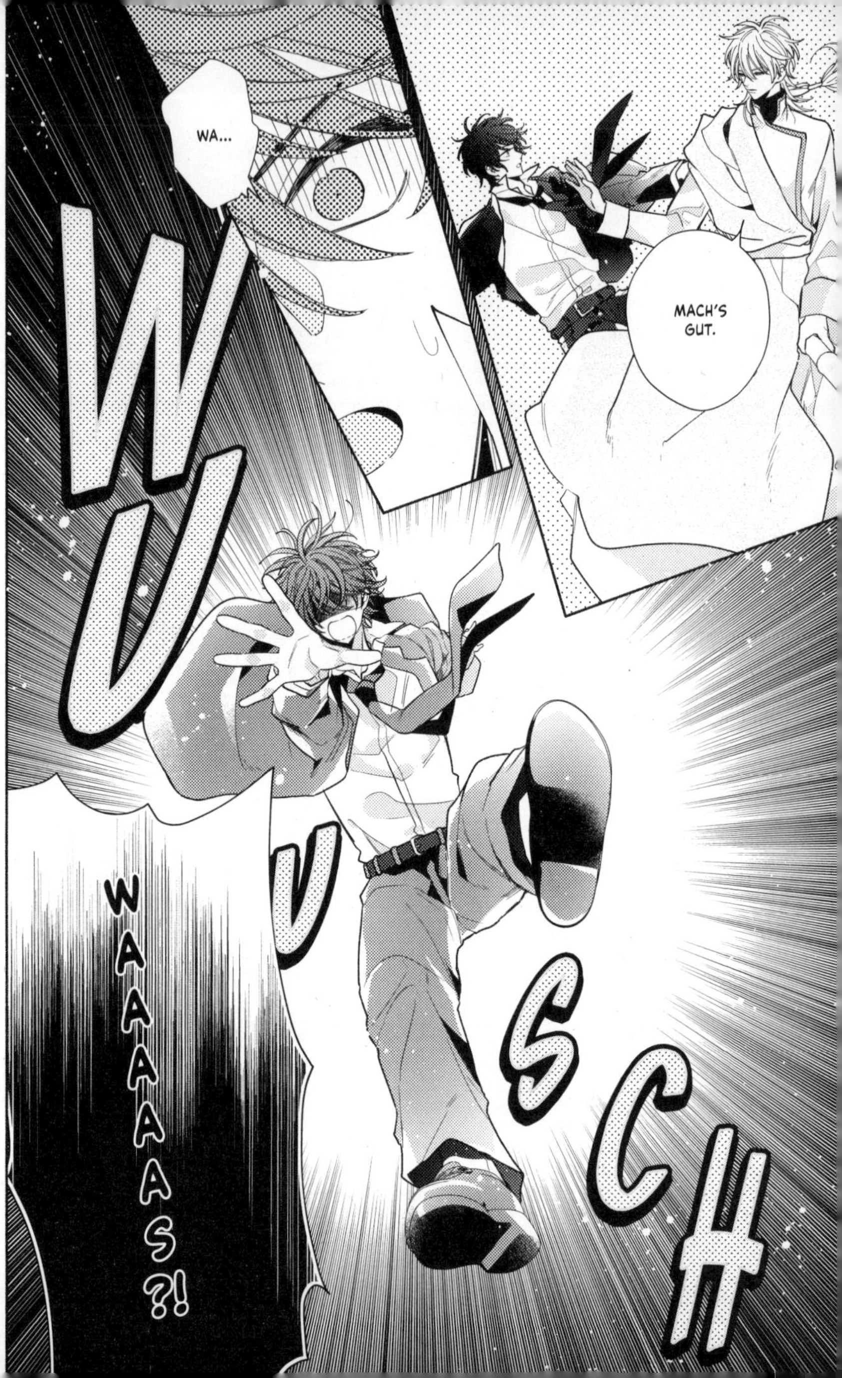
MACH'S GUT.
WA...
WUUSCH
WAAAAAS?!

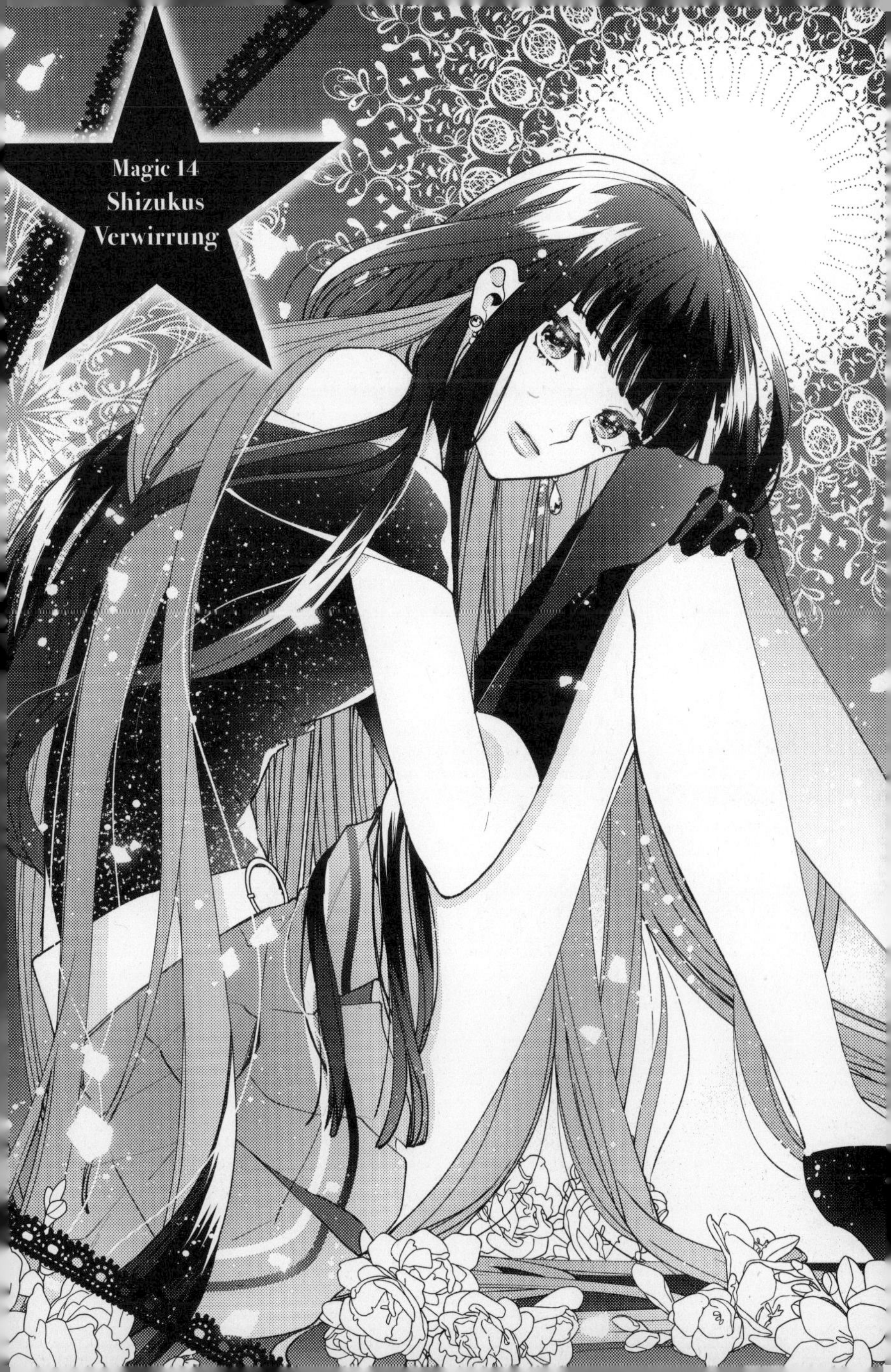
Magic 14
Shizukus
Verwirrung

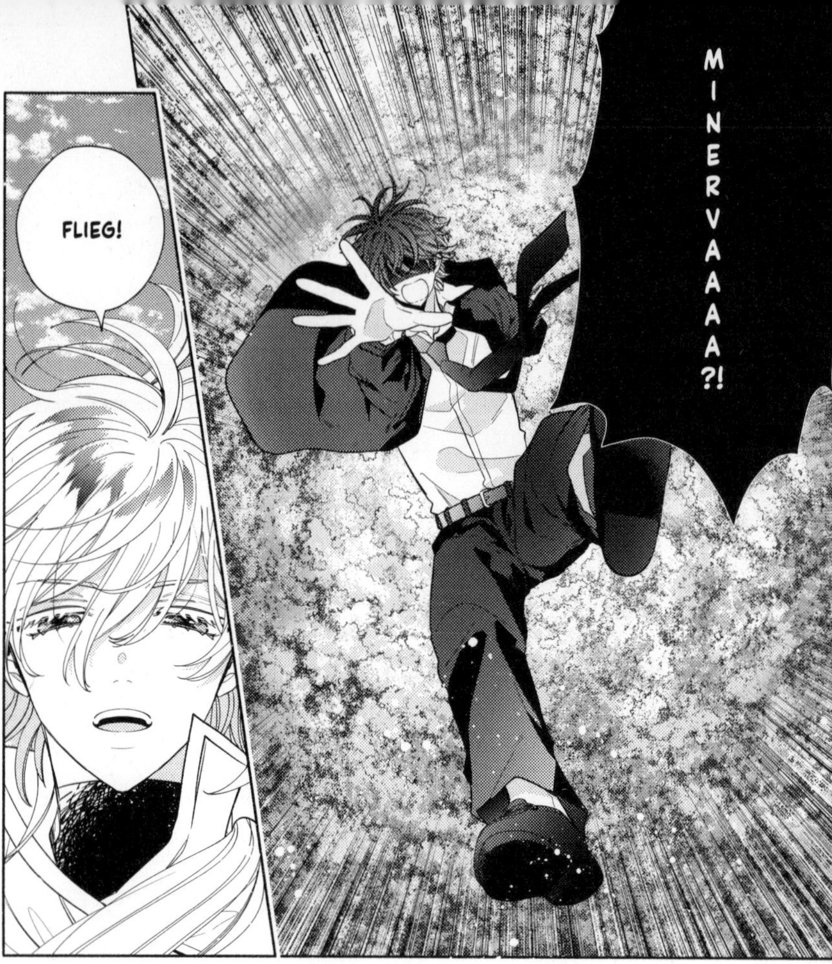

Stellar Witch LIPS

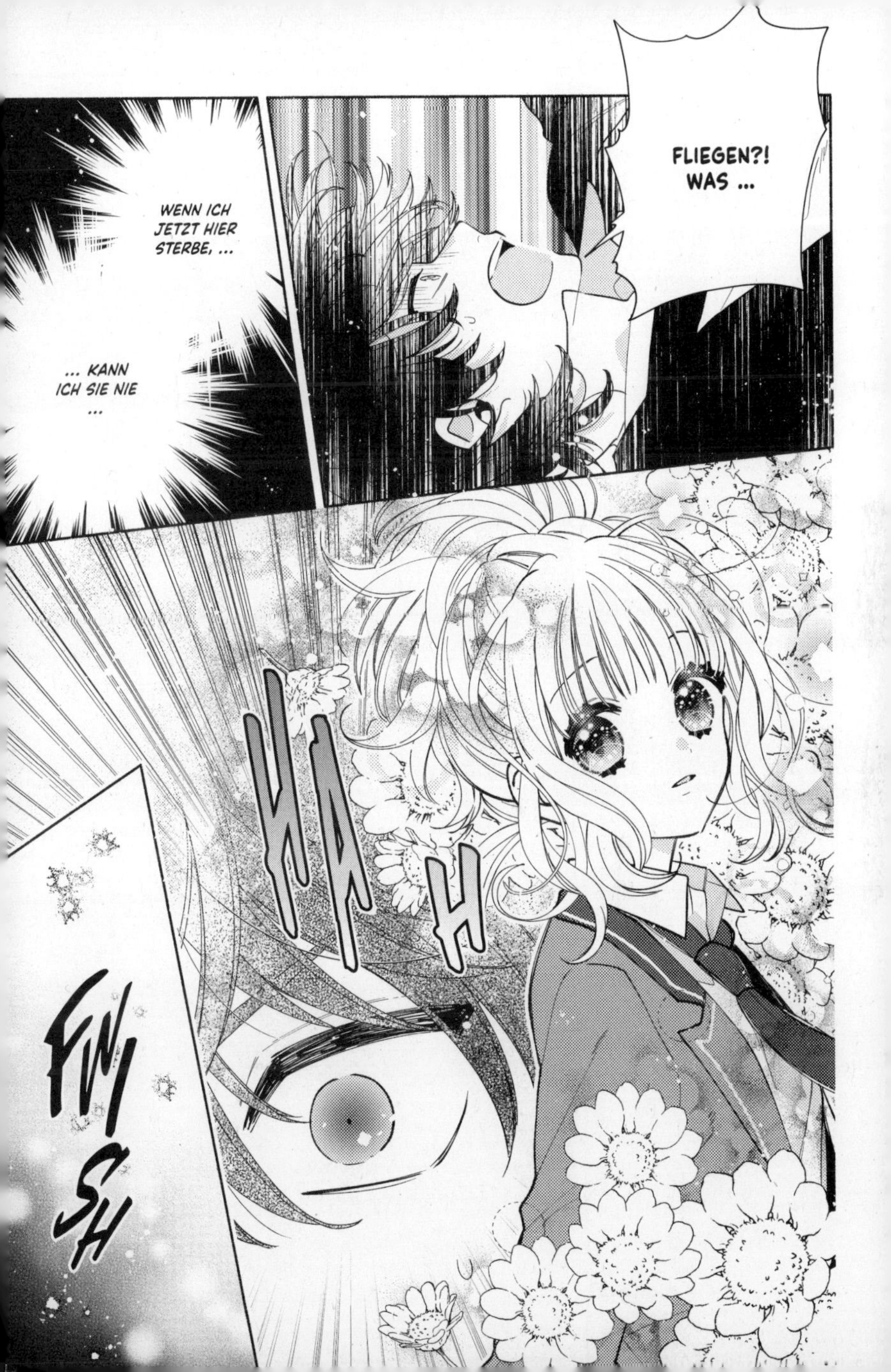
FLIEGEN?! WAS ...
WENN ICH JETZT HIER STERBE, ...
... KANN ICH SIE NIE ...
HAH
FWISH

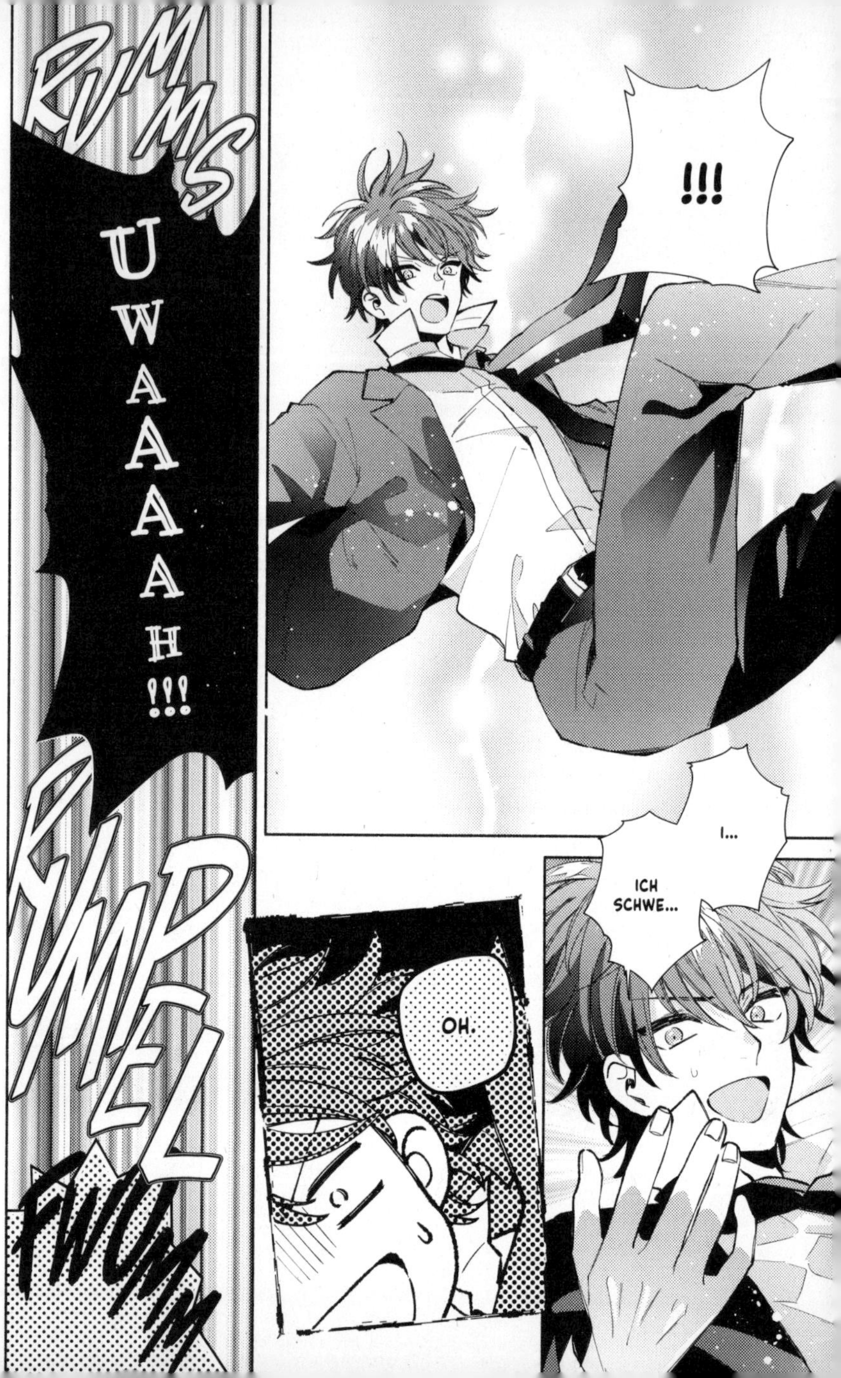
!!!
RUMMS
UWAAAAH!!!
I...
ICH SCHWE...
OH.
RUMPEL
FWUMM

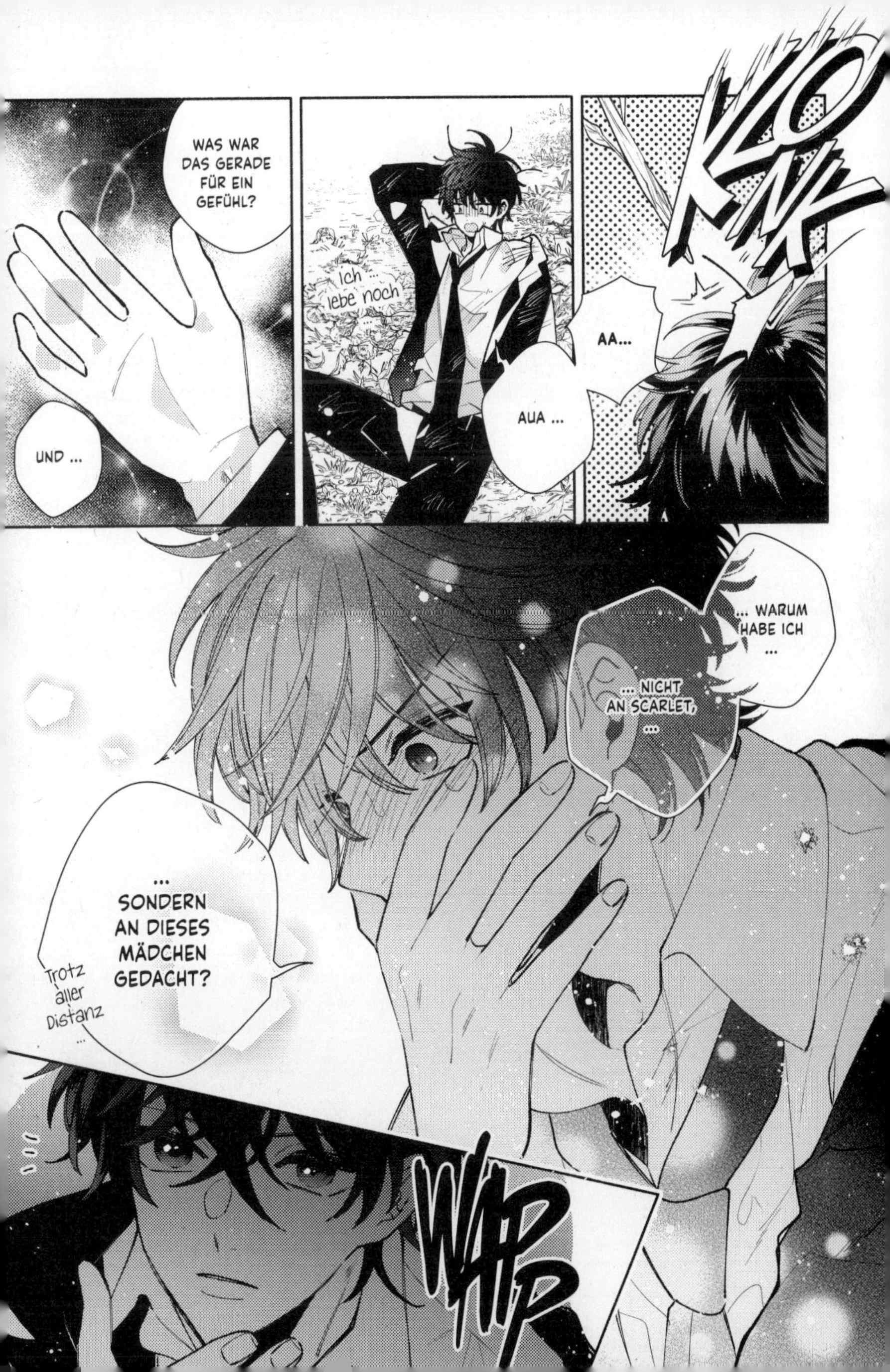
KLONK
AA...
AUA ...
Ich ... lebe noch ...
WAS WAR DAS GERADE FÜR EIN GEFÜHL?
UND ...
... WARUM HABE ICH ...
... NICHT AN SCARLET, ...
... SONDERN AN DIESES MÄDCHEN GEDACHT?
Trotz aller Distanz ...

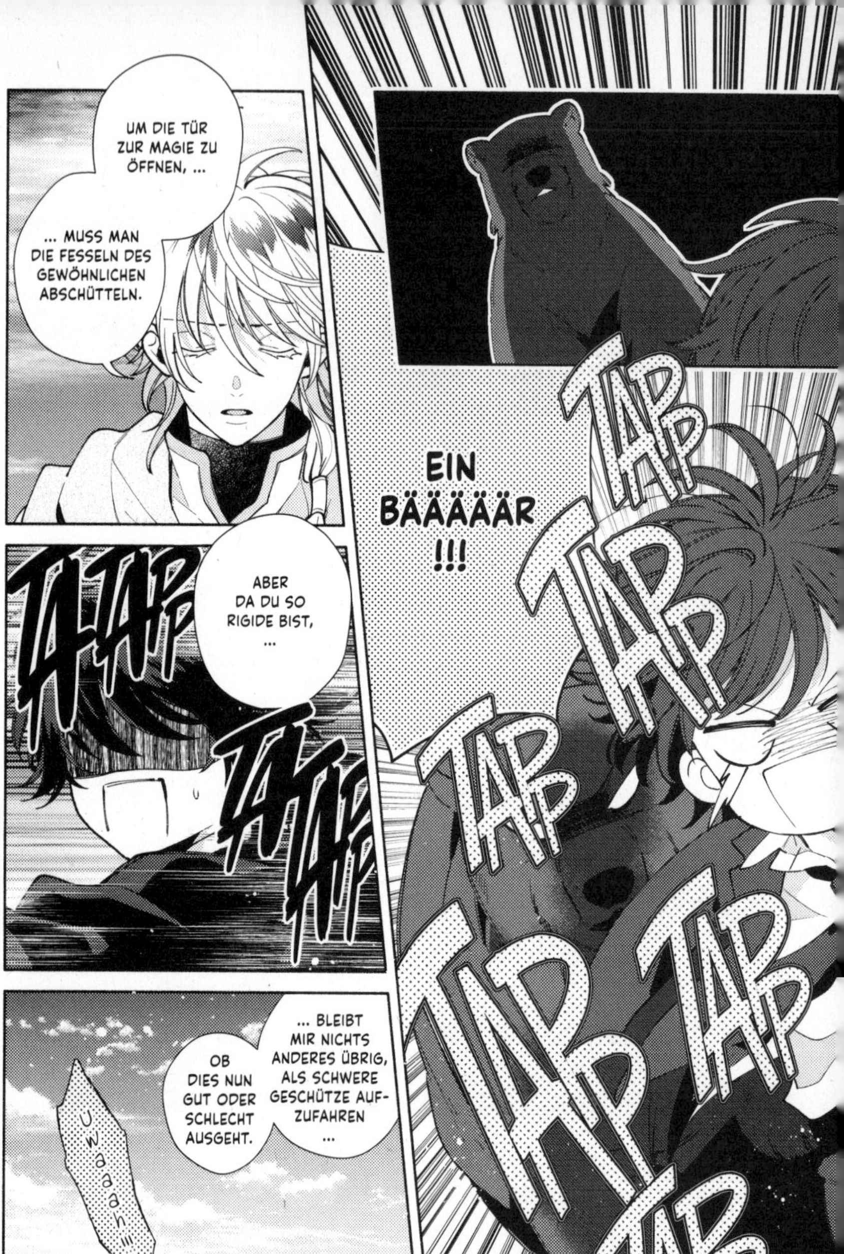
UM DIE TÜR ZUR MAGIE ZU ÖFFNEN, ...
... MUSS MAN DIE FESSELN DES GEWÖHNLICHEN ABSCHÜTTELN.
ABER DA DU SO RIGIDE BIST, ...
TATAP
TATAP
... BLEIBT MIR NICHTS ANDERES ÜBRIG, ALS SCHWERE GESCHÜTZE AUFZUFAHREN ...
OB DIES NUN GUT ODER SCHLECHT AUSGEHT.
Uwaaah!!!
EIN BÄÄÄÄR !!!
TAP TAP
TAP TAP
TAP
TAP TAP TAP

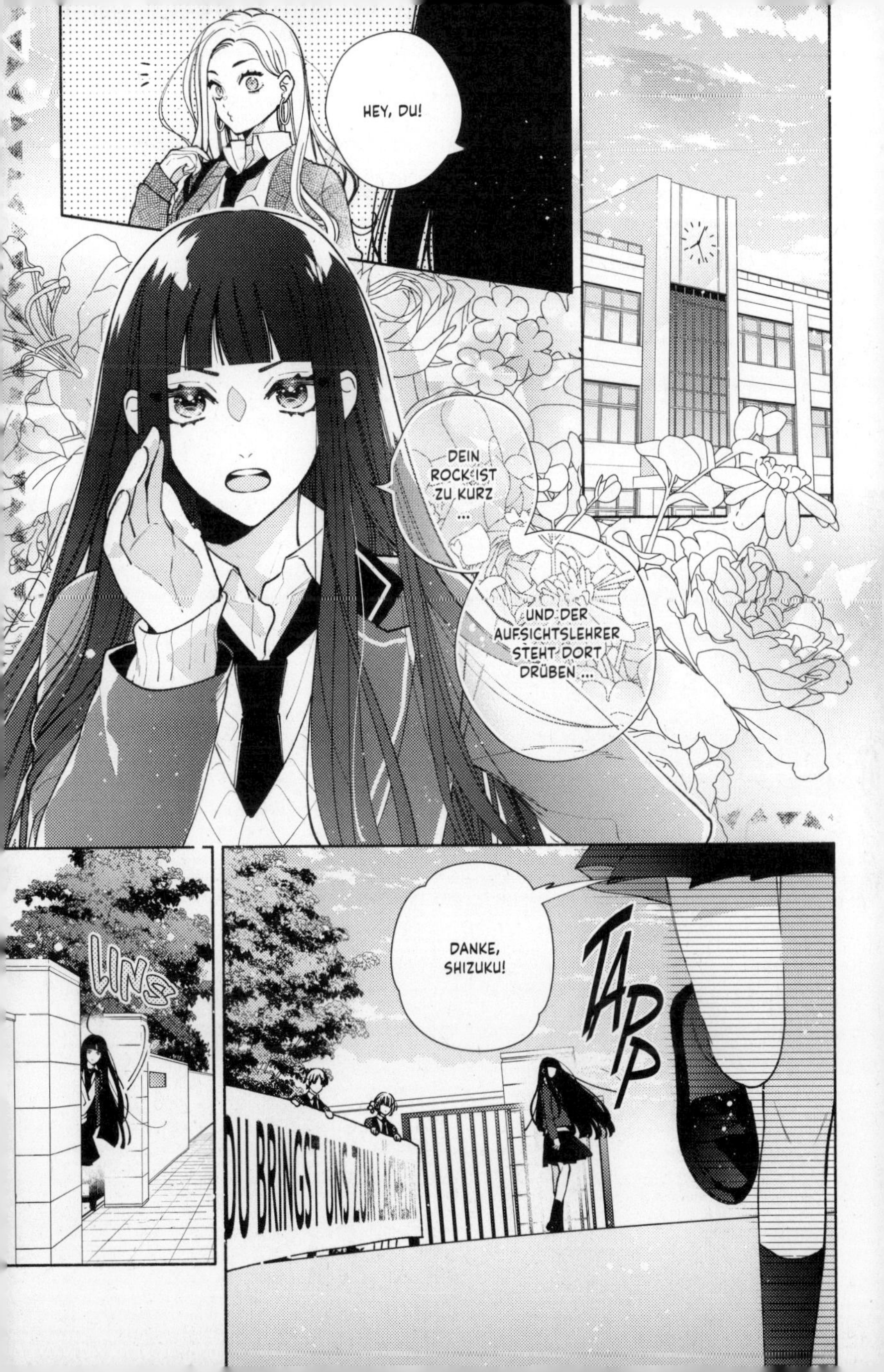
HEY, DU!
DEIN ROCK IST ZU KURZ ...
UND DER AUFSICHTSLEHRER STEHT DORT DRÜBEN ...
DANKE, SHIZUKU!
TAPP
DU BRINGST UNS ZUM
LINS

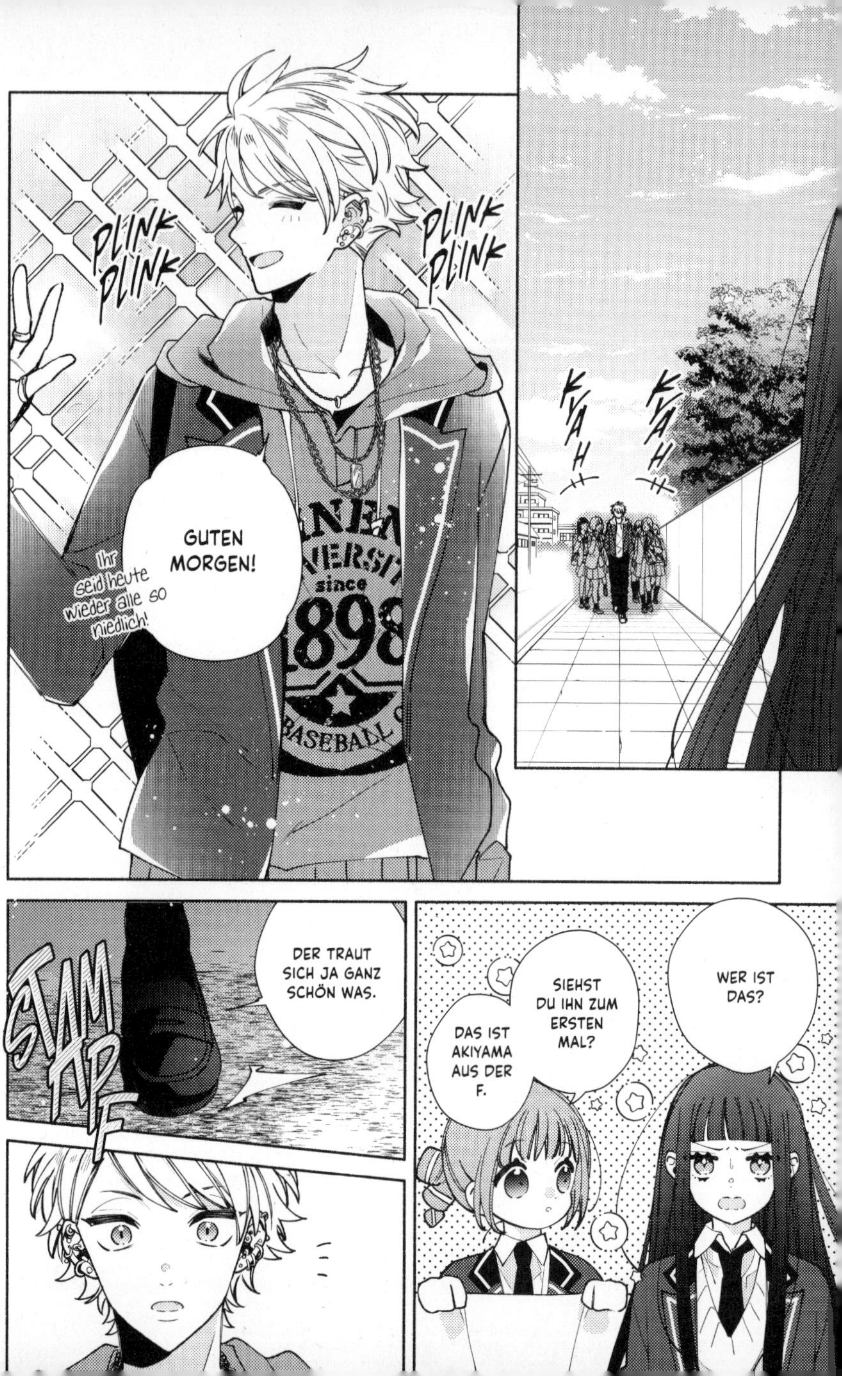
KYAH!!
KYAH!!
PLINK PLINK
PLINK PLINK
GUTEN MORGEN!
Ihr seid heute wieder alle so niedlich!
WER IST DAS?
SIEHST DU IHN ZUM ERSTEN MAL?
DAS IST AKIYAMA AUS DER F.
DER TRAUT SICH JA GANZ SCHÖN WAS.
STAMPF

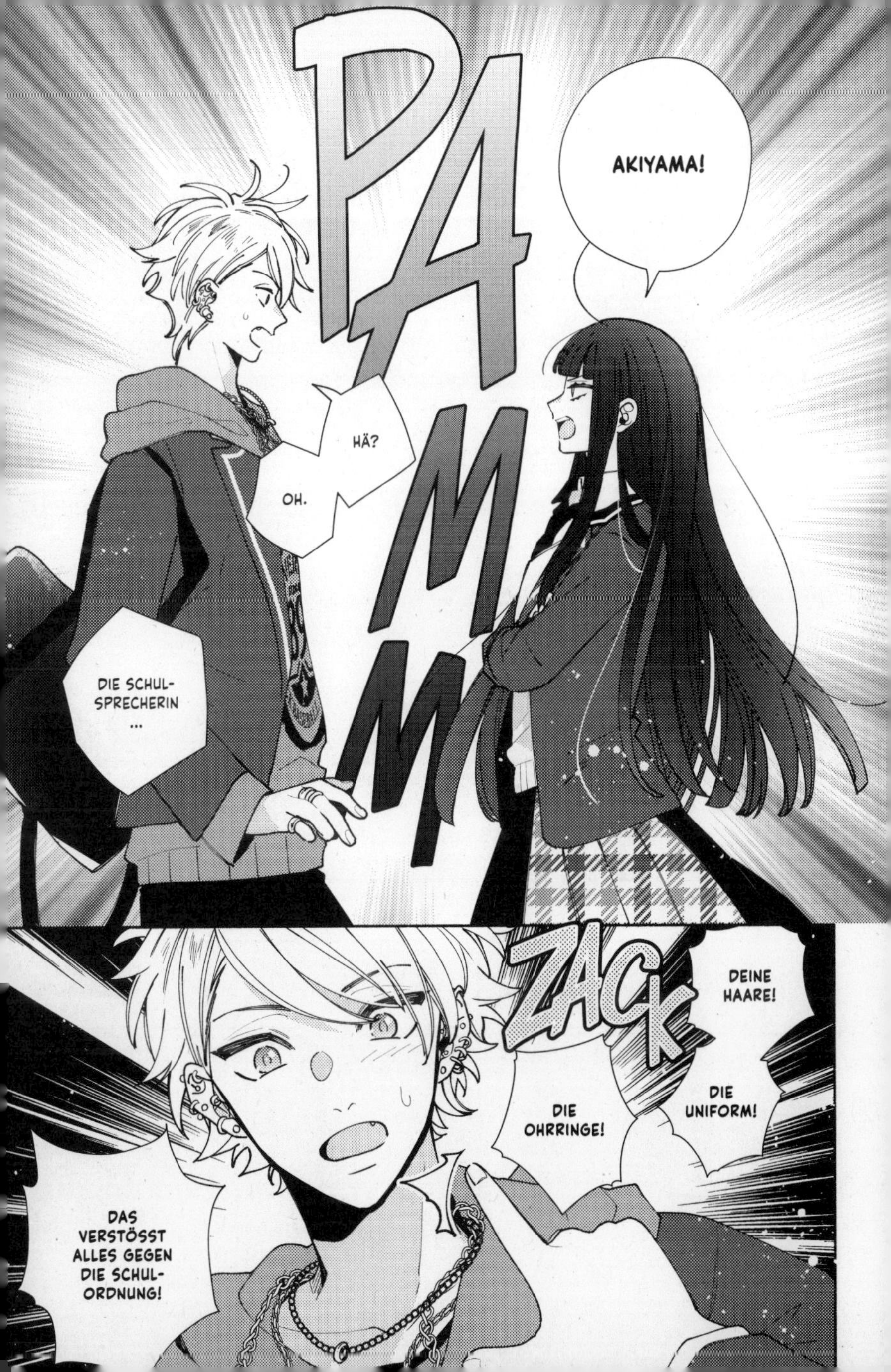
PAMM
AKIYAMA!
HÄ?
OH.
DIE SCHUL-SPRECHERIN …
ZACK
DEINE HAARE!
DIE UNIFORM!
DIE OHRRINGE!
DAS VERSTÖSST ALLES GEGEN DIE SCHUL-ORDNUNG!

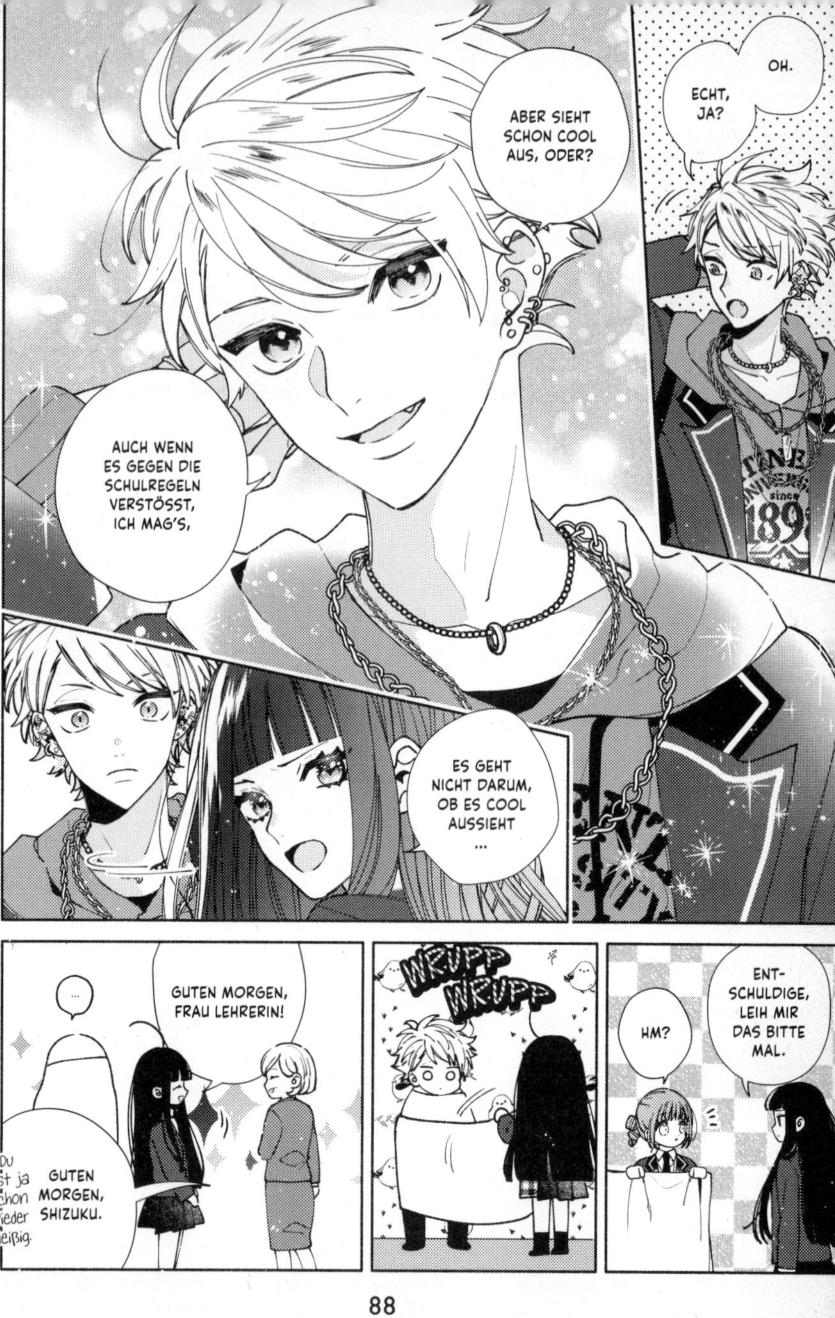
OH.
ECHT, JA?
ABER SIEHT SCHON COOL AUS, ODER?
AUCH WENN ES GEGEN DIE SCHULREGELN VERSTÖSST, ICH MAG'S,
ES GEHT NICHT DARUM, OB ES COOL AUSSIEHT ...
ENT-SCHULDIGE, LEIH MIR DAS BITTE MAL.
HM?
WRIPP WRIPP
GUTEN MORGEN, FRAU LEHRERIN!
...
GUTEN MORGEN, SHIZUKU.
Du bist ja schon wieder fleißig.

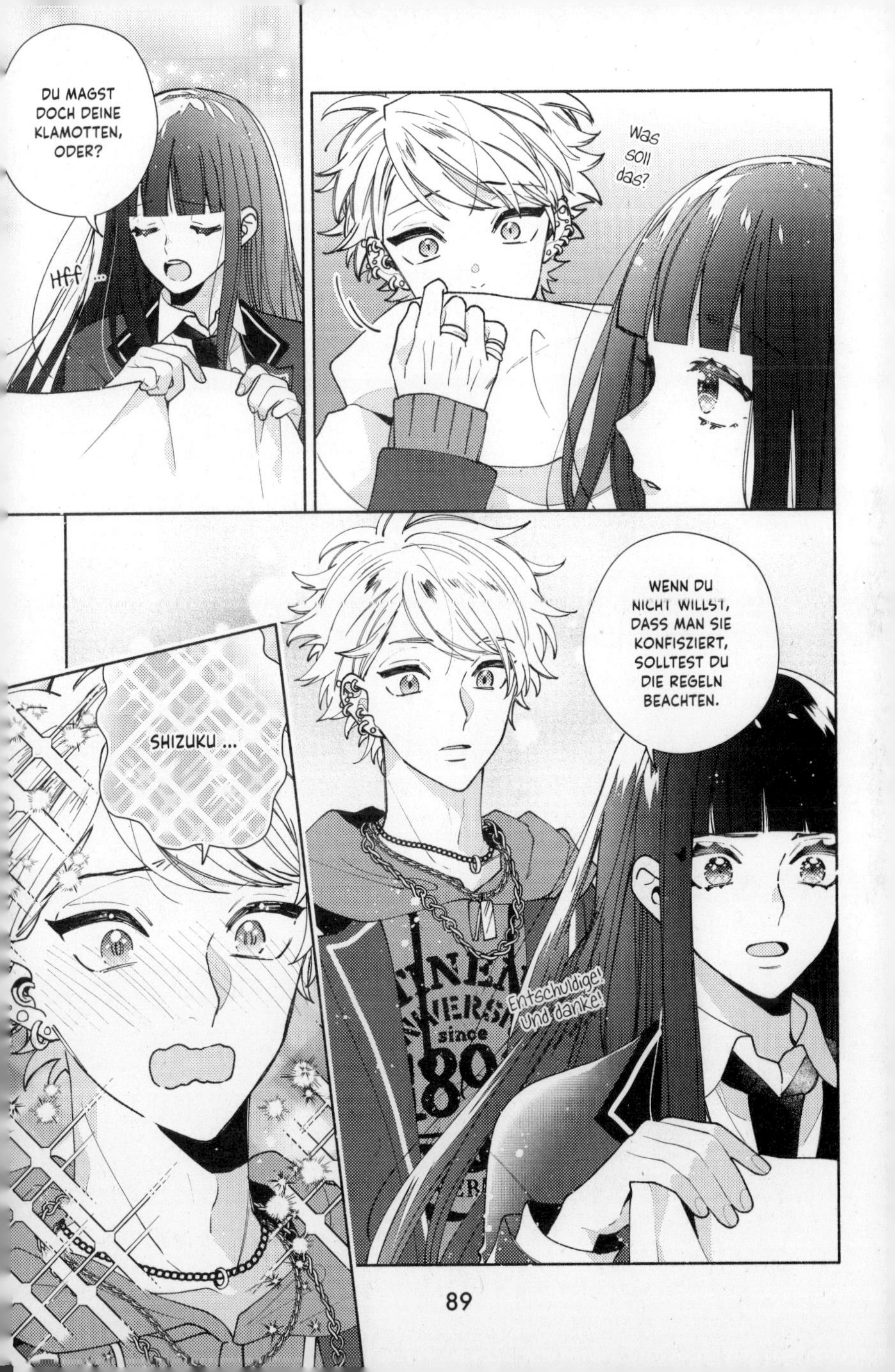
Was soll das?
Hff ...
DU MAGST DOCH DEINE KLAMOTTEN, ODER?
WENN DU NICHT WILLST, DASS MAN SIE KONFISZIERT, SOLLTEST DU DIE REGELN BEACHTEN.
Entschuldige! Und danke!
SHIZUKU ...

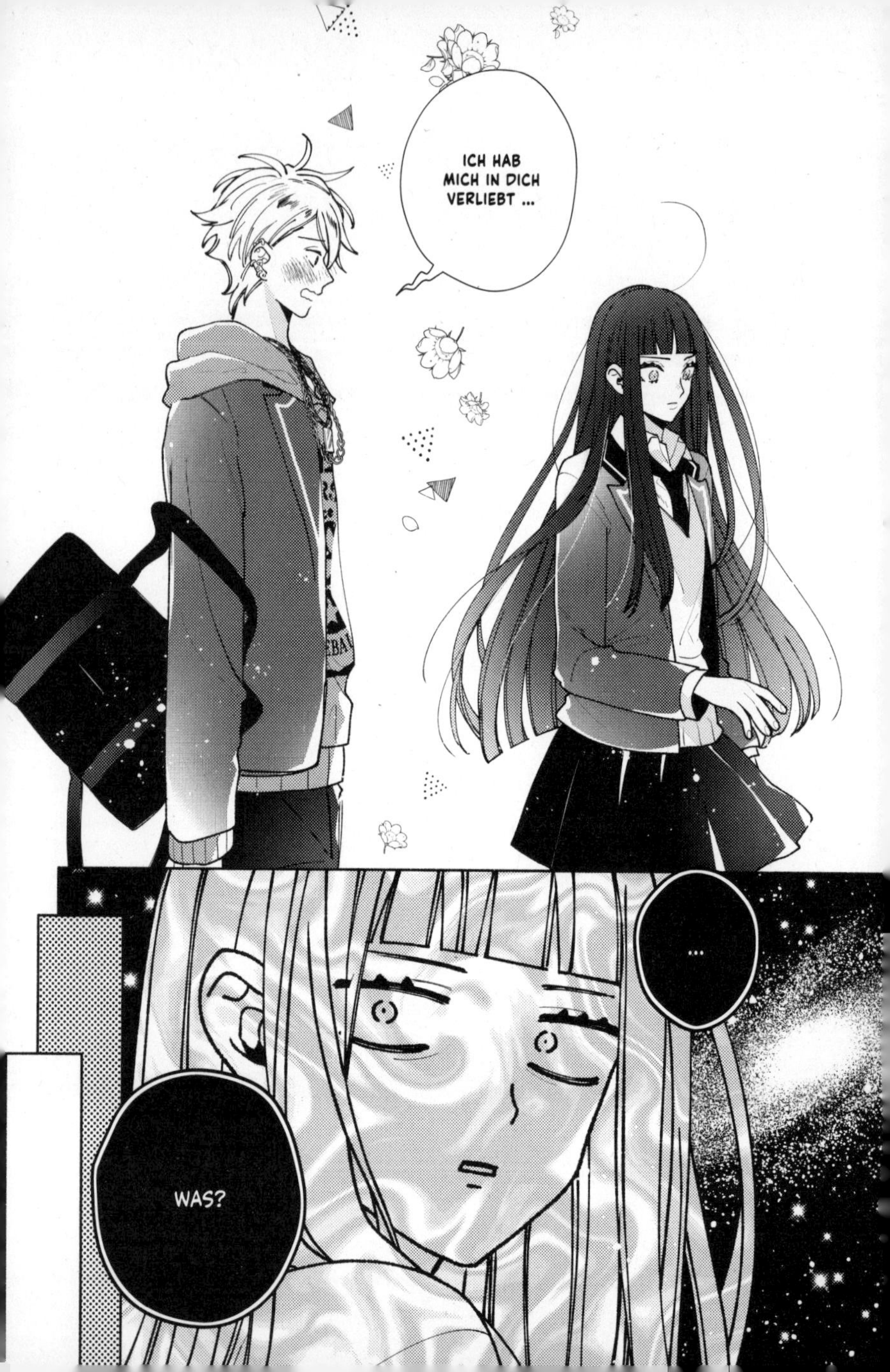
ICH HAB MICH IN DICH VERLIEBT ...
...
WAS?

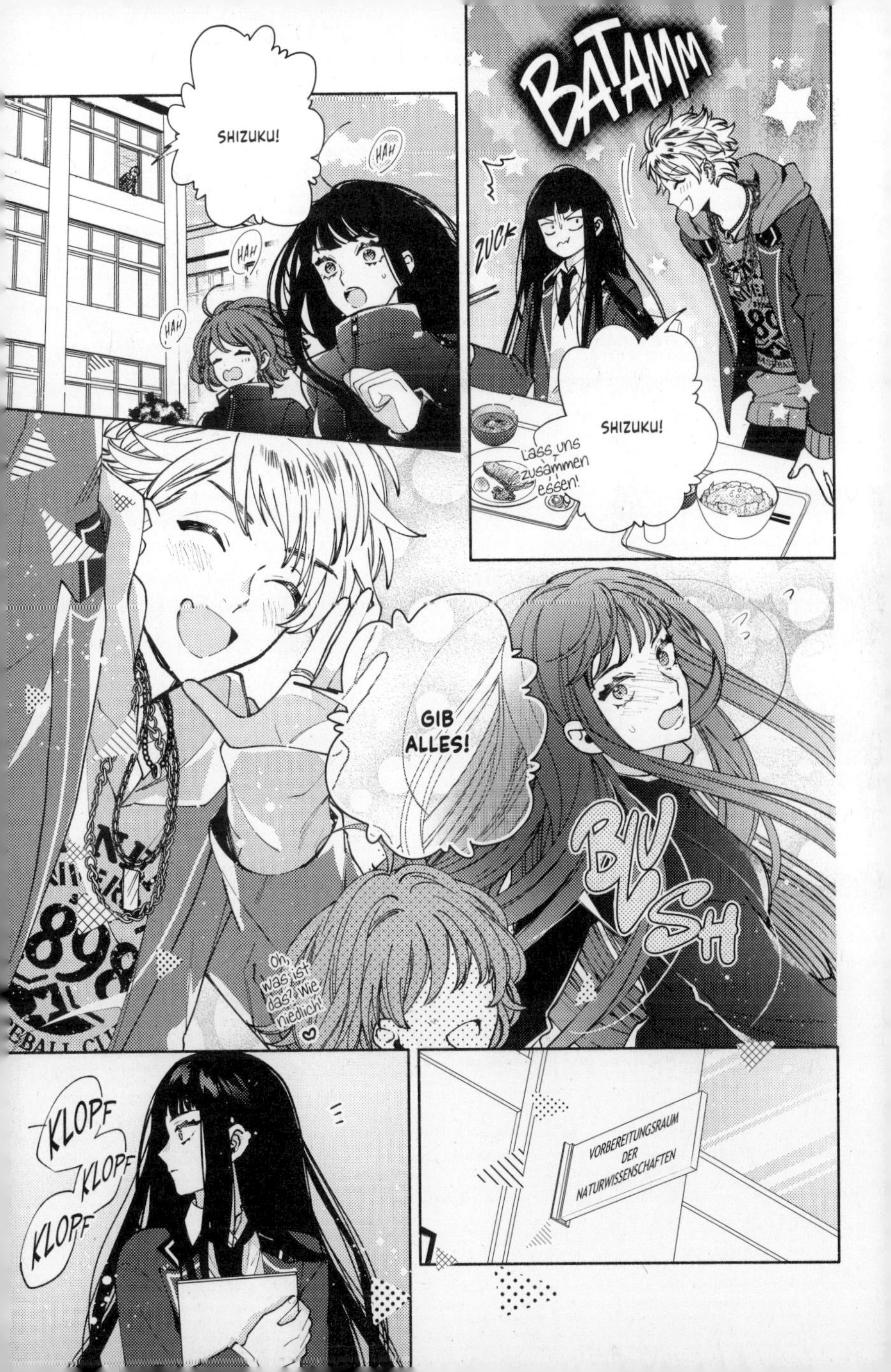

BATAMM
ZUCK
SHIZUKU!
Lass uns zusammen essen!
SHIZUKU!
HAH
HAH
HAH
GIB ALLES!
BLUSH
Oh, was ist das? Wie niedlich!
VORBEREITUNGSRAUM DER NATURWISSENSCHAFTEN
KLOPF
KLOPF
KLOPF

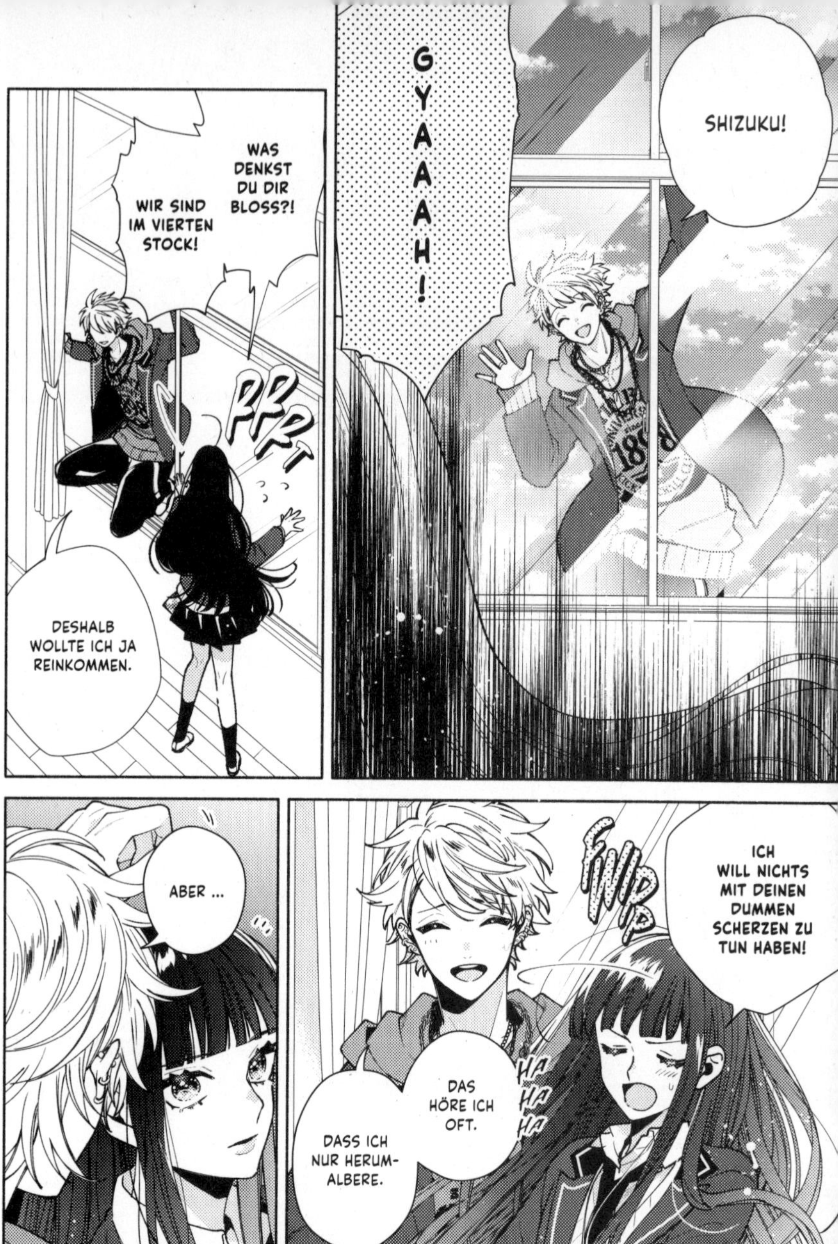
SHIZUKU!
GYAAAAH!
WAS DENKST DU DIR BLOSS?!
WIR SIND IM VIERTEN STOCK!
PPPT
DESHALB WOLLTE ICH JA REINKOMMEN.
ICH WILL NICHTS MIT DEINEN DUMMEN SCHERZEN ZU TUN HABEN!
FWIP
HA HA HA
DAS HÖRE ICH OFT.
DASS ICH NUR HERUM-ALBERE.
ABER ...

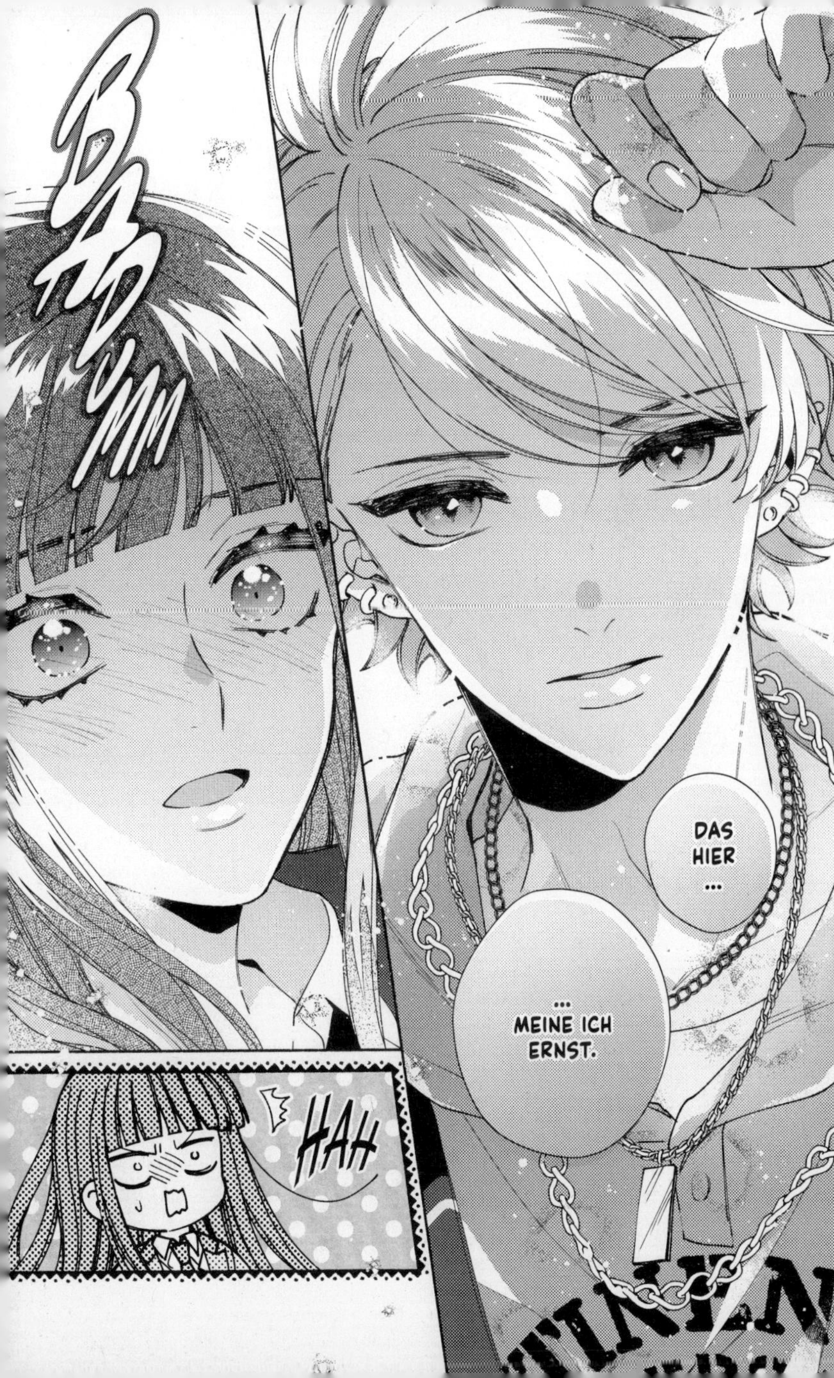
BADUMM
DAS HIER …
… MEINE ICH ERNST.
HAH

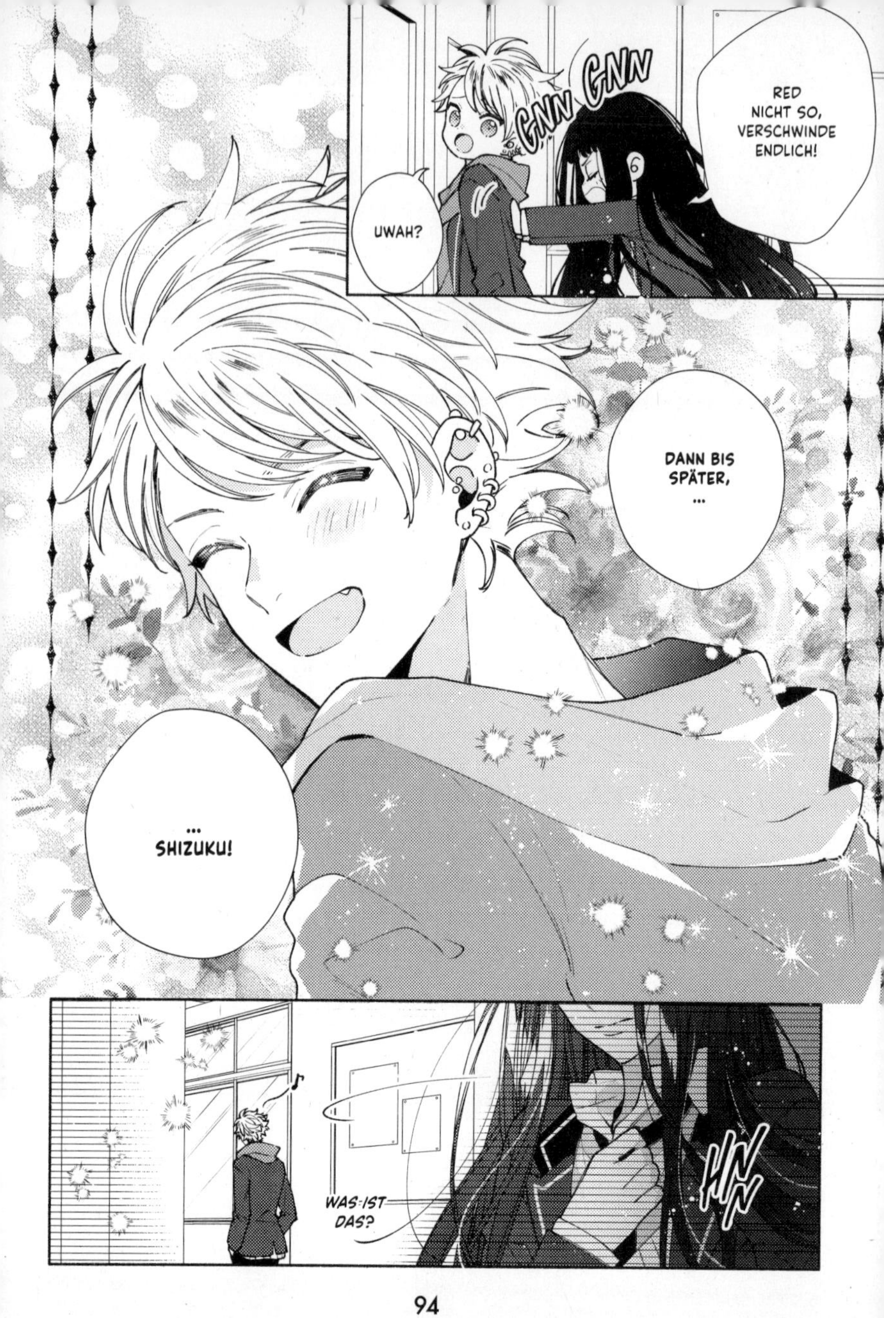

RED NICHT SO, VERSCHWINDE ENDLICH!
GNN GNN
UWAH?
DANN BIS SPÄTER, ...
... SHIZUKU!
HNN
WAS IST DAS?

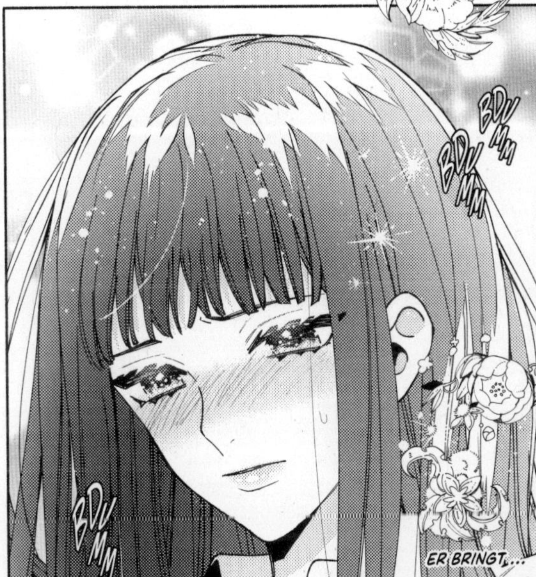

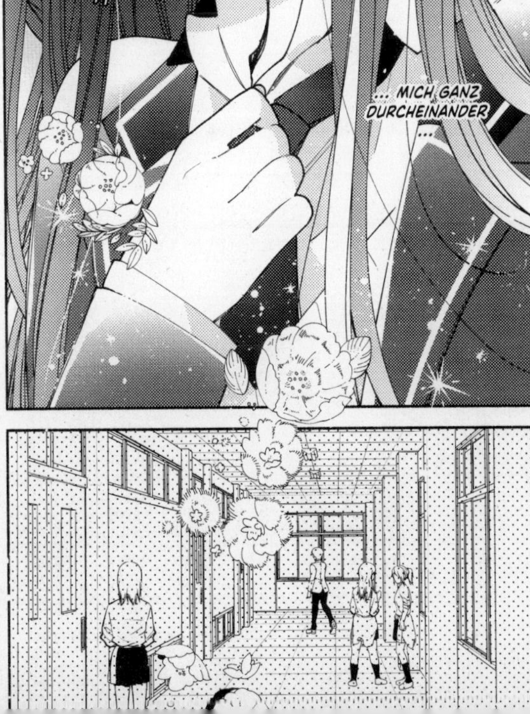

Stellar Witch LIPS

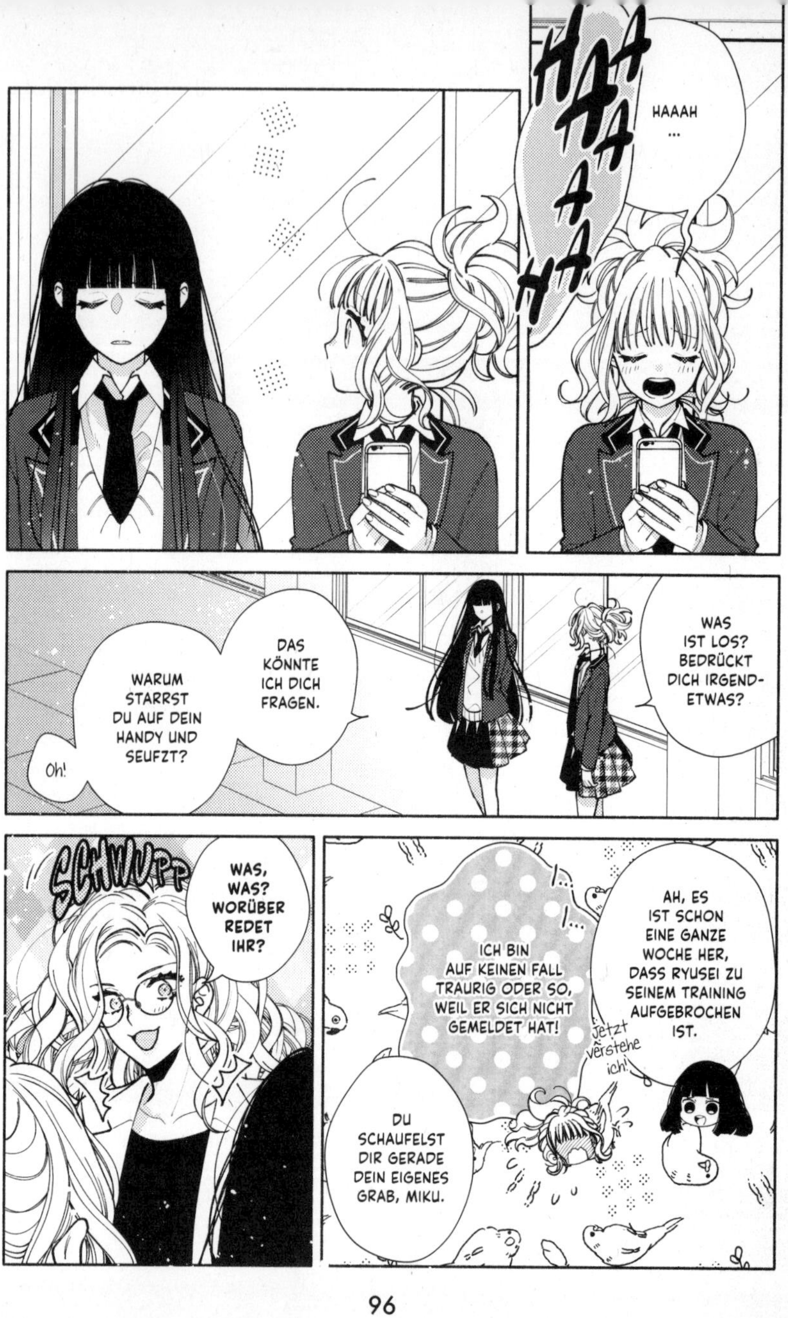
HAAAAAH
HAAAH ...
WAS IST LOS? BEDRÜCKT DICH IRGENDETWAS?
DAS KÖNNTE ICH DICH FRAGEN.
WARUM STARRST DU AUF DEIN HANDY UND SEUFZT?
Oh!
AH, ES IST SCHON EINE GANZE WOCHE HER, DASS RYUSEI ZU SEINEM TRAINING AUFGEBROCHEN IST.
ICH BIN AUF KEINEN FALL TRAURIG ODER SO, WEIL ER SICH NICHT GEMELDET HAT!
Jetzt verstehe ich!
DU SCHAUFELST DIR GERADE DEIN EIGENES GRAB, MIKU.
SCHWUPP
WAS, WAS? WORÜBER REDET IHR?

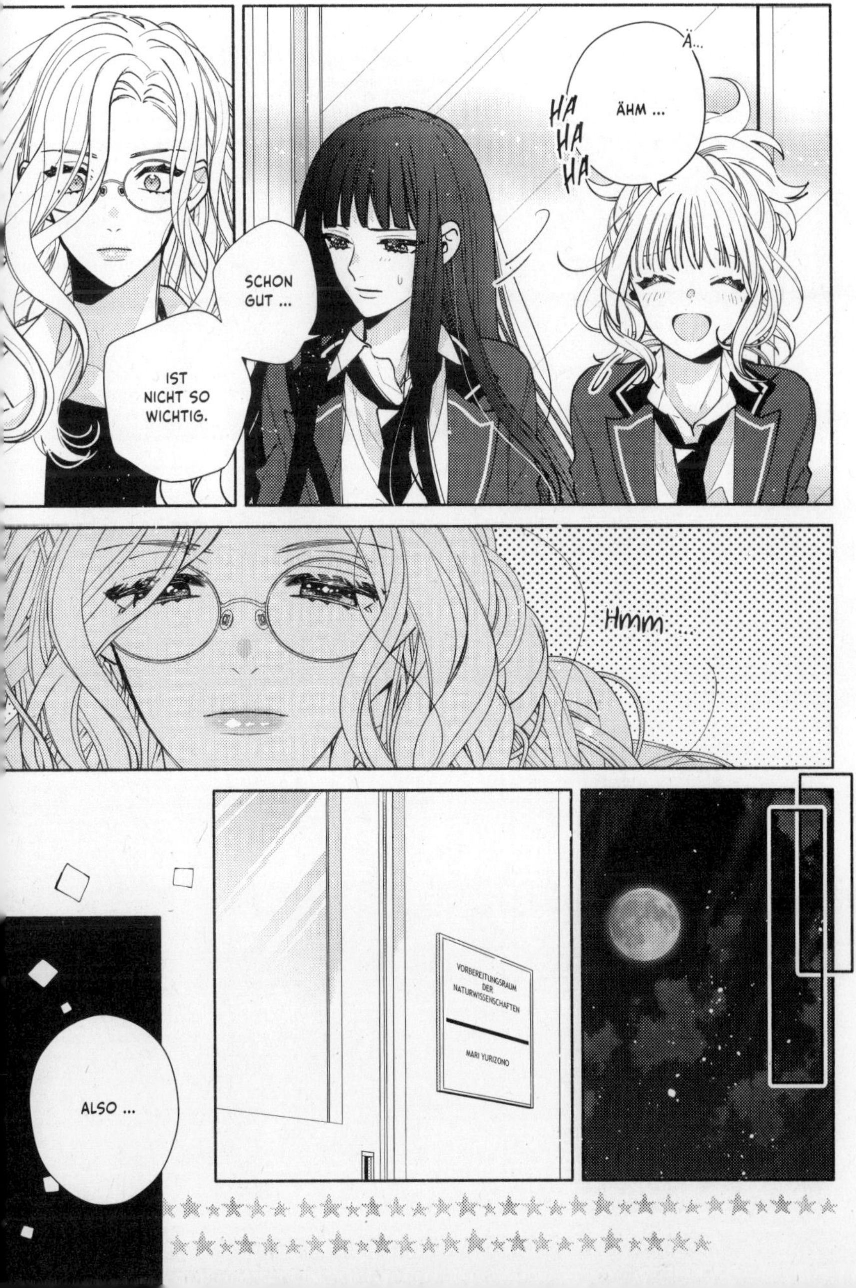
Ä...
ÄHM ...
HA HA HA
SCHON GUT ...
IST NICHT SO WICHTIG.
Hmm ...
VORBEREITUNGSRAUM DER NATURWISSENSCHAFTEN
MARI YURIZONO
ALSO ...

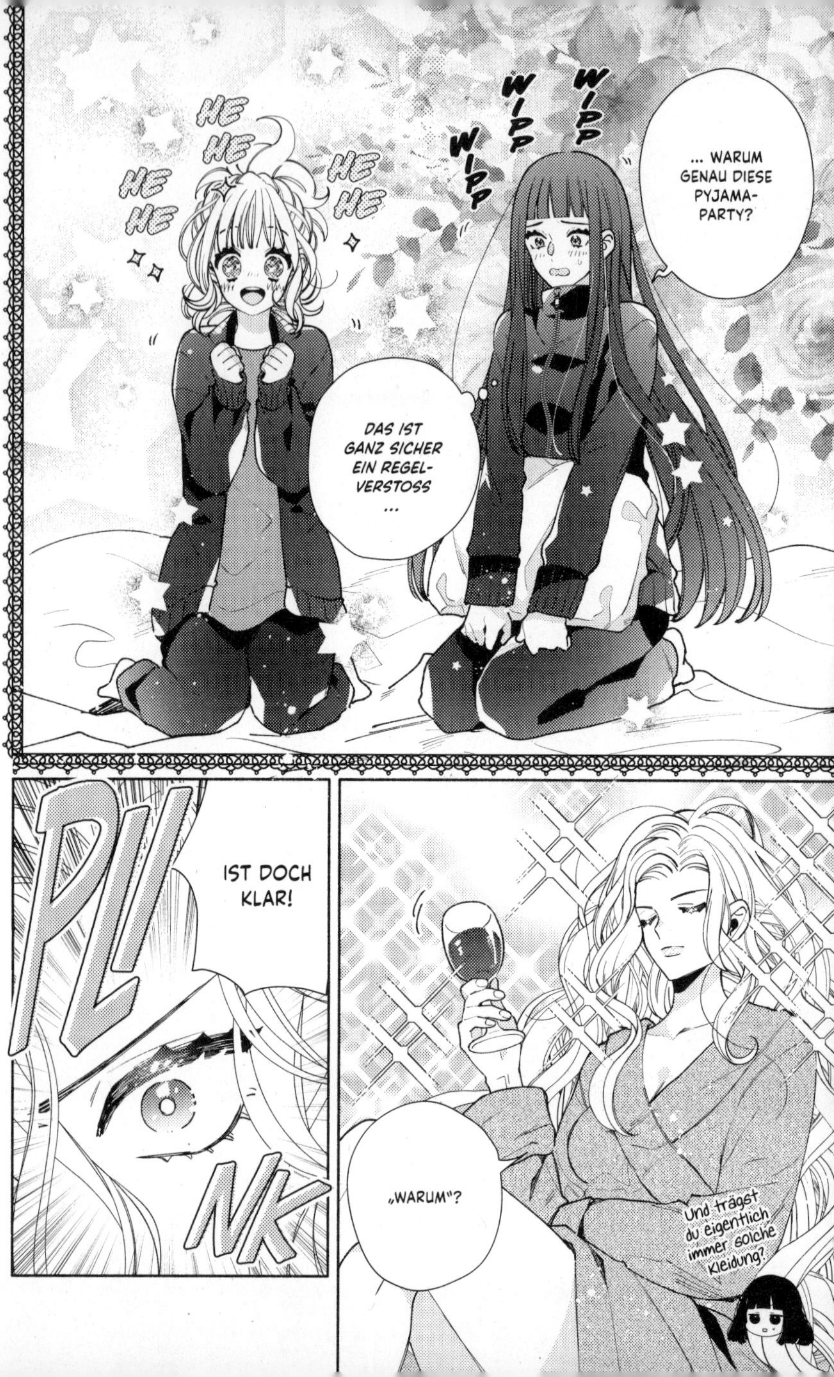
WIPP
WIPP
WIPP
... WARUM GENAU DIESE PYJAMA-PARTY?
HE HE
HE HE
HE HE
DAS IST GANZ SICHER EIN REGEL-VERSTOSS ...
Und trägst du eigentlich immer solche Kleidung?
„WARUM"?
PLINK
IST DOCH KLAR!

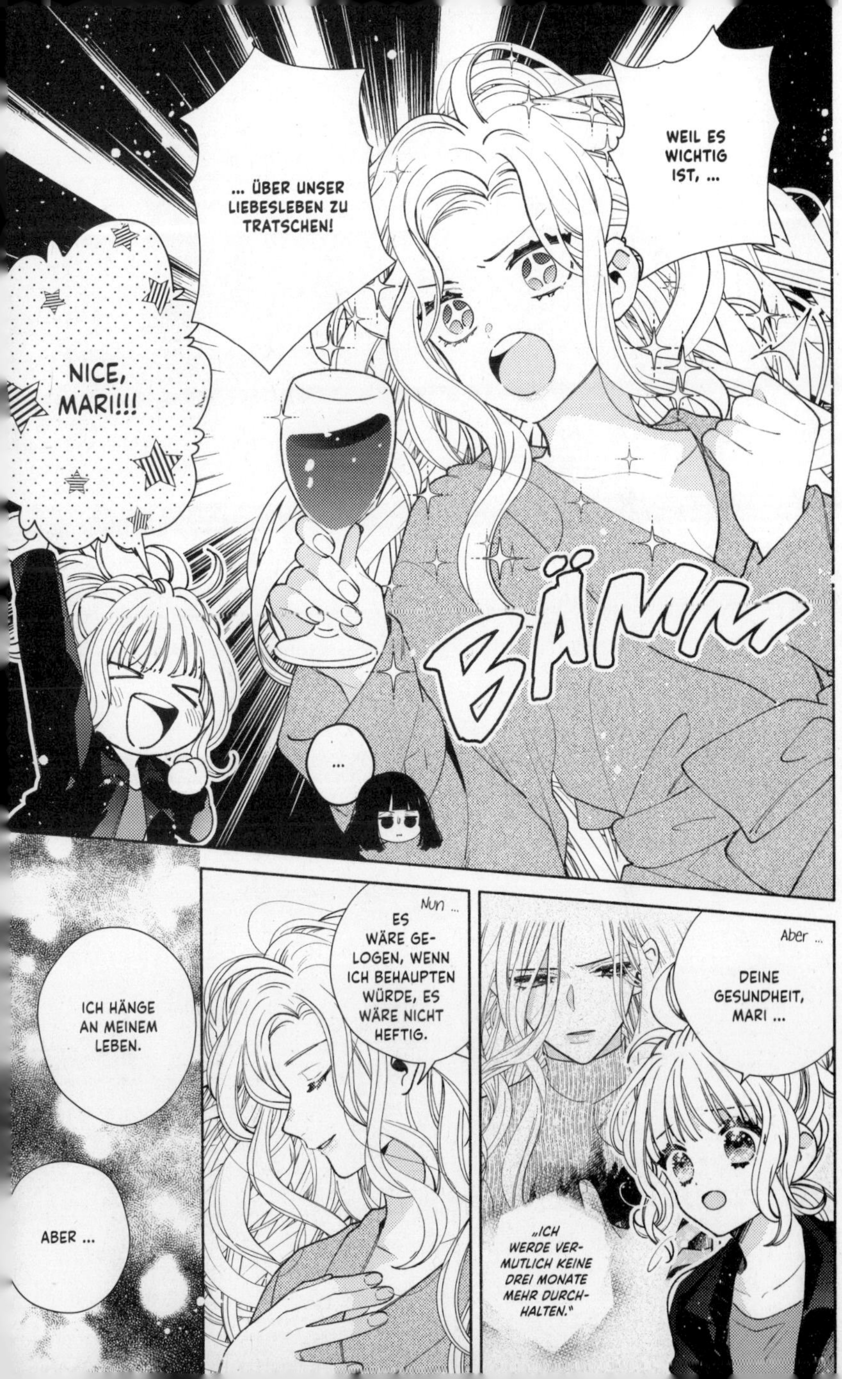
WEIL ES WICHTIG IST, ...
... ÜBER UNSER LIEBESLEBEN ZU TRATSCHEN!
NICE, MARI!!!
BÄMM
...
Aber ...
DEINE GESUNDHEIT, MARI ...
„ICH WERDE VERMUTLICH KEINE DREI MONATE MEHR DURCHHALTEN."
Nun ...
ES WÄRE GELOGEN, WENN ICH BEHAUPTEN WÜRDE, ES WÄRE NICHT HEFTIG.
ICH HÄNGE AN MEINEM LEBEN.
ABER ...

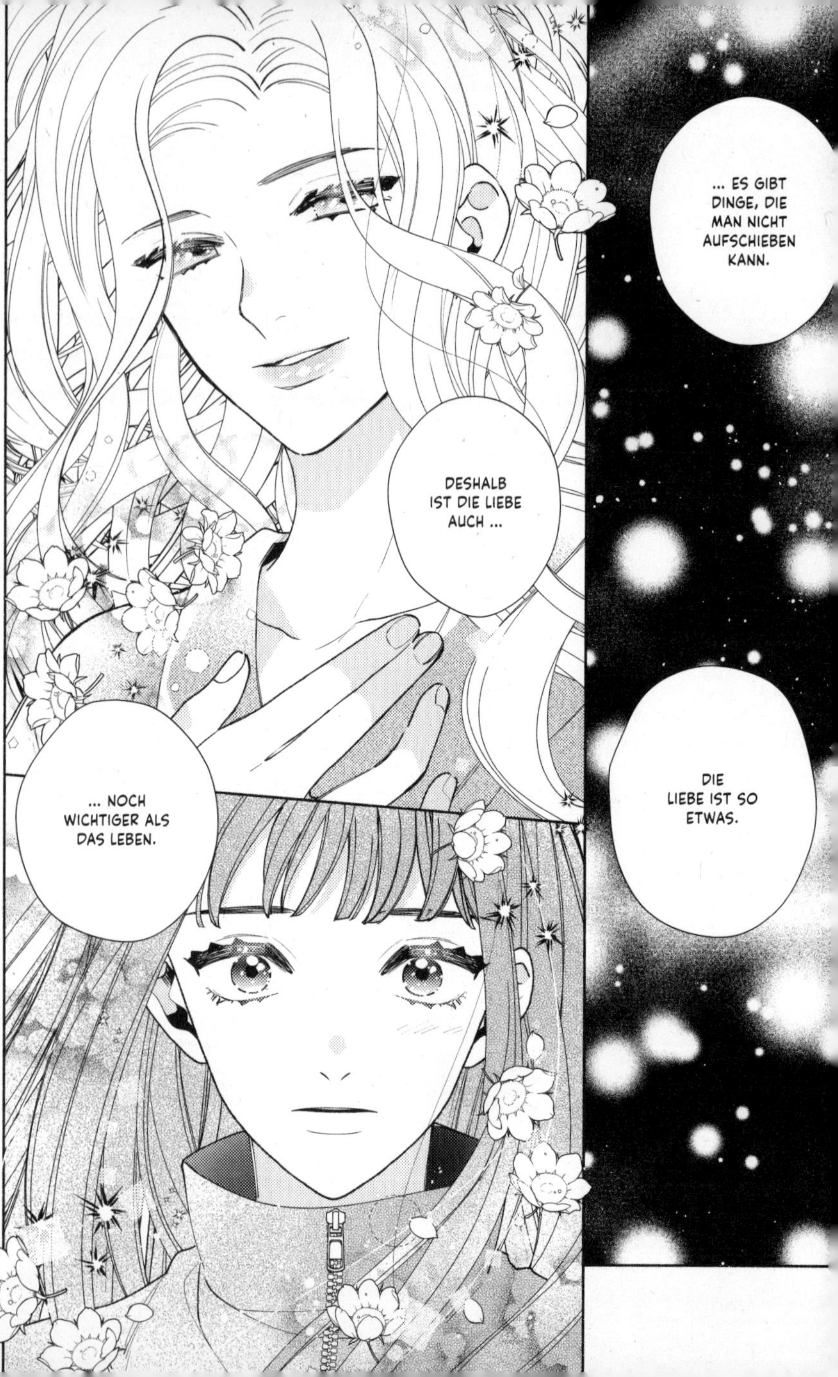
... ES GIBT DINGE, DIE MAN NICHT AUFSCHIEBEN KANN.
DIE LIEBE IST SO ETWAS.
DESHALB IST DIE LIEBE AUCH ...
... NOCH WICHTIGER ALS DAS LEBEN.

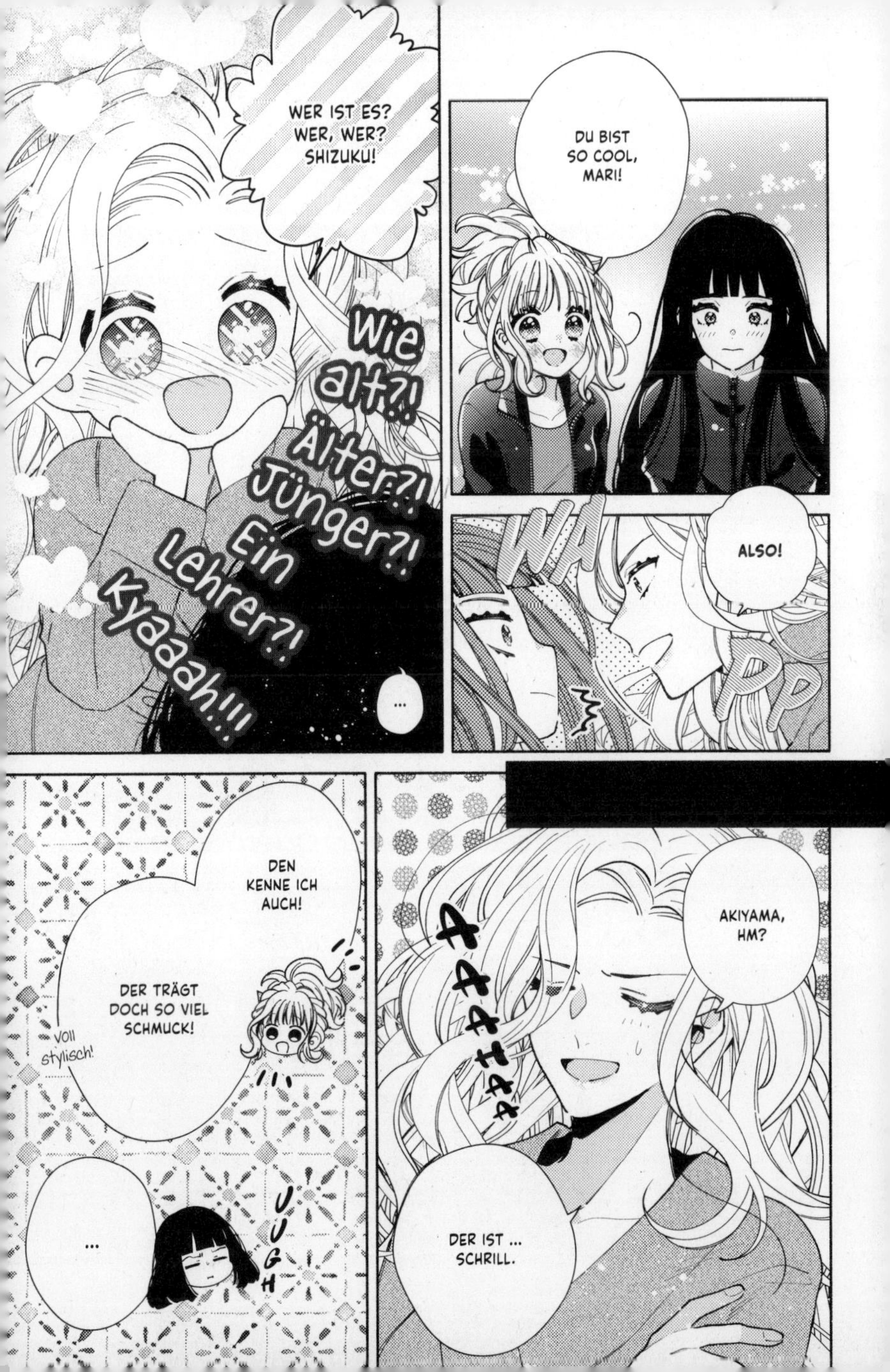
DU BIST SO COOL, MARI!
WER IST ES? WER, WER? SHIZUKU!
Wie alt?! Älter?! Jünger?! Ein Lehrer?! Kyaaah!!!
...
WA
ALSO!
PP
AKIYAMA, HM?
AAAHAA
DER IST ... SCHRILL.
DEN KENNE ICH AUCH!
DER TRÄGT DOCH SO VIEL SCHMUCK!
Voll stylisch!
UUGH
...

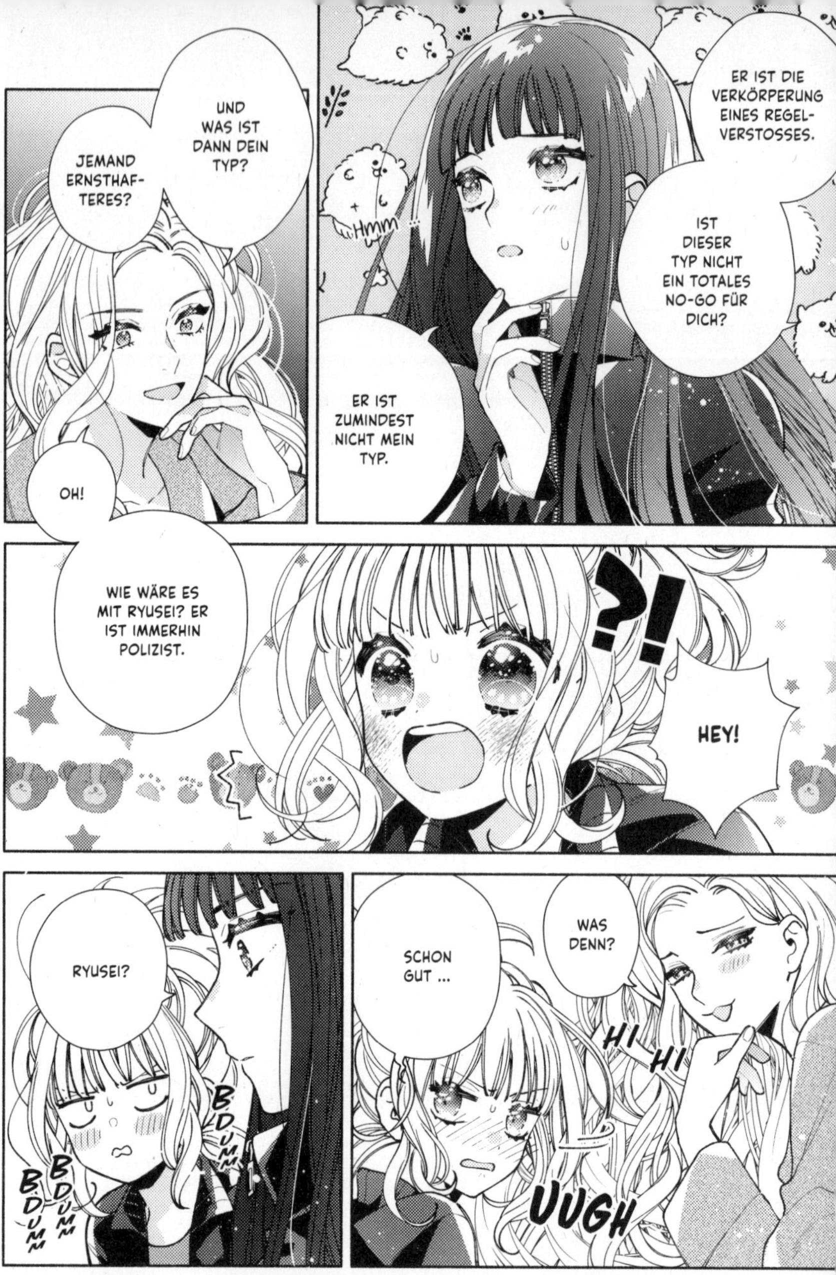
ER IST DIE VERKÖRPERUNG EINES REGEL-VERSTOSSES.
IST DIESER TYP NICHT EIN TOTALES NO-GO FÜR DICH?
Hmm ...
ER IST ZUMINDEST NICHT MEIN TYP.
UND WAS IST DANN DEIN TYP?
JEMAND ERNSTHAF-TERES?
OH!
WIE WÄRE ES MIT RYUSEI? ER IST IMMERHIN POLIZIST.
?!
HEY!
WAS DENN?
HI HI
SCHON GUT ...
UUGH
RYUSEI?
BDUMM
BDUMM
BDUMM

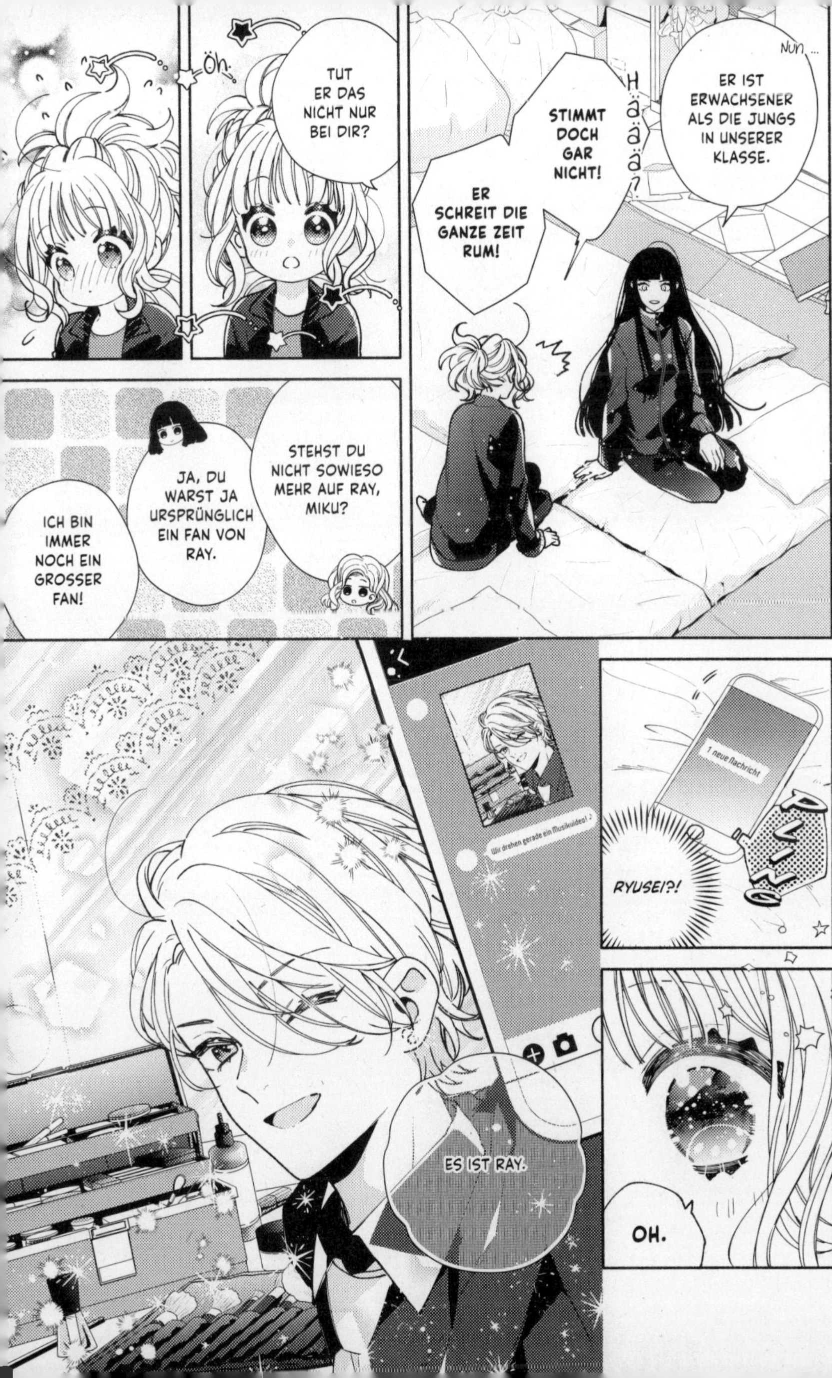
Nun ...
Er ist erwachsener als die Jungs in unserer Klasse.
Hääää?
Stimmt doch gar nicht!
Er schreit die ganze Zeit rum!
Öh.
Tut er das nicht nur bei dir?
Stehst du nicht sowieso mehr auf Ray, Miku?
Ja, du warst ja ursprünglich ein Fan von Ray.
Ich bin immer noch ein grosser Fan!
1 neue Nachricht
PLING
Ryusei?!
Oh.
Wir drehen gerade ein Musikvideo! ♪
Es ist Ray.

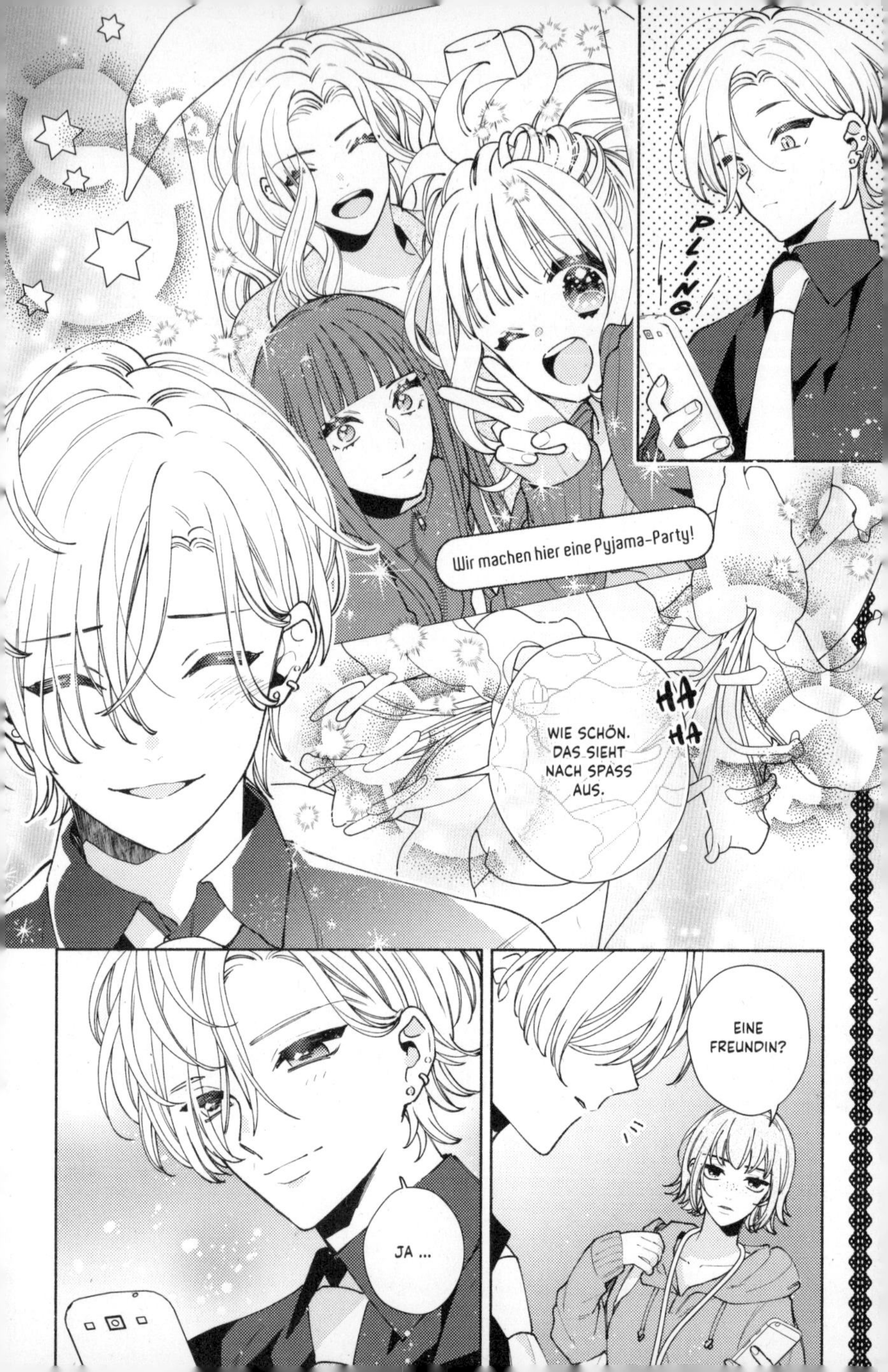
PLING
Wir machen hier eine Pyjama-Party!
HA HA
WIE SCHÖN. DAS SIEHT NACH SPASS AUS.
EINE FREUNDIN?
JA ...

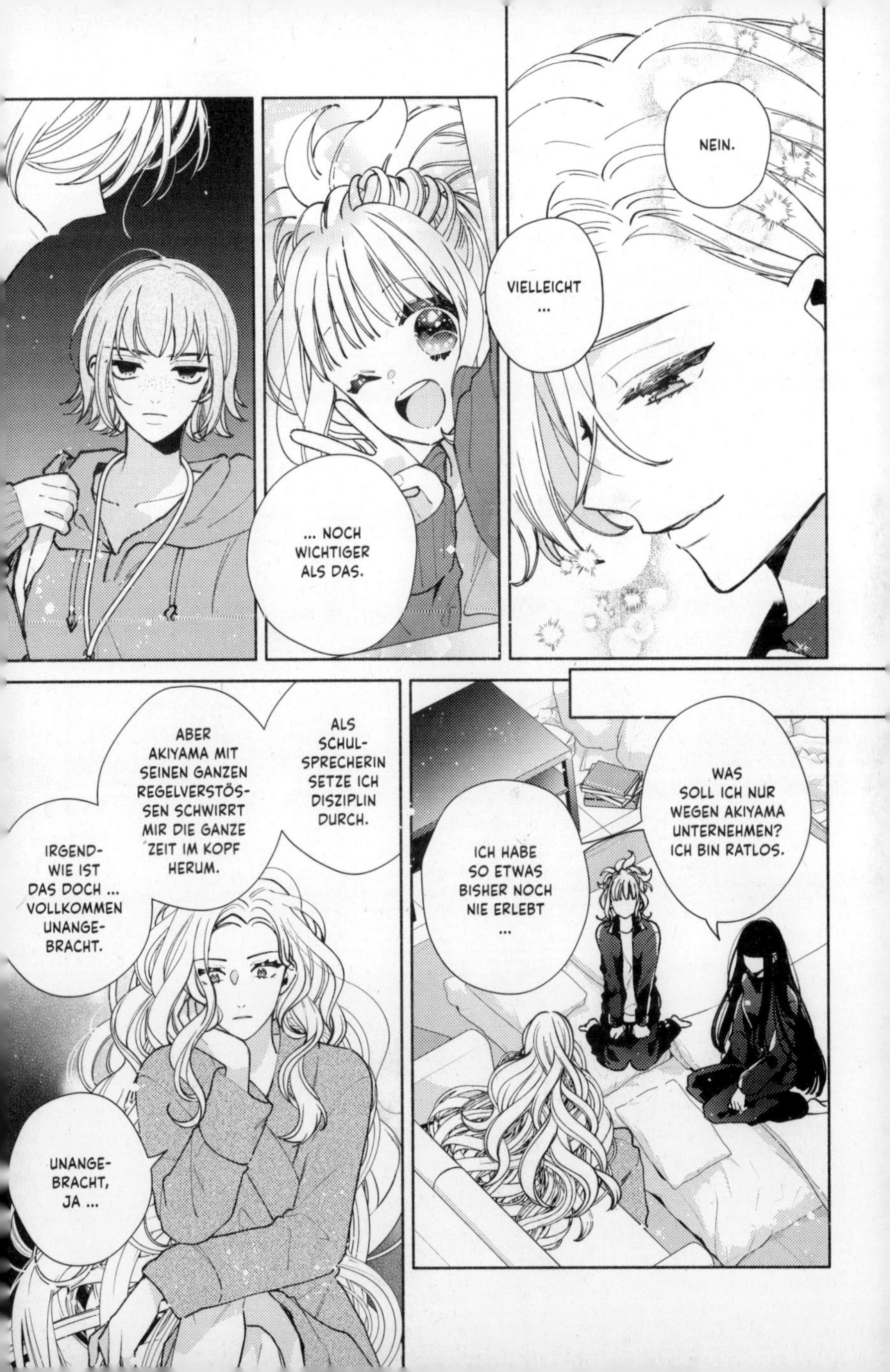
NEIN.
VIELLEICHT ...
... NOCH WICHTIGER ALS DAS.
WAS SOLL ICH NUR WEGEN AKIYAMA UNTERNEHMEN? ICH BIN RATLOS.
ICH HABE SO ETWAS BISHER NOCH NIE ERLEBT ...
ALS SCHUL-SPRECHERIN SETZE ICH DISZIPLIN DURCH.
ABER AKIYAMA MIT SEINEN GANZEN REGELVERSTÖS-SEN SCHWIRRT MIR DIE GANZE ZEIT IM KOPF HERUM.
IRGEND-WIE IST DAS DOCH ... VOLLKOMMEN UNANGE-BRACHT.
UNANGE-BRACHT, JA ...

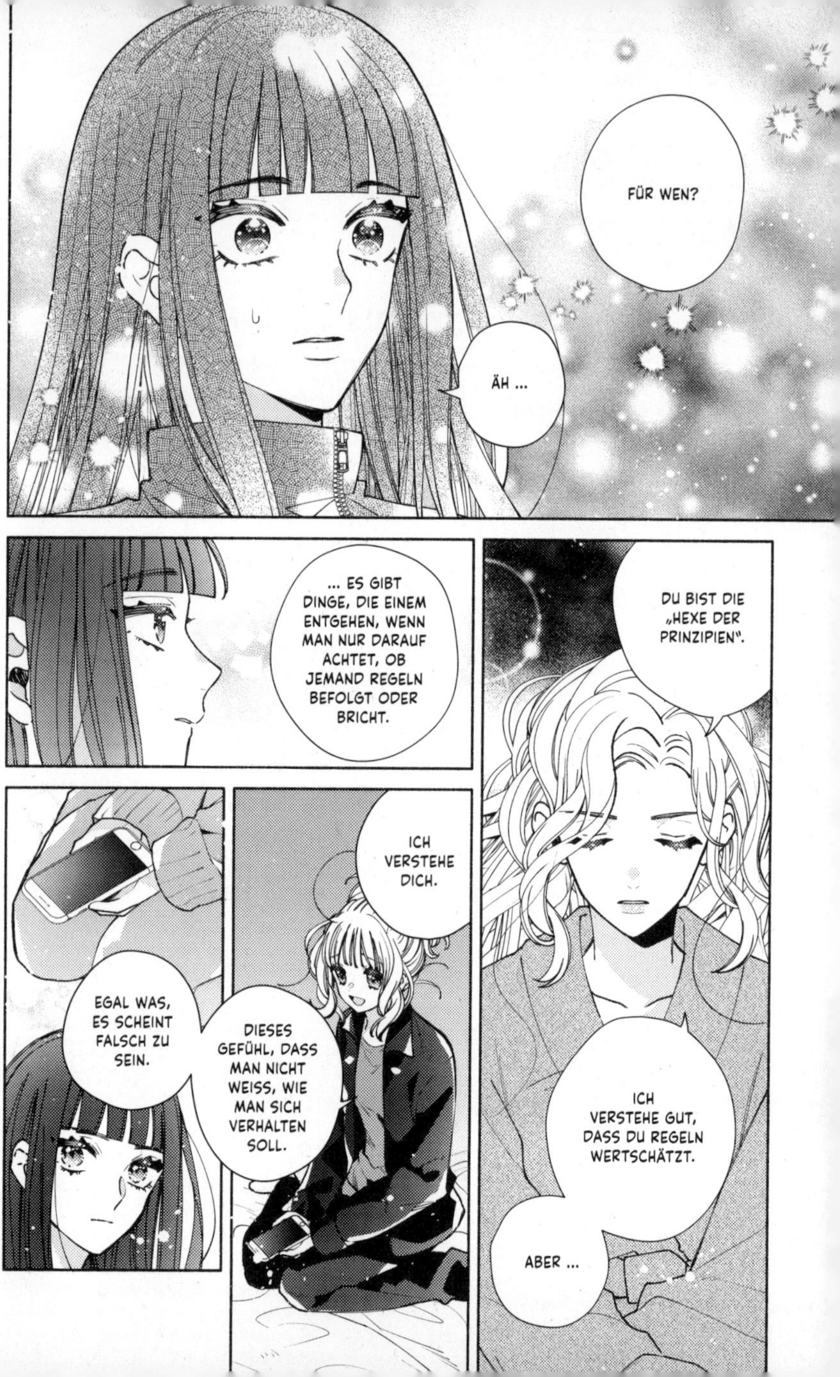
FÜR WEN?
ÄH ...
DU BIST DIE „HEXE DER PRINZIPIEN".
ICH VERSTEHE GUT, DASS DU REGELN WERTSCHÄTZT.
ABER ...
... ES GIBT DINGE, DIE EINEM ENTGEHEN, WENN MAN NUR DARAUF ACHTET, OB JEMAND REGELN BEFOLGT ODER BRICHT.
ICH VERSTEHE DICH.
DIESES GEFÜHL, DASS MAN NICHT WEISS, WIE MAN SICH VERHALTEN SOLL.
EGAL WAS, ES SCHEINT FALSCH ZU SEIN.

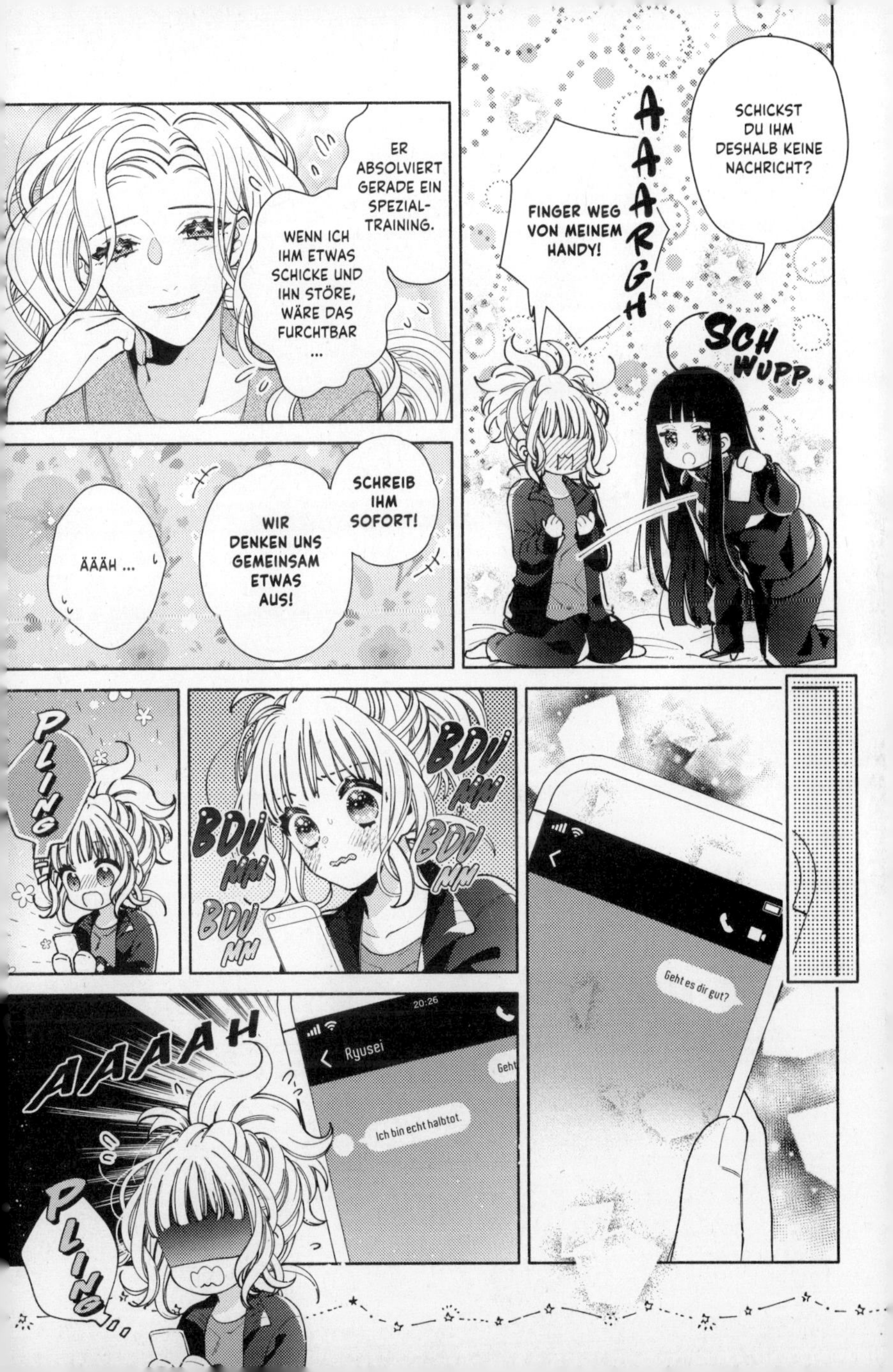

SCHICKST DU IHM DESHALB KEINE NACHRICHT?
AAARGH
FINGER WEG VON MEINEM HANDY!
SCHWUPP
ER ABSOLVIERT GERADE EIN SPEZIAL-TRAINING.
WENN ICH IHM ETWAS SCHICKE UND IHN STÖRE, WÄRE DAS FURCHTBAR ...
SCHREIB IHM SOFORT!
WIR DENKEN UNS GEMEINSAM ETWAS AUS!
ÄÄÄH ...
Geht es dir gut?
BDUMM
BDUMM
BDUMM
BDUMM
PLING
20:26
Ryusei
Geht
Ich bin echt halbtot.
AAAAAH
PLING

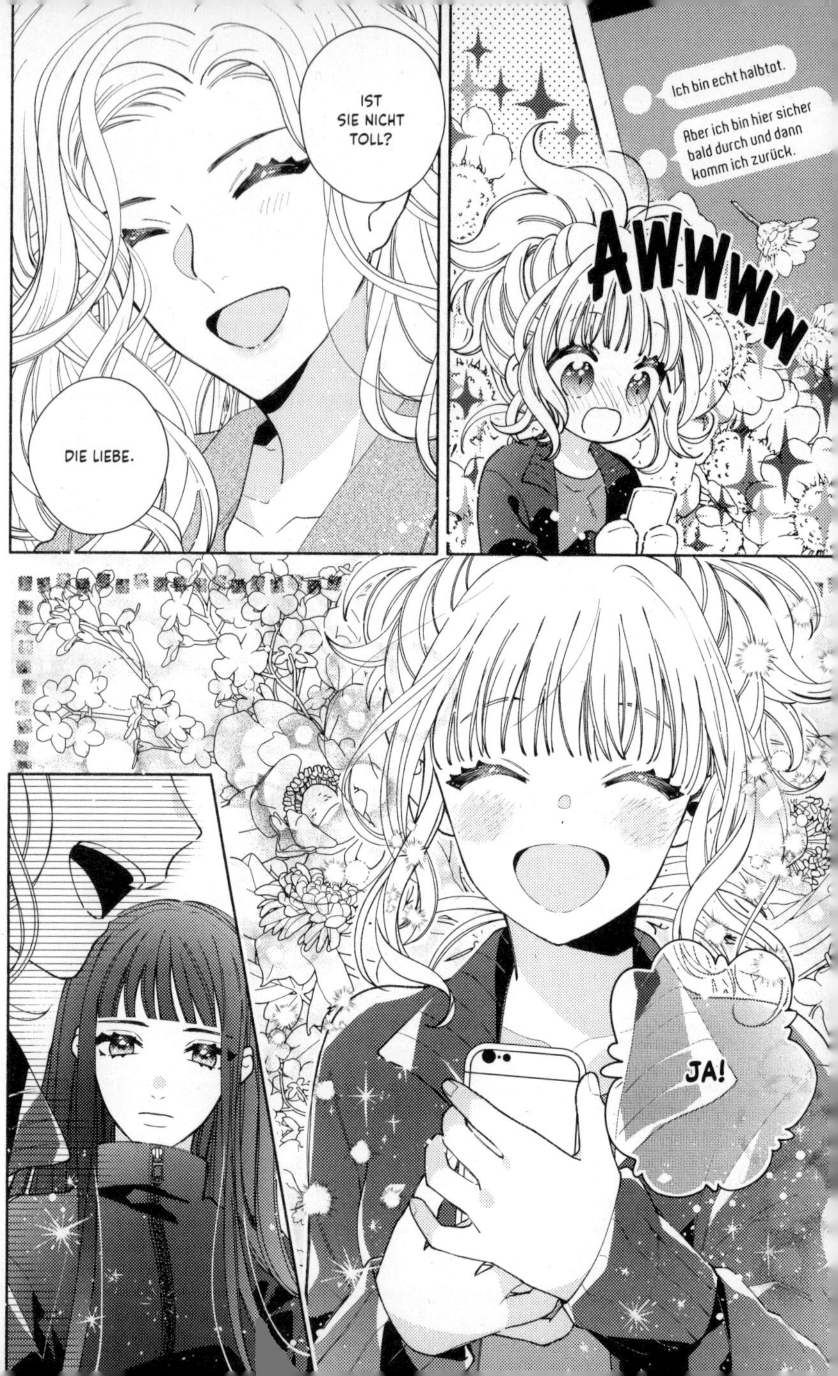
Ich bin echt halbtot.
Aber ich bin hier sicher bald durch und dann komm ich zurück.
AWWWWW
IST SIE NICHT TOLL?
DIE LIEBE.
JA!

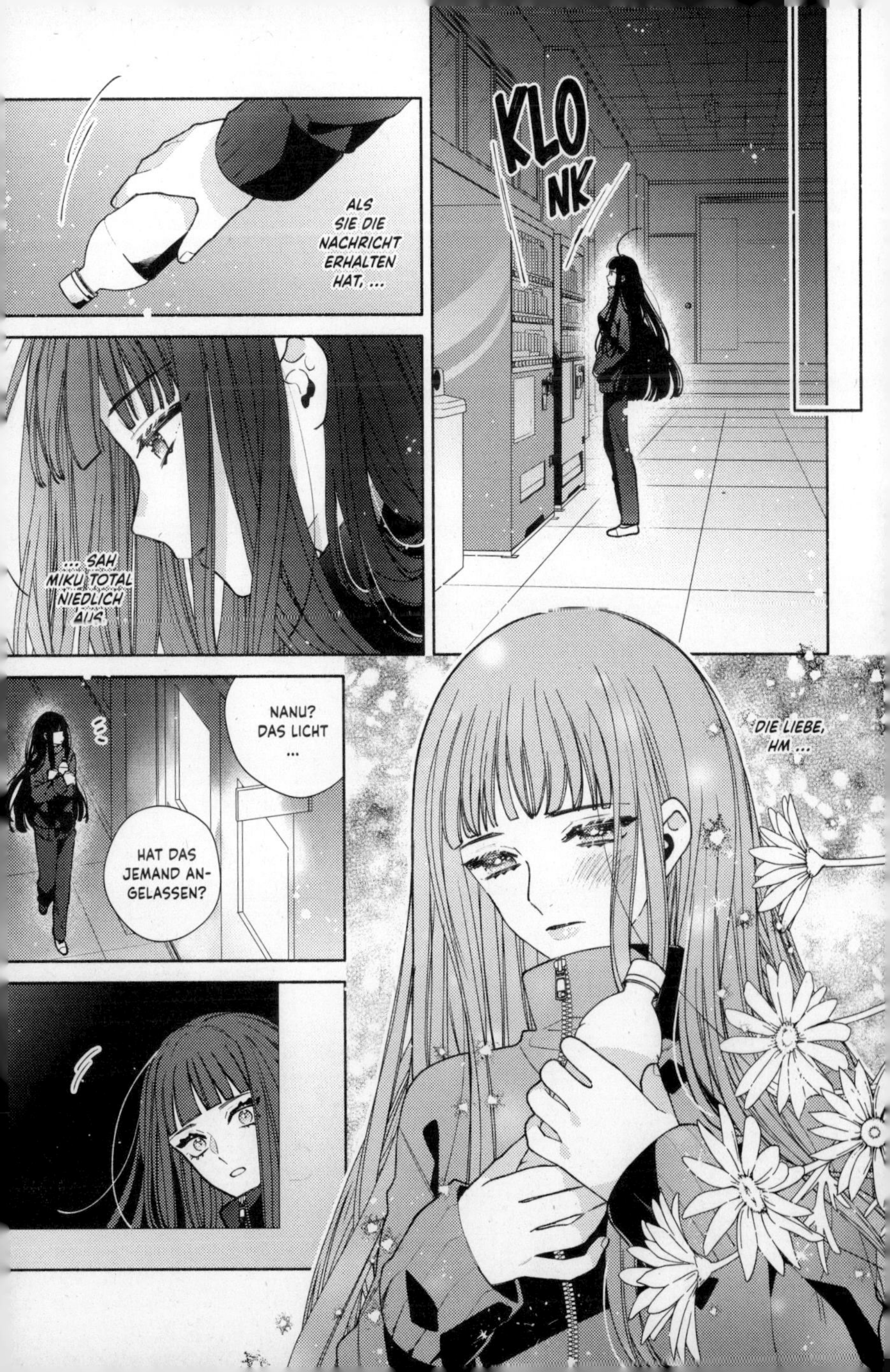
KLONK
ALS SIE DIE NACHRICHT ERHALTEN HAT, ...
... SAH MIKU TOTAL NIEDLICH AUS.
DIE LIEBE, HM ...
NANU? DAS LICHT ...
HAT DAS JEMAND AN-GELASSEN?

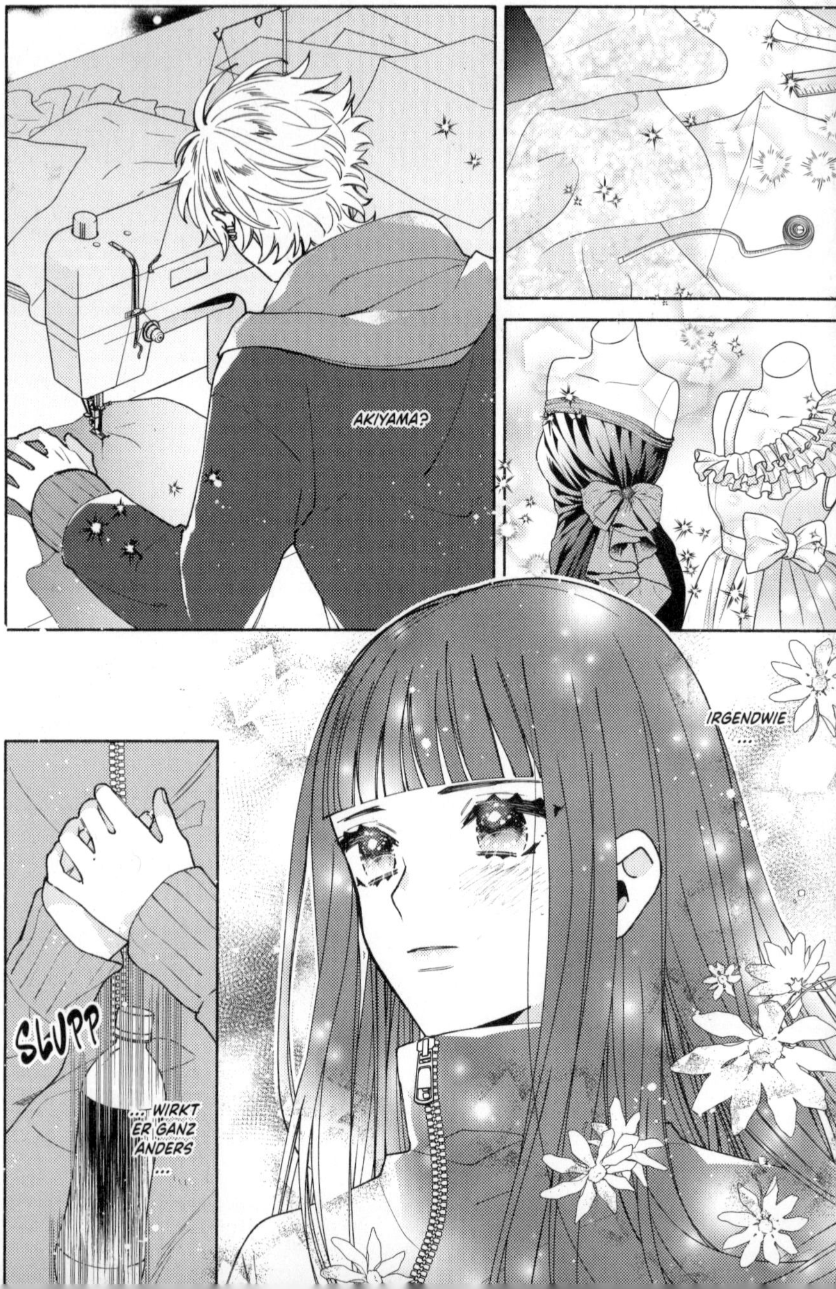
AKIYAMA?
IRGENDWIE ...
SLUPP
... WIRKT ER GANZ ANDERS ...

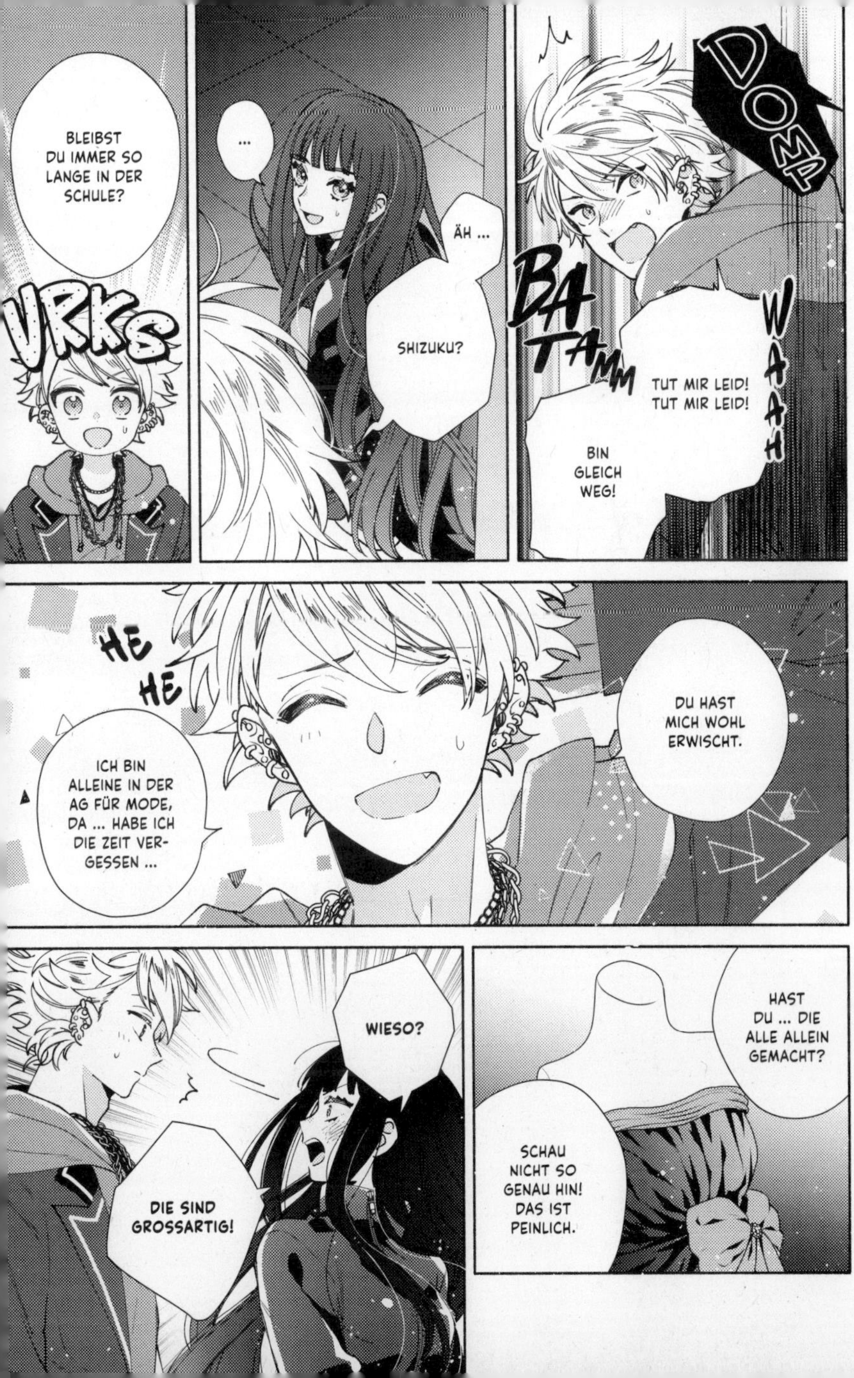
DOMP
BATAMM
WAAAH
TUT MIR LEID! TUT MIR LEID!
BIN GLEICH WEG!
ÄH ...
SHIZUKU?
...
BLEIBST DU IMMER SO LANGE IN DER SCHULE?
VRKS
DU HAST MICH WOHL ERWISCHT.
HE HE
ICH BIN ALLEINE IN DER AG FÜR MODE, DA ... HABE ICH DIE ZEIT VERGESSEN ...
HAST DU ... DIE ALLE ALLEIN GEMACHT?
SCHAU NICHT SO GENAU HIN! DAS IST PEINLICH.
WIESO?
DIE SIND GROSSARTIG!

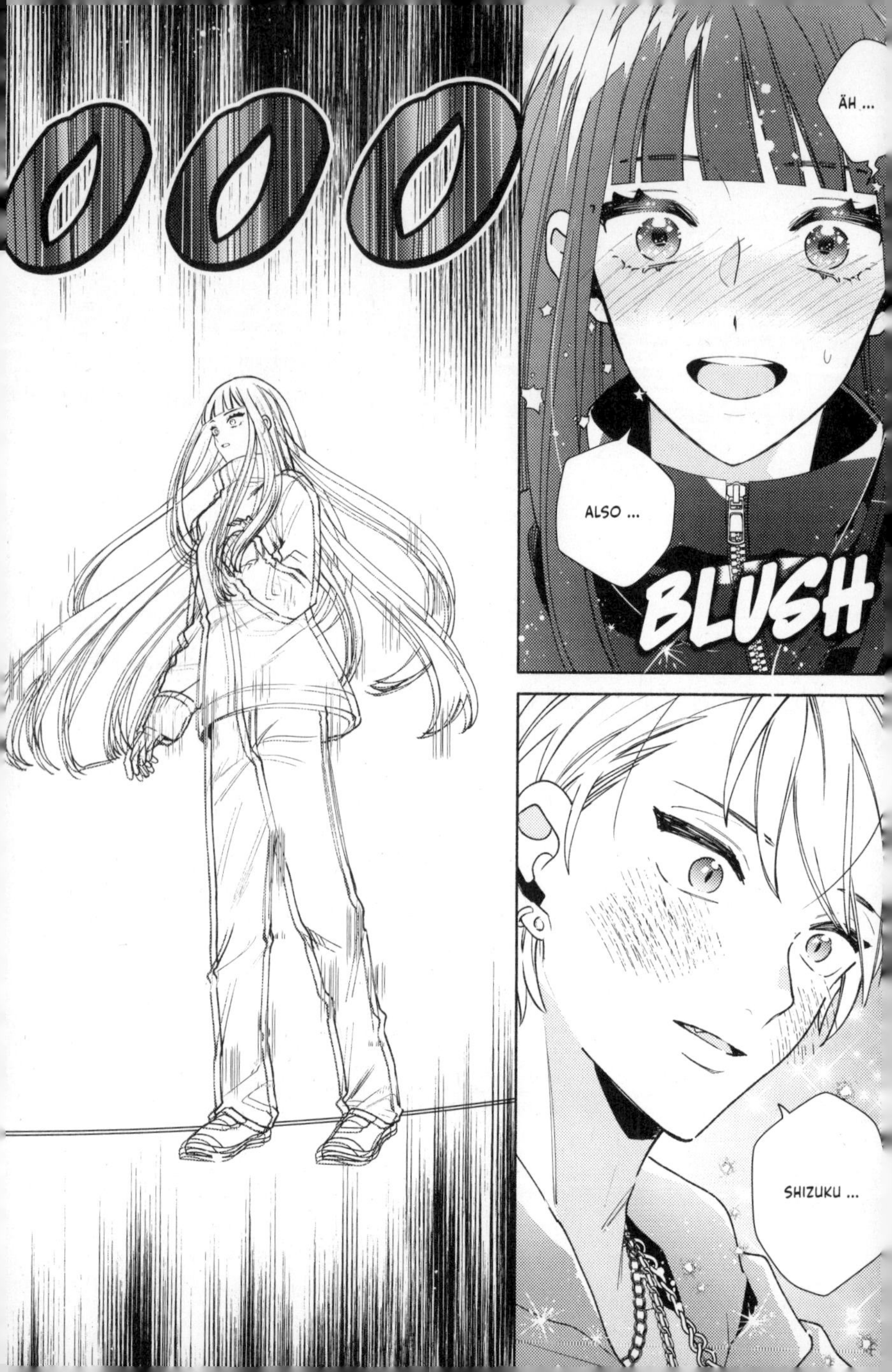
ÄH ...
ALSO ...
BLUSH
SHIZUKU ...

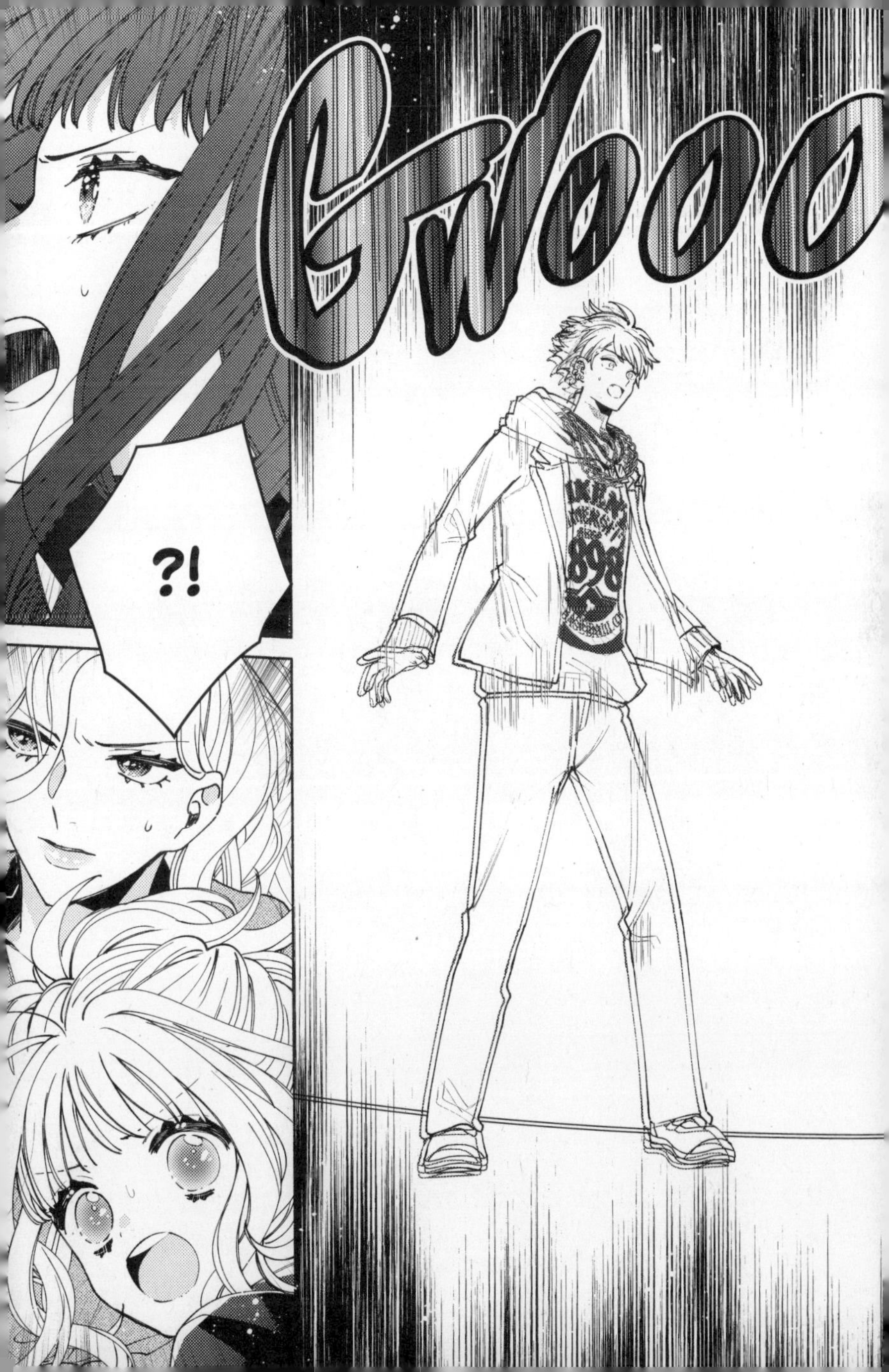
Gwooo
?!

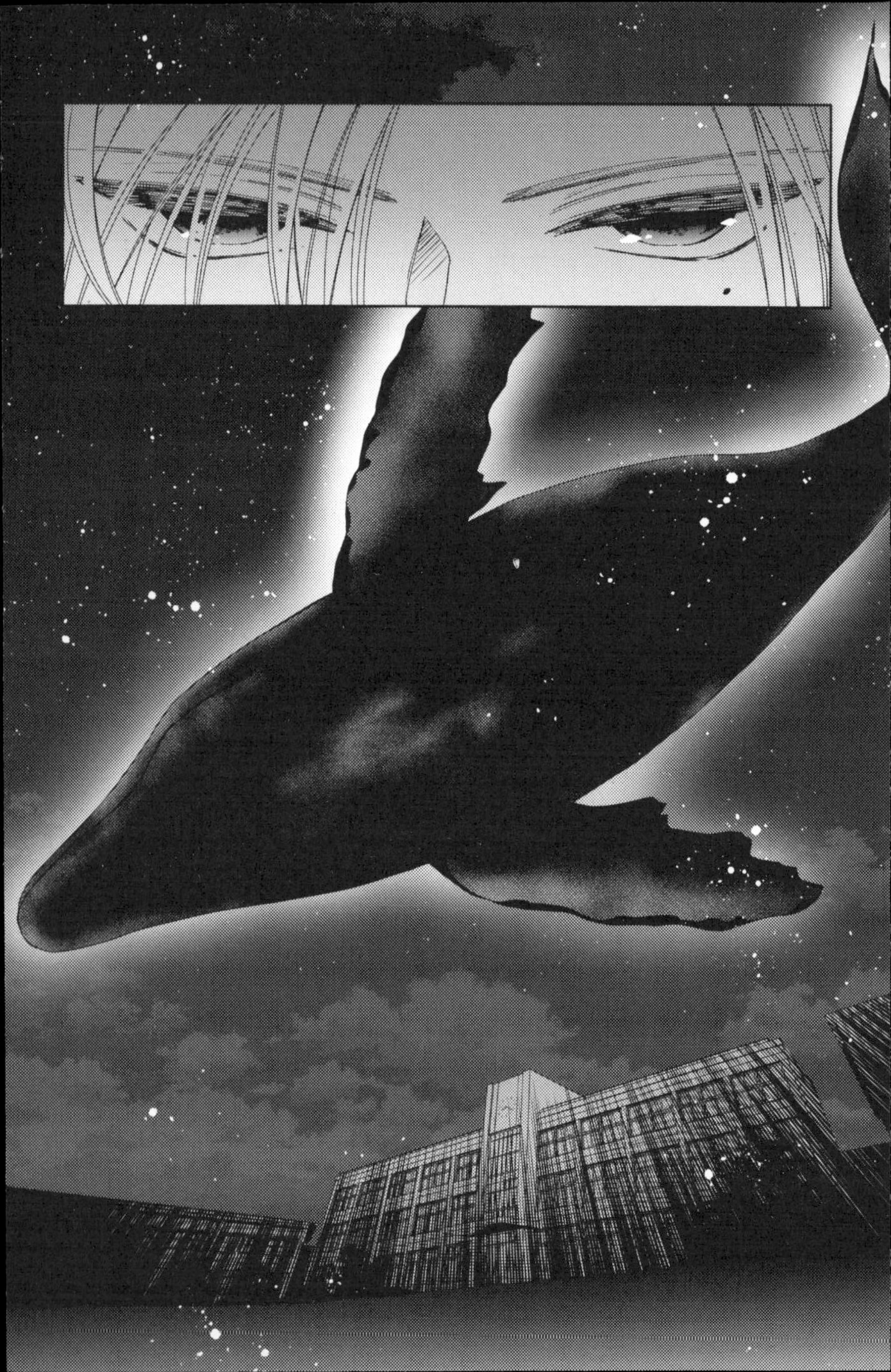

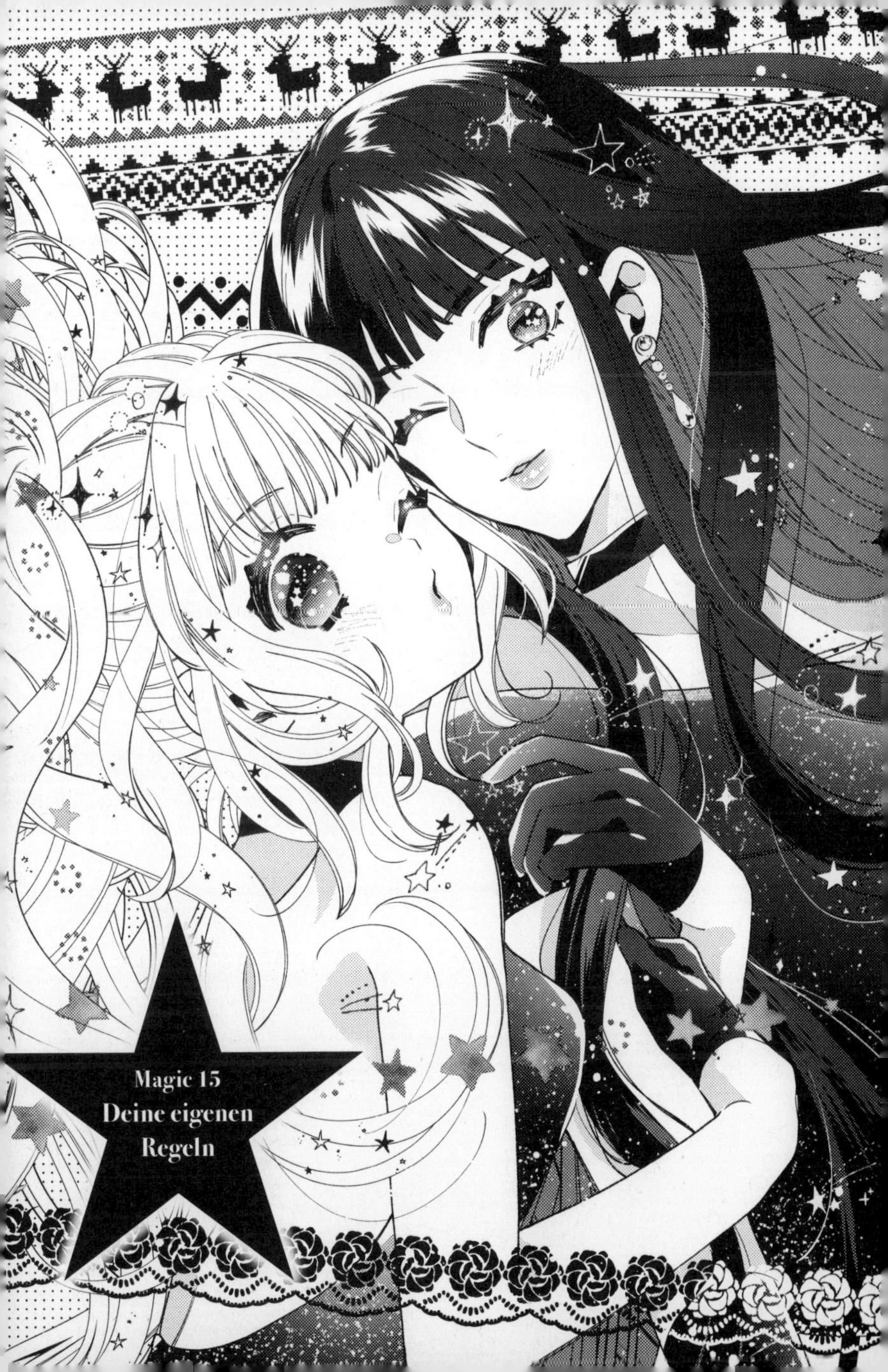
Magic 15
Deine eigenen
Regeln

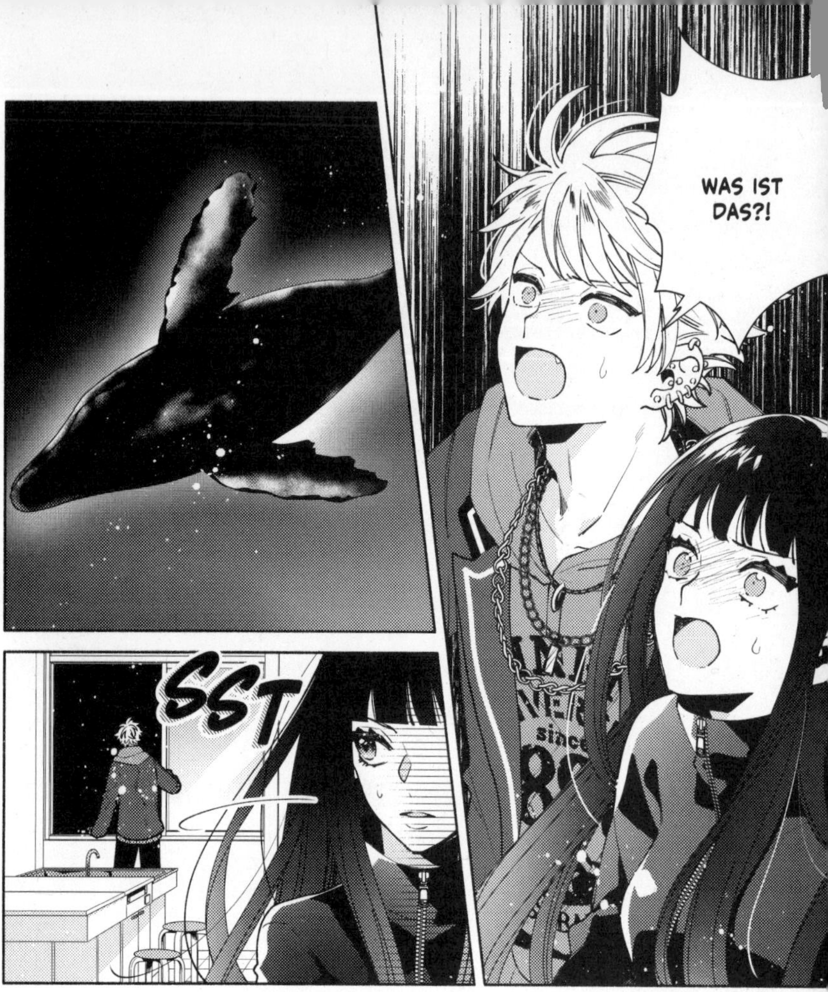

Stellar Witch
LIPS

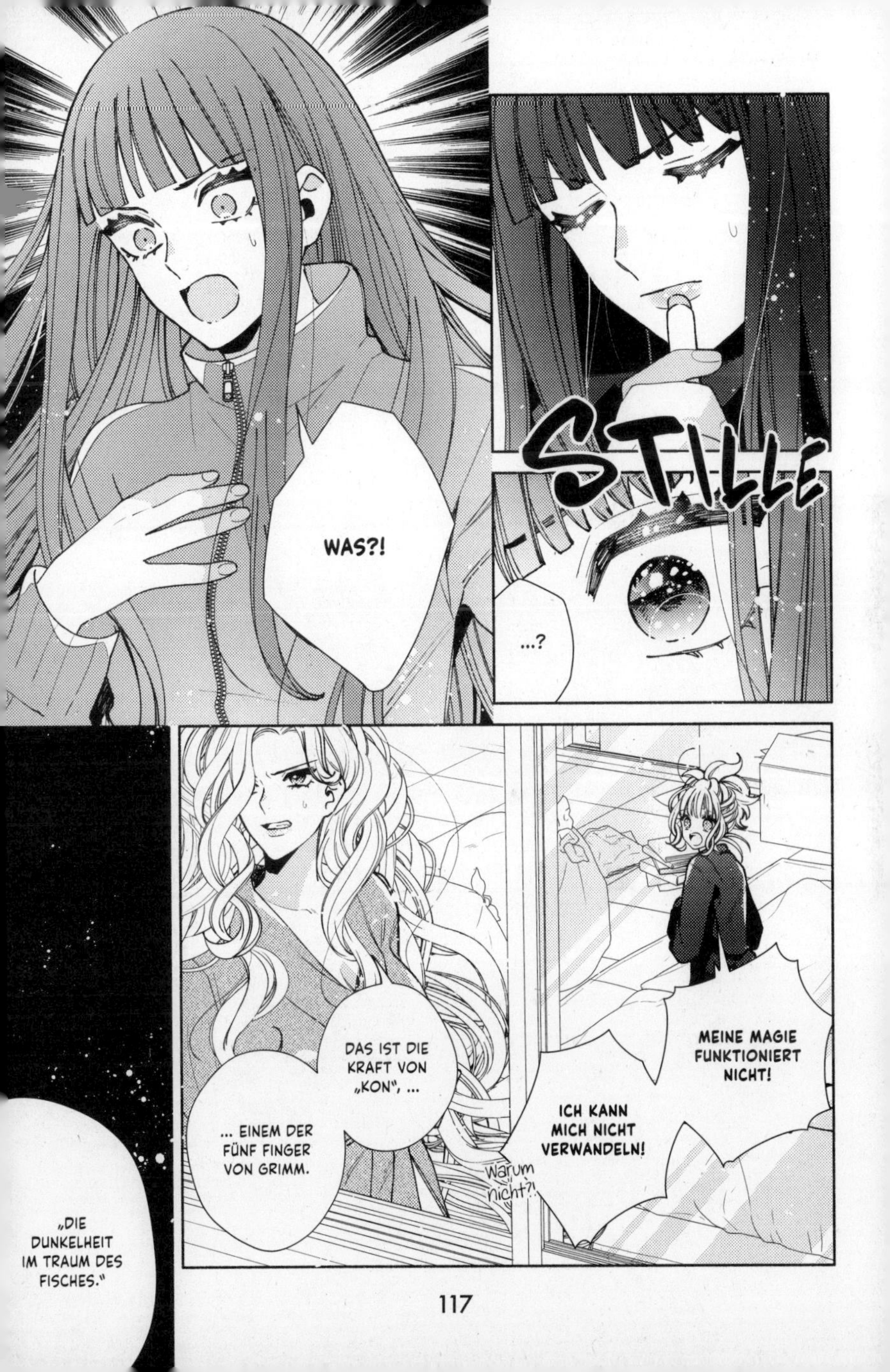

STILLE
...?
WAS?!
MEINE MAGIE FUNKTIONIERT NICHT!
ICH KANN MICH NICHT VERWANDELN!
Warum nicht?!
DAS IST DIE KRAFT VON „KON", ...
... EINEM DER FÜNF FINGER VON GRIMM.
„DIE DUNKELHEIT IM TRAUM DES FISCHES."

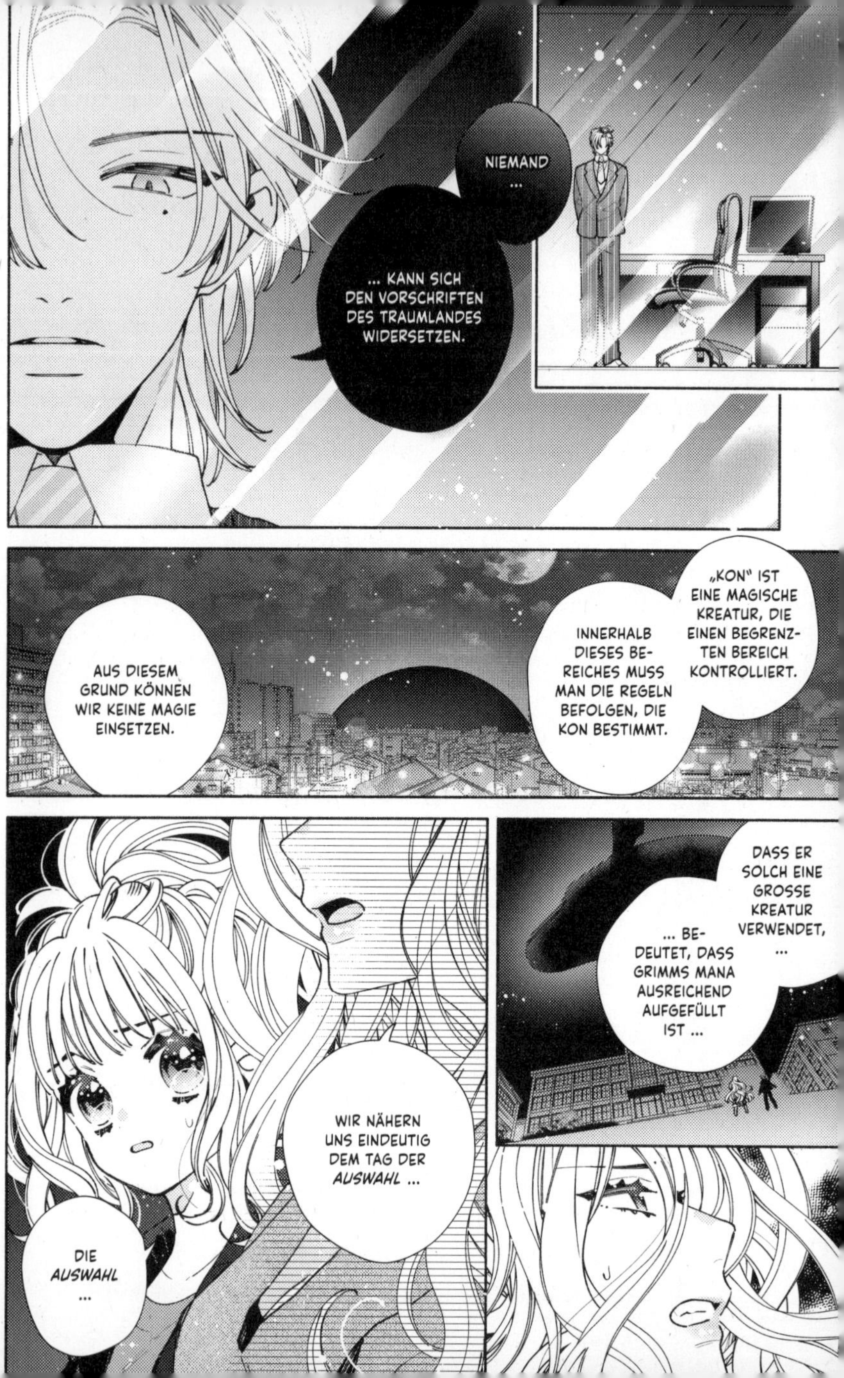
NIEMAND ...
... KANN SICH DEN VORSCHRIFTEN DES TRAUMLANDES WIDERSETZEN.
„KON" IST EINE MAGISCHE KREATUR, DIE EINEN BEGRENZTEN BEREICH KONTROLLIERT.
INNERHALB DIESES BEREICHES MUSS MAN DIE REGELN BEFOLGEN, DIE KON BESTIMMT.
AUS DIESEM GRUND KÖNNEN WIR KEINE MAGIE EINSETZEN.
DASS ER SOLCH EINE GROSSE KREATUR VERWENDET, ...
... BEDEUTET, DASS GRIMMS MANA AUSREICHEND AUFGEFÜLLT IST ...
WIR NÄHERN UNS EINDEUTIG DEM TAG DER *AUSWAHL* ...
DIE *AUSWAHL* ...

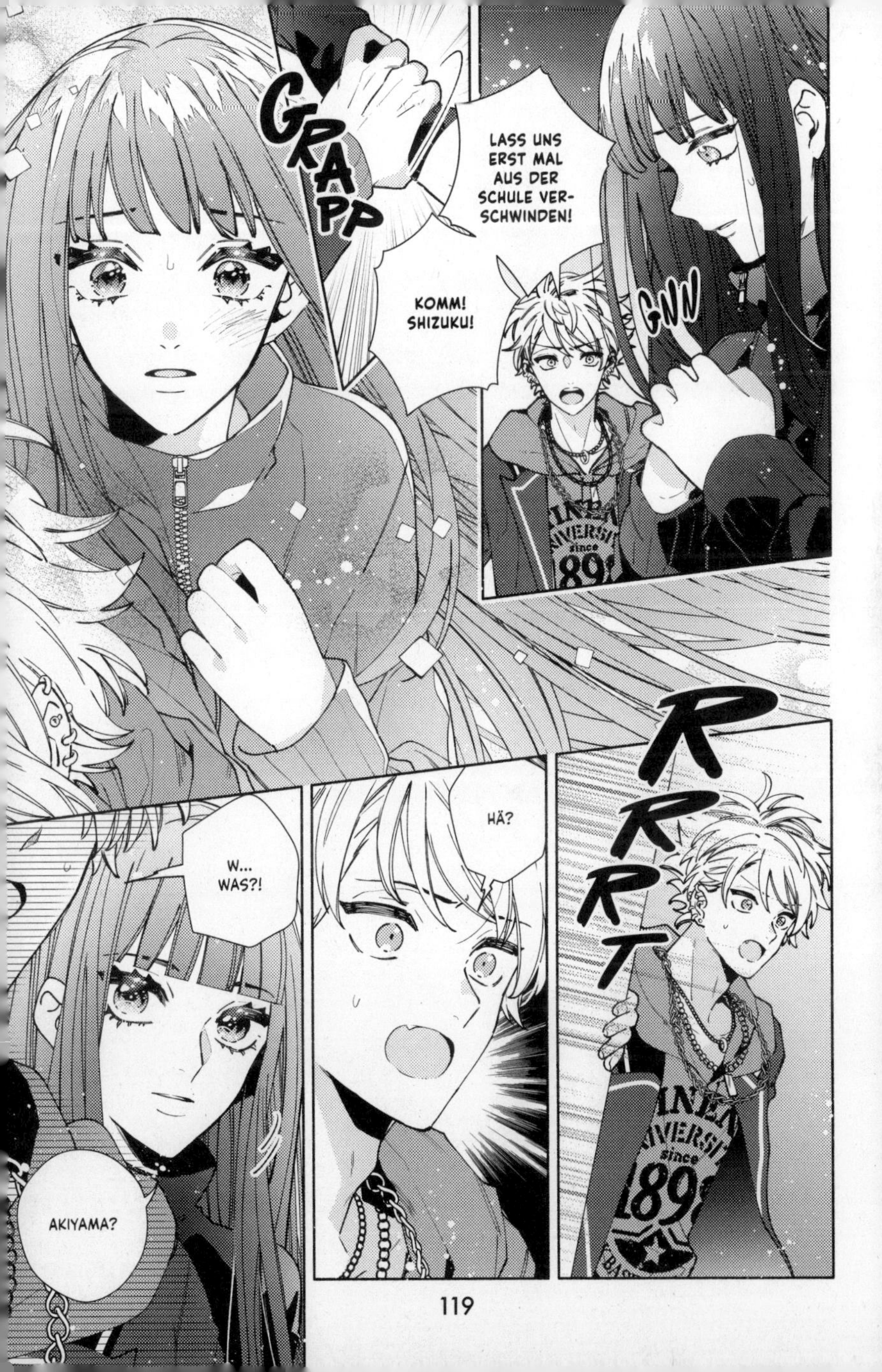
GNN
KOMM! SHIZUKU!
LASS UNS ERST MAL AUS DER SCHULE VER-SCHWINDEN!
GRAPP
RRRT
HÄ?
W... WAS?!
AKIYAMA?

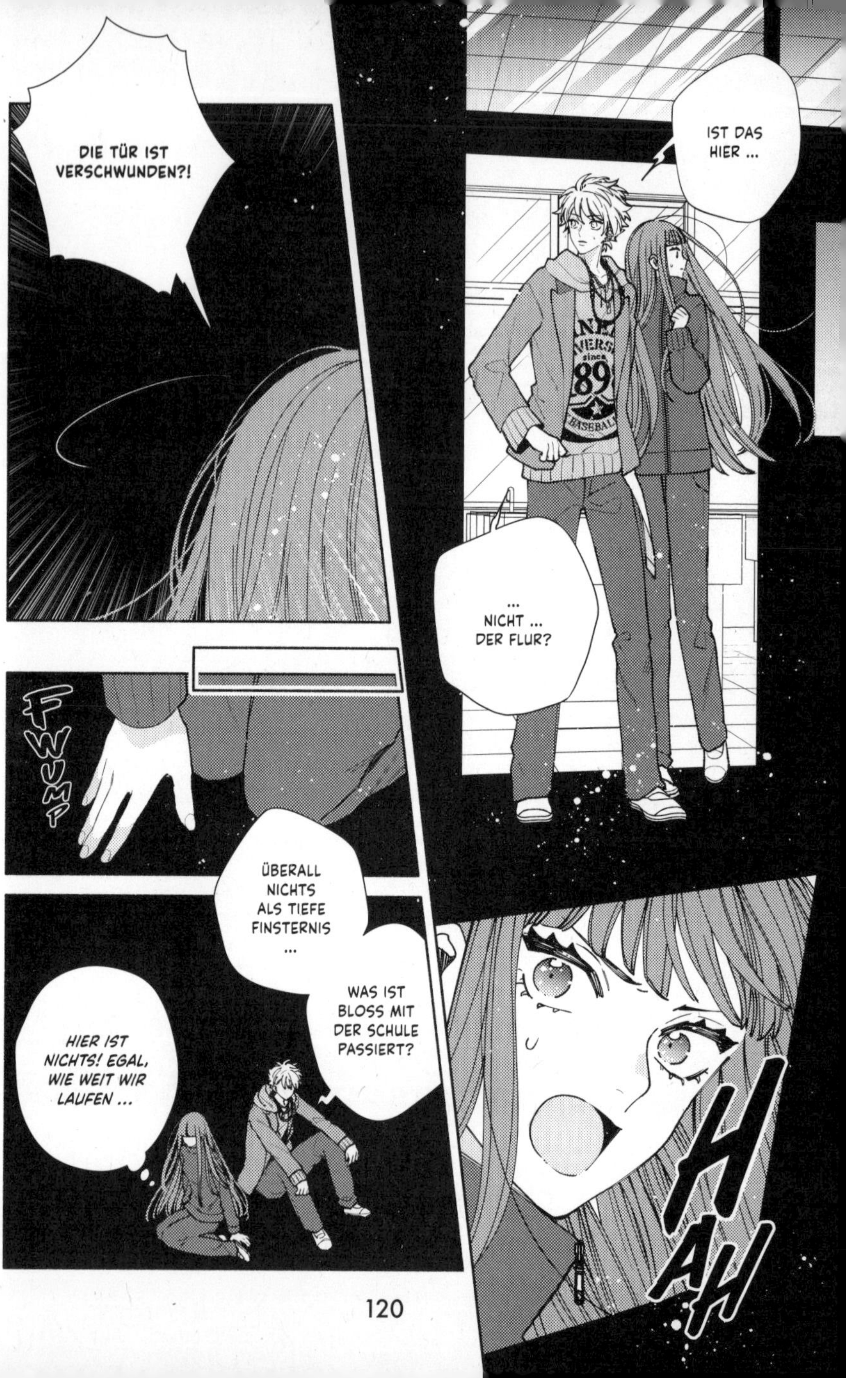
IST DAS HIER ...
... NICHT ... DER FLUR?
DIE TÜR IST VERSCHWUNDEN?!
FWUMP
HAH
ÜBERALL NICHTS ALS TIEFE FINSTERNIS ...
WAS IST BLOSS MIT DER SCHULE PASSIERT?
HIER IST NICHTS! EGAL, WIE WEIT WIR LAUFEN ...

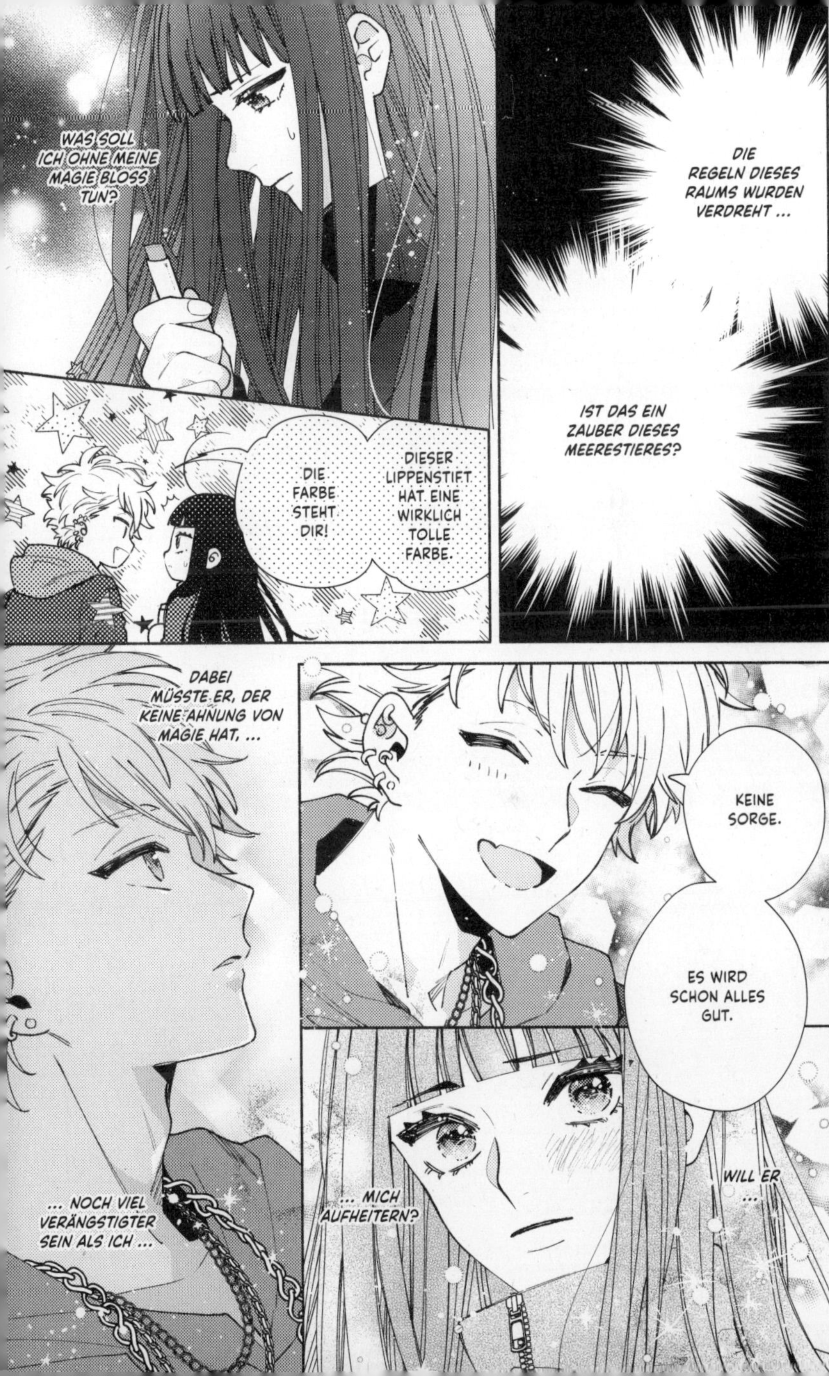
DIE REGELN DIESES RAUMS WURDEN VERDREHT ...
IST DAS EIN ZAUBER DIESES MEERESTIERES?
WAS SOLL ICH OHNE MEINE MAGIE BLOSS TUN?
DIESER LIPPENSTIFT HAT EINE WIRKLICH TOLLE FARBE.
DIE FARBE STEHT DIR!
KEINE SORGE.
ES WIRD SCHON ALLES GUT.
DABEI MÜSSTE ER, DER KEINE AHNUNG VON MAGIE HAT, ...
... NOCH VIEL VERÄNGSTIGTER SEIN ALS ICH ...
WILL ER ...
... MICH AUFHEITERN?

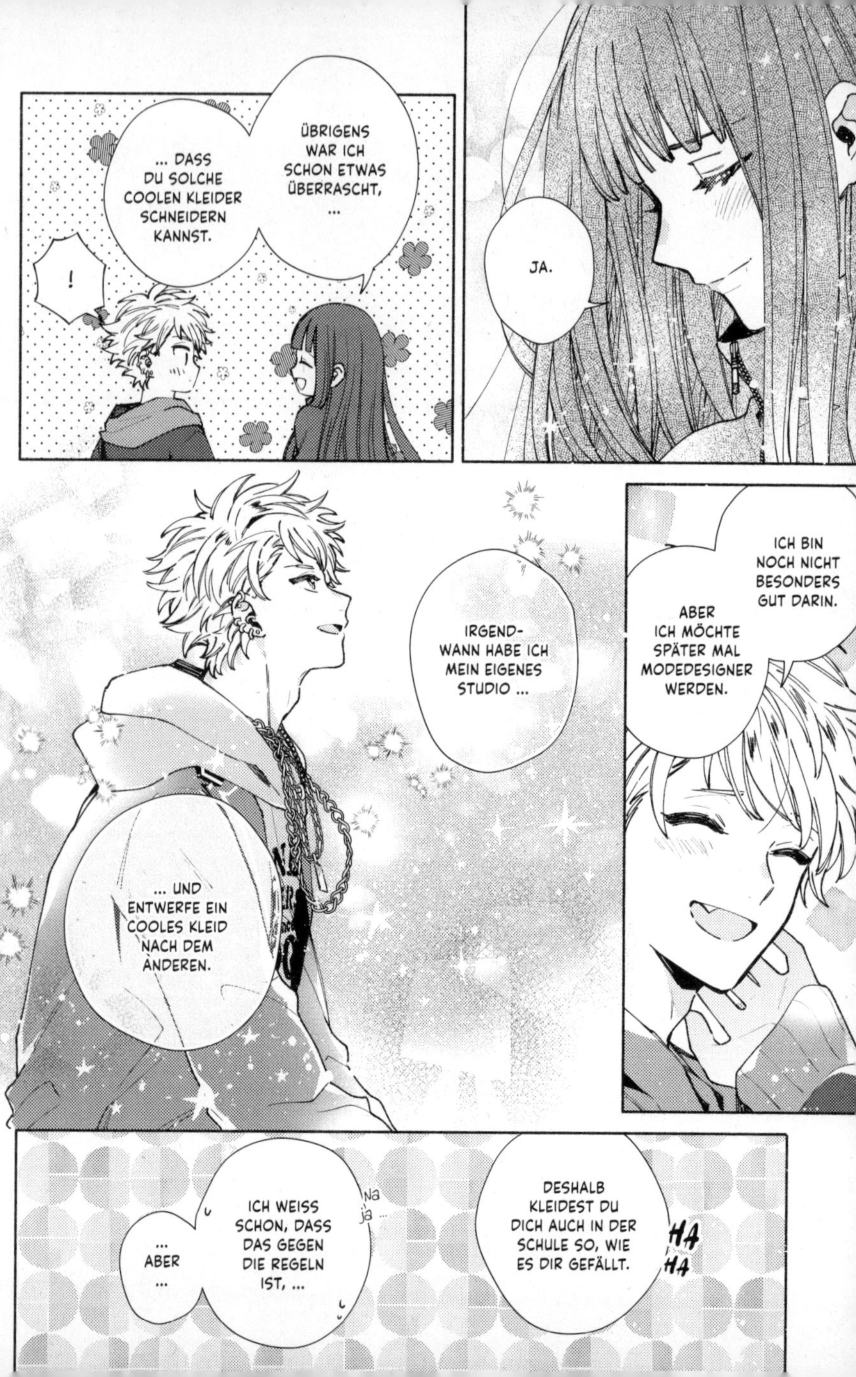
ÜBRIGENS WAR ICH SCHON ETWAS ÜBERRASCHT, ...
... DASS DU SOLCHE COOLEN KLEIDER SCHNEIDERN KANNST.
!
JA.
ICH BIN NOCH NICHT BESONDERS GUT DARIN.
ABER ICH MÖCHTE SPÄTER MAL MODEDESIGNER WERDEN.
IRGEND- WANN HABE ICH MEIN EIGENES STUDIO ...
... UND ENTWERFE EIN COOLES KLEID NACH DEM ANDEREN.
DESHALB KLEIDEST DU DICH AUCH IN DER SCHULE SO, WIE ES DIR GEFÄLLT.
HA HA
Na ja ...
ICH WEISS SCHON, DASS DAS GEGEN DIE REGELN IST, ...
... ABER ...

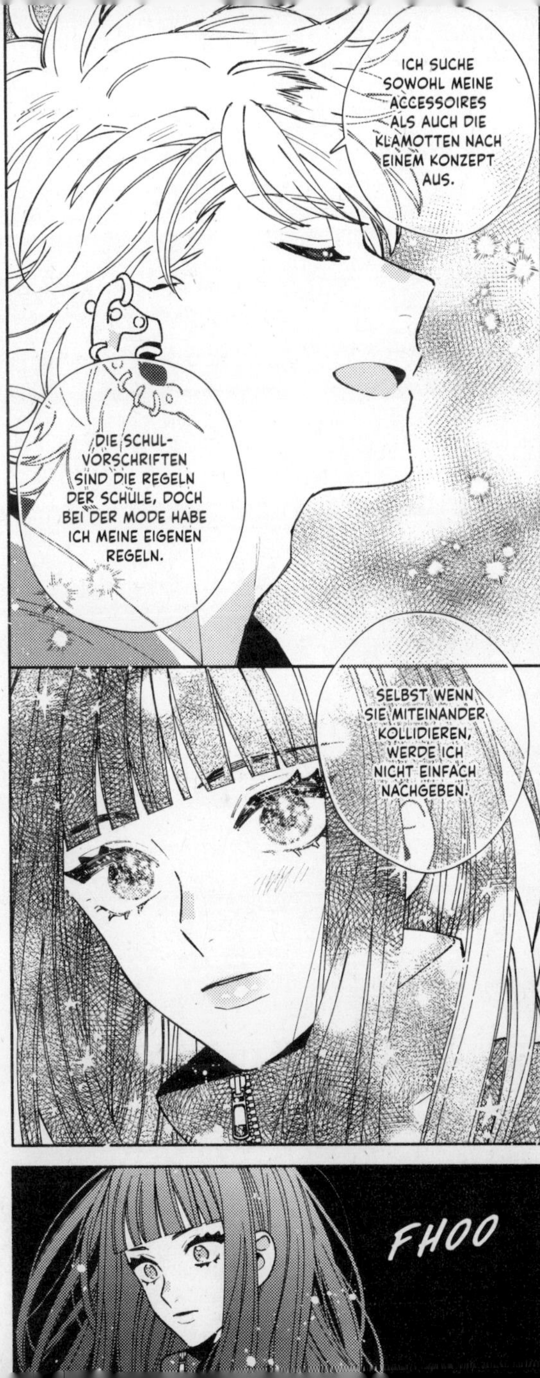

Stellar Witch LIPS

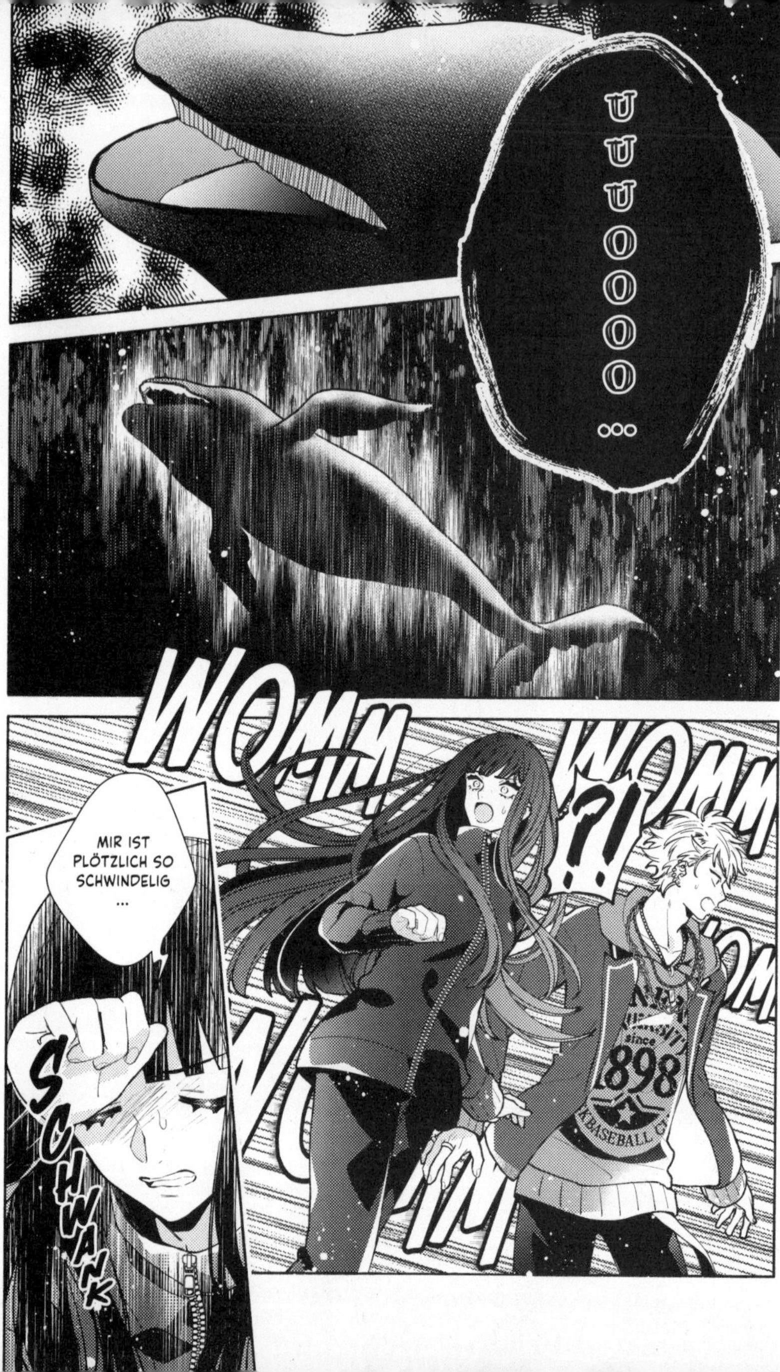
UUUOOOOO…
WOMM
WOMM
?!
MIR IST PLÖTZLICH SO SCHWINDELIG …
SCHWANK

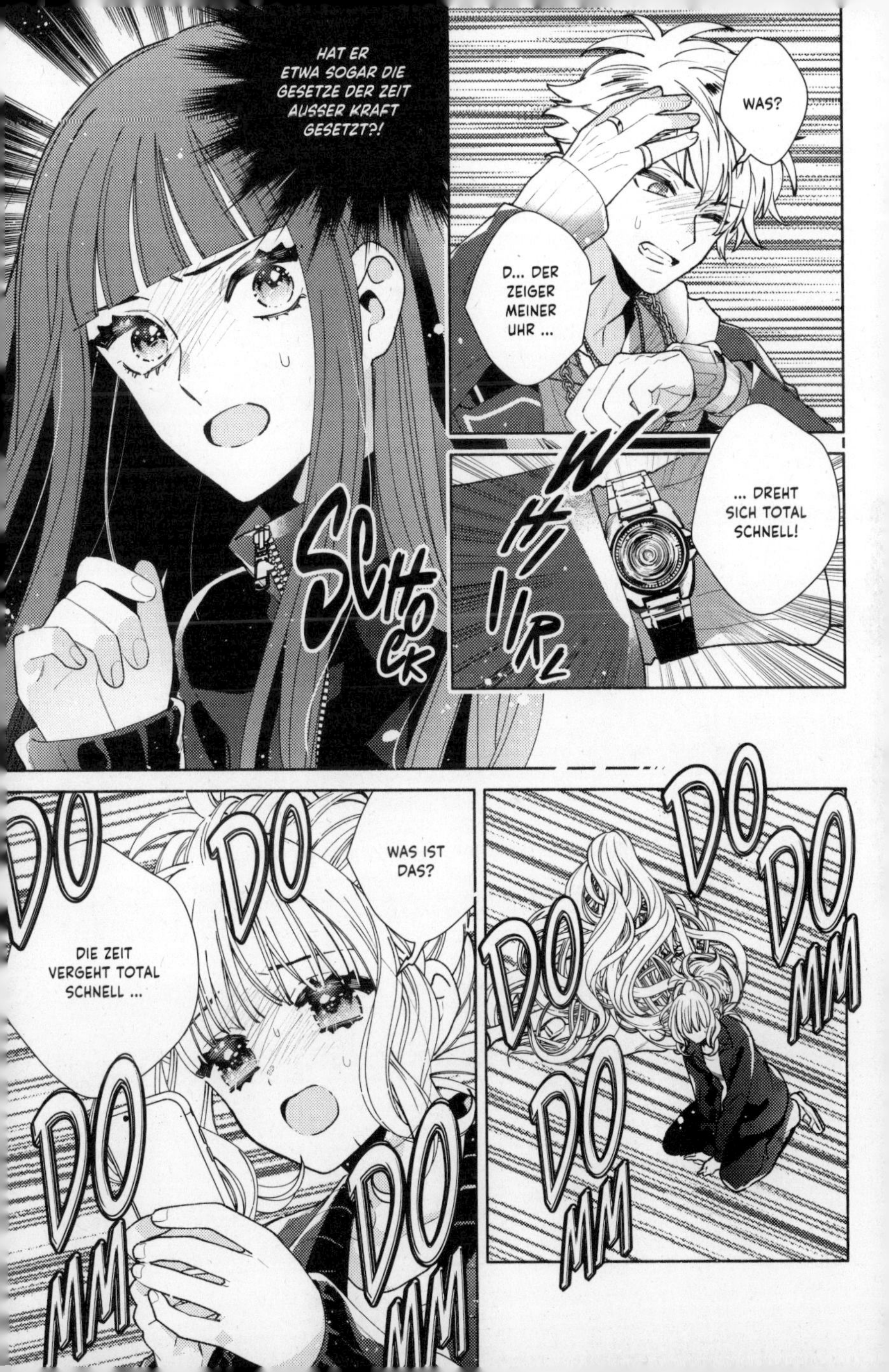
WAS?
D... DER ZEIGER MEINER UHR ...
WHIIRL
... DREHT SICH TOTAL SCHNELL!
HAT ER ETWA SOGAR DIE GESETZE DER ZEIT AUSSER KRAFT GESETZT?!
SCHOCK
DO DO DO DO DOMM
DO DOMM
WAS IST DAS?
DIE ZEIT VERGEHT TOTAL SCHNELL ...
DO DO DO DOMM DOMM

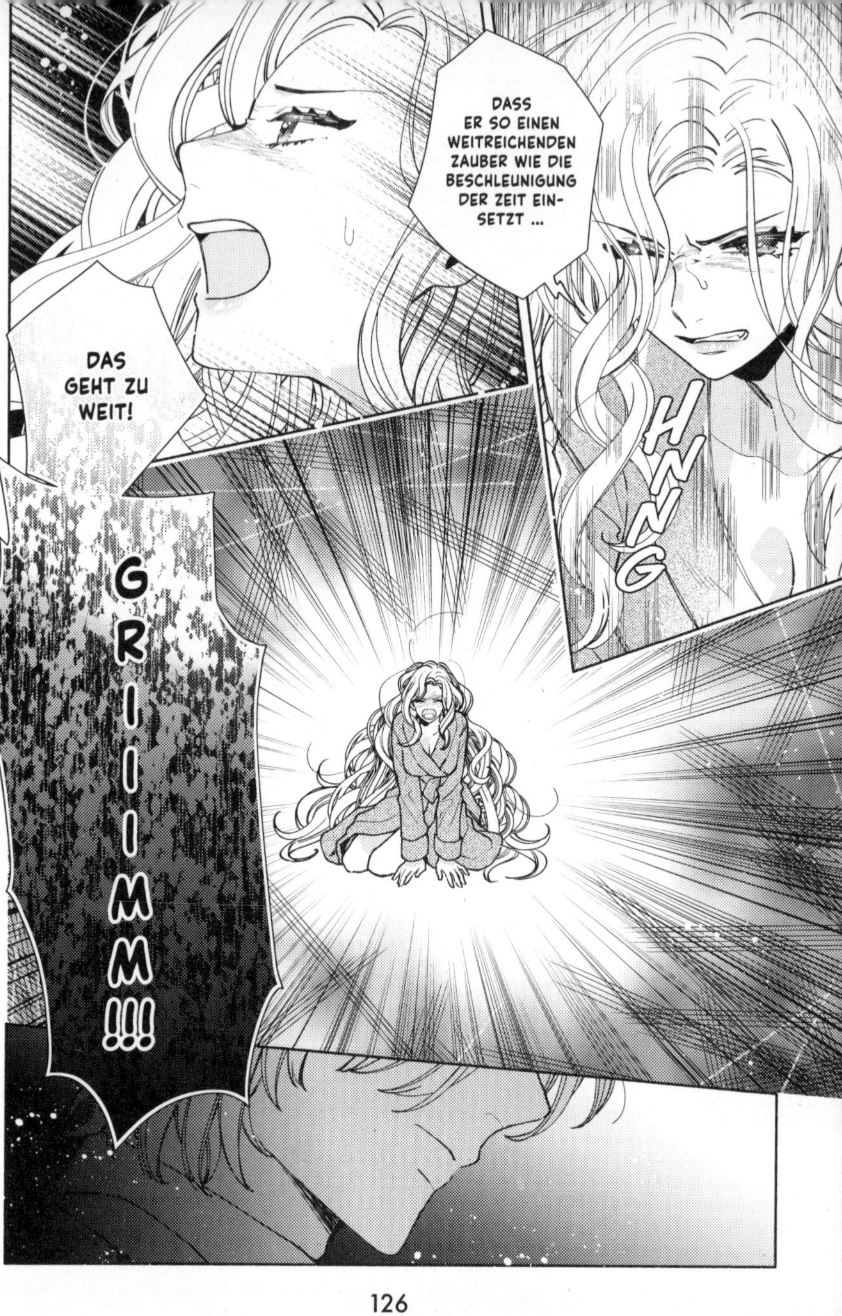
DASS ER SO EINEN WEITREICHENDEN ZAUBER WIE DIE BESCHLEUNIGUNG DER ZEIT EIN-SETZT ...
DAS GEHT ZU WEIT!
HNNG
GRIIIMMM!!!

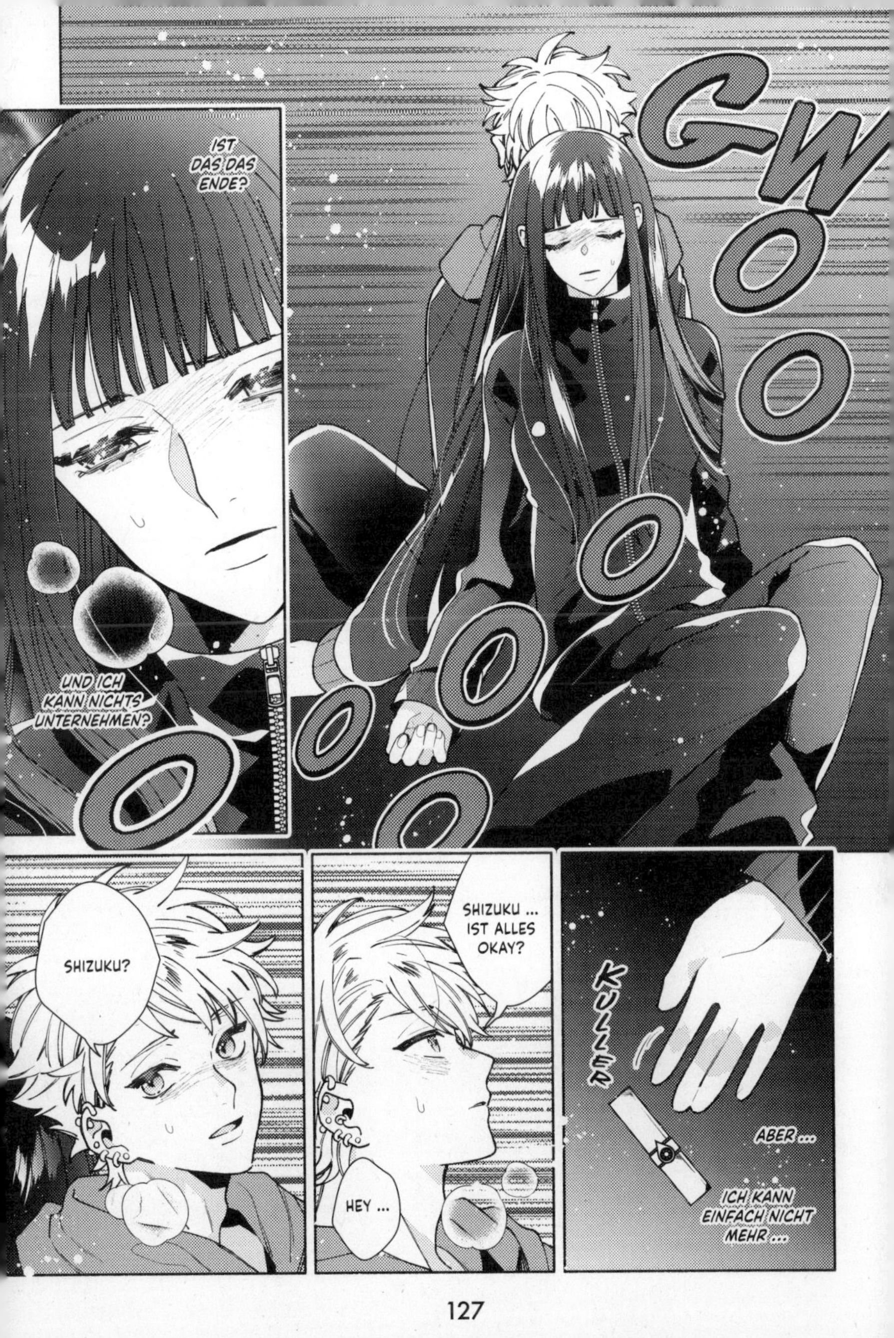
GWOOOOOOOOOO
IST DAS DAS ENDE?
UND ICH KANN NICHTS UNTERNEHMEN?
SHIZUKU ... IST ALLES OKAY?
HEY ...
SHIZUKU?
KULLER
ABER ...
ICH KANN EINFACH NICHT MEHR ...

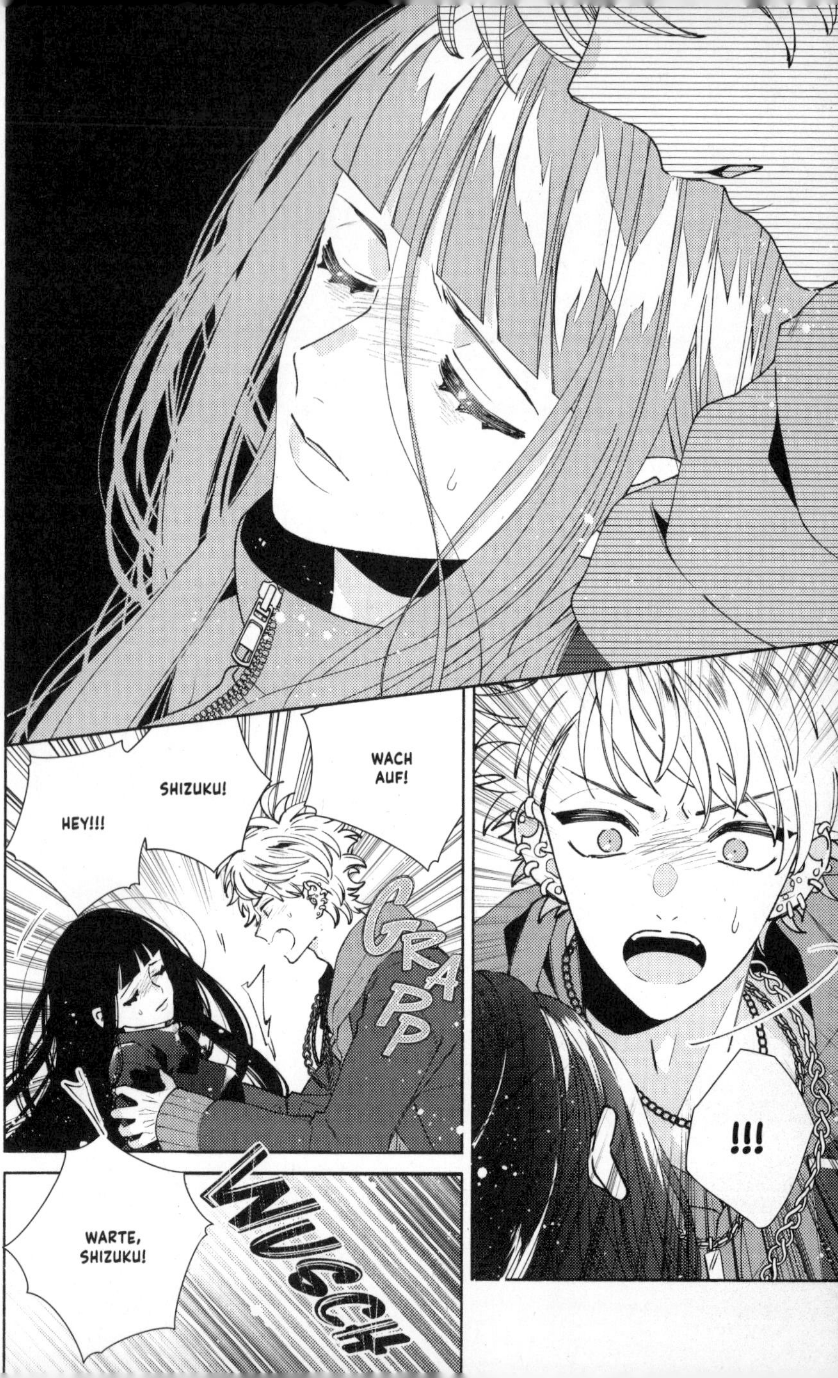
!!!
WACH AUF!
SHIZUKU!
HEY!!!
GRAPP
WUSCH
WARTE, SHIZUKU!

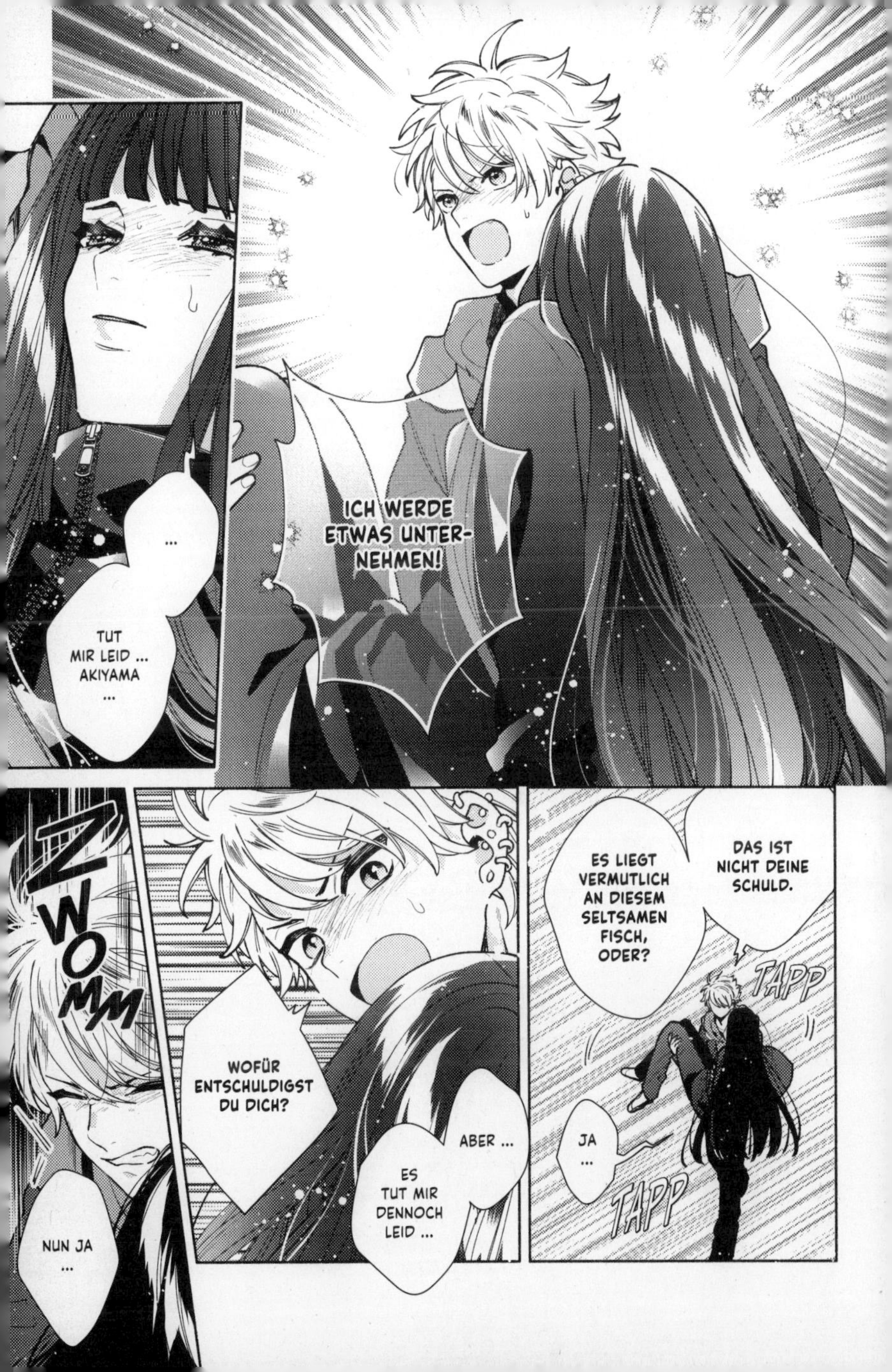
ICH WERDE ETWAS UNTERNEHMEN!
...
TUT MIR LEID ... AKIYAMA ...
DAS IST NICHT DEINE SCHULD.
ES LIEGT VERMUTLICH AN DIESEM SELTSAMEN FISCH, ODER?
TAPP
JA ...
TAPP
WOFÜR ENTSCHULDIGST DU DICH?
ABER ...
ES TUT MIR DENNOCH LEID ...
ZWOMM
NUN JA ...

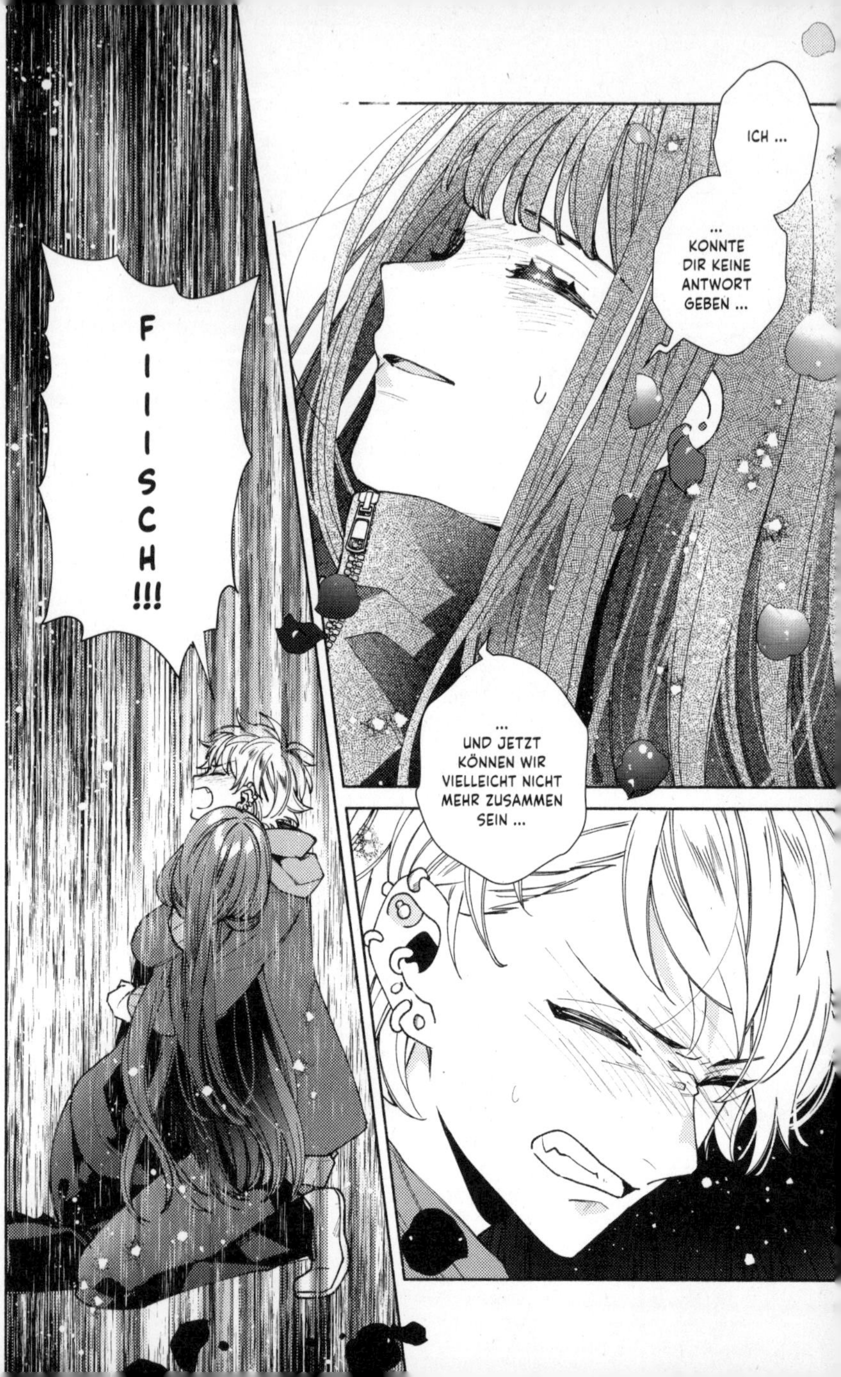
ICH ...
... KONNTE DIR KEINE ANTWORT GEBEN ...
... UND JETZT KÖNNEN WIR VIELLEICHT NICHT MEHR ZUSAMMEN SEIN ...
FIIISCH!!!

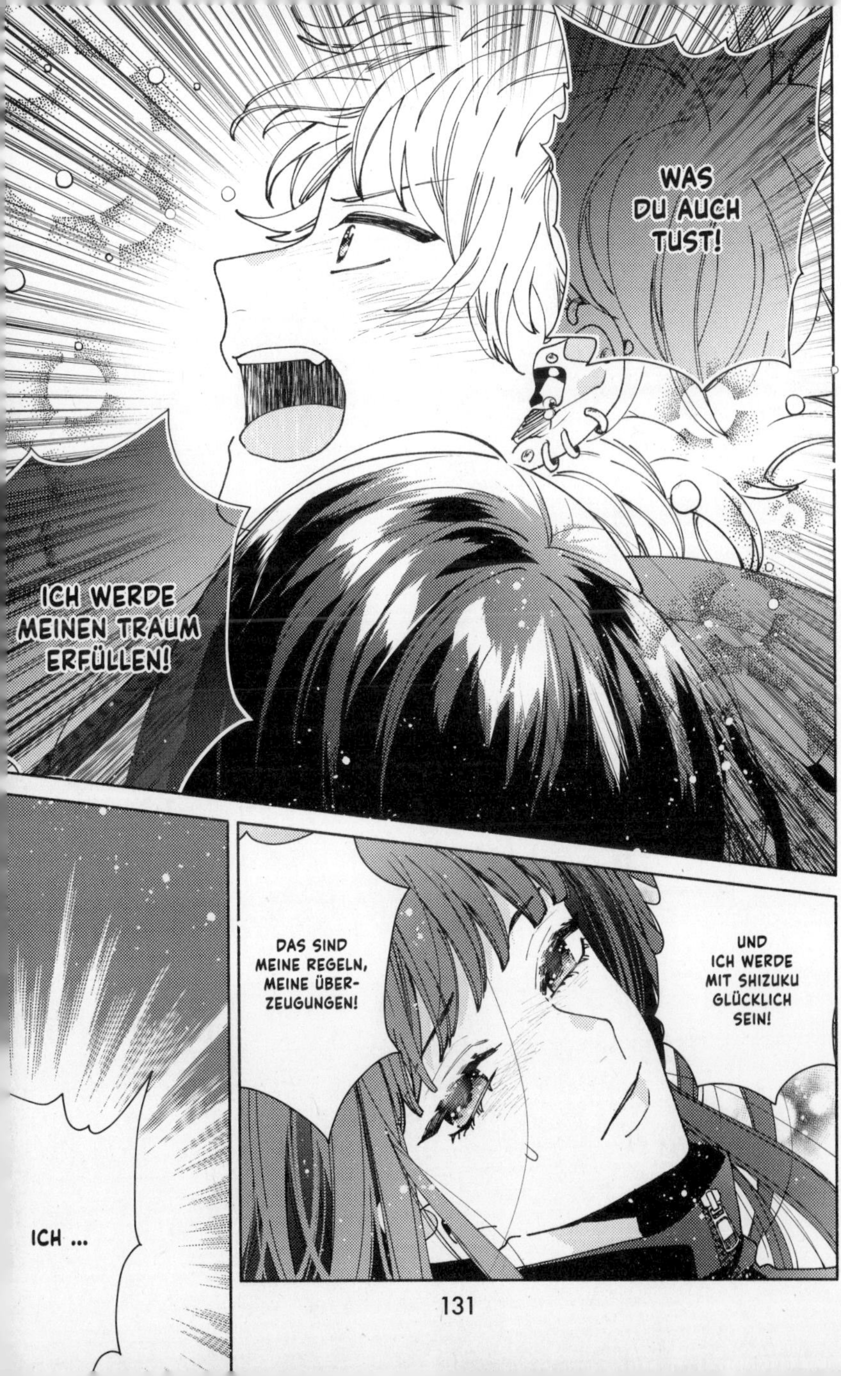
WAS DU AUCH TUST!
ICH WERDE MEINEN TRAUM ERFÜLLEN!
DAS SIND MEINE REGELN, MEINE ÜBER-ZEUGUNGEN!
UND ICH WERDE MIT SHIZUKU GLÜCKLICH SEIN!
ICH ...

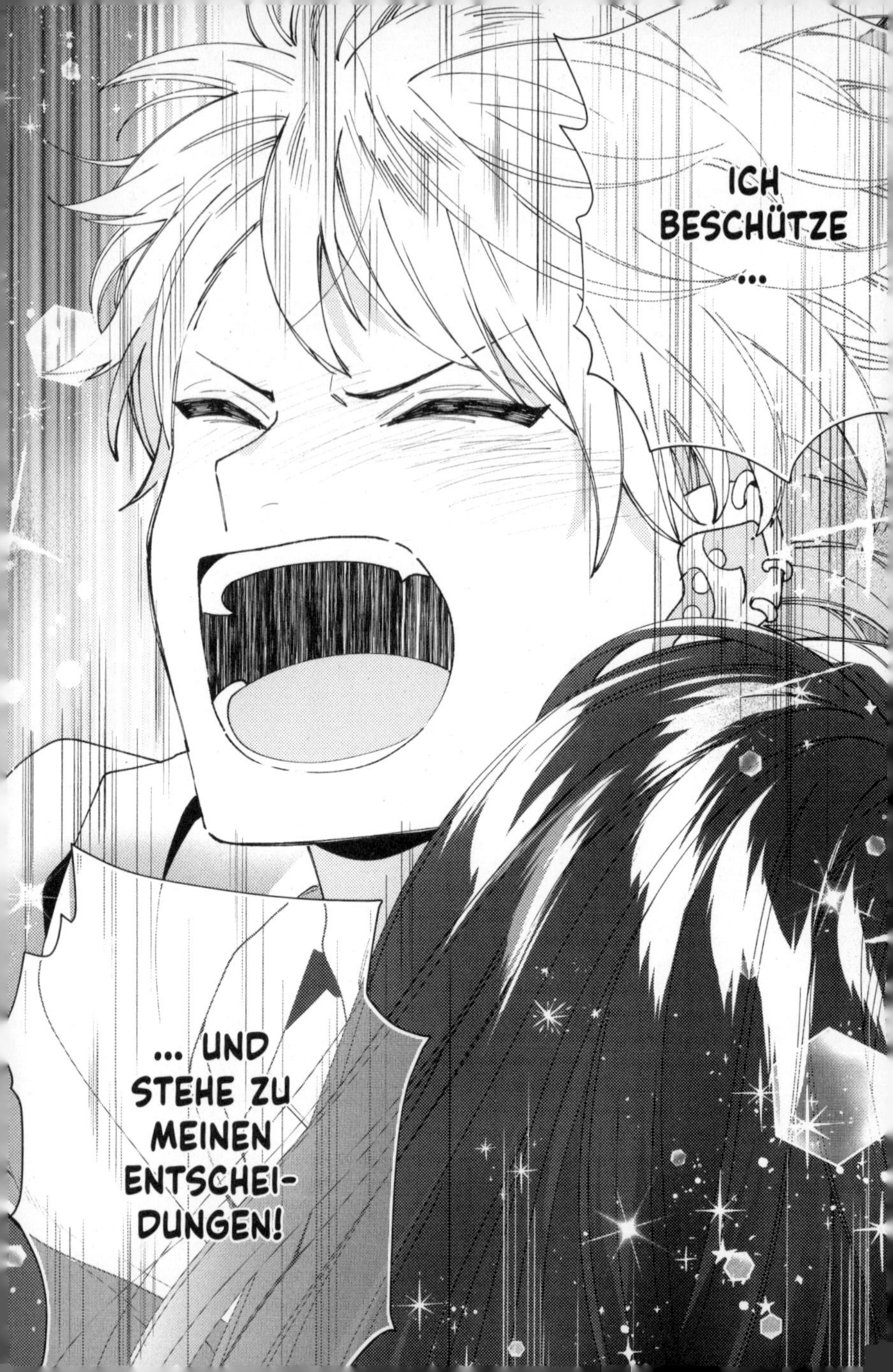
ICH BESCHÜTZE ...
... UND STEHE ZU MEINEN ENTSCHEI-DUNGEN!

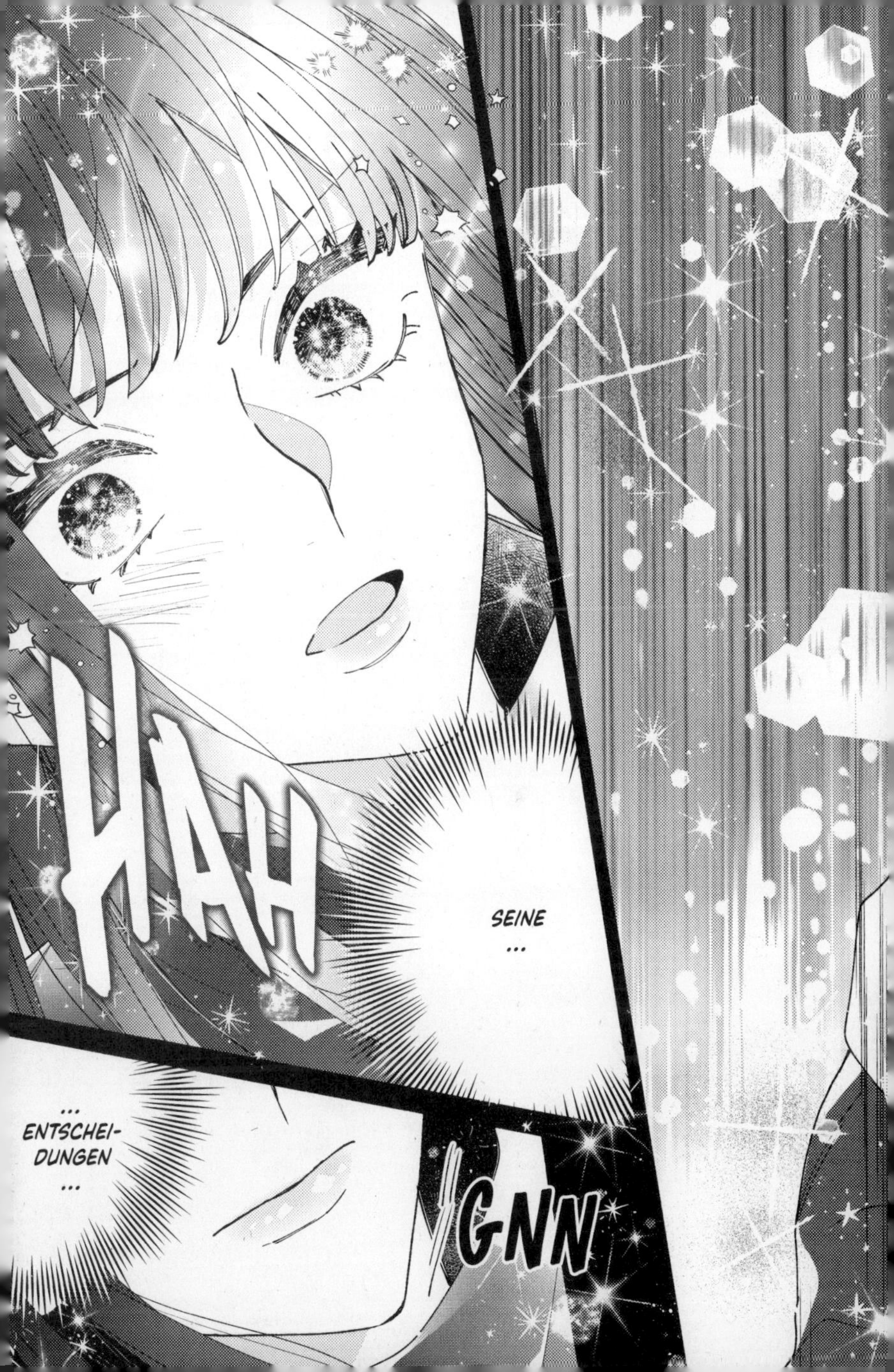
HAH
SEINE
...
...
ENTSCHEI-
DUNGEN
...
GNN

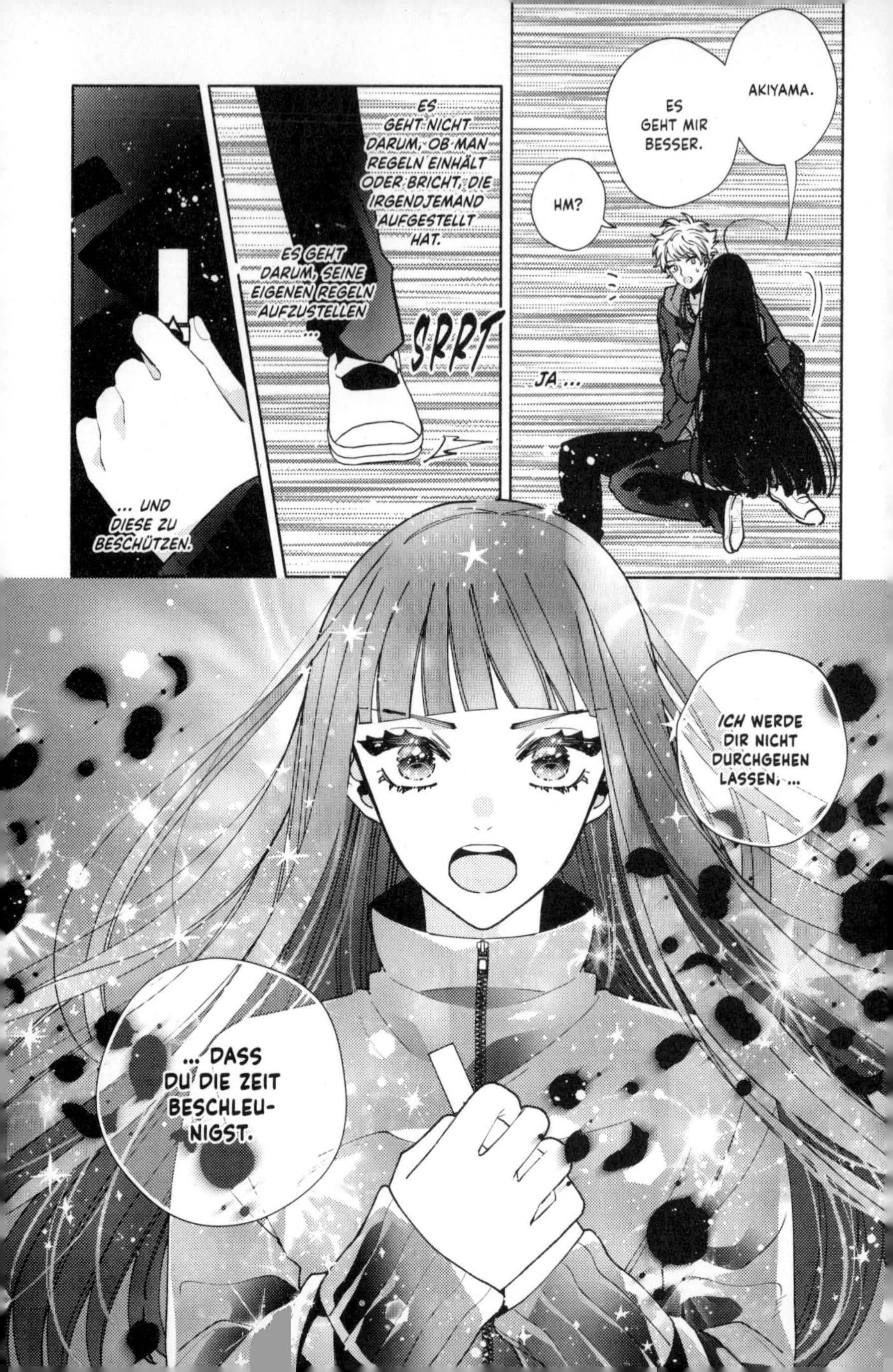
AKIYAMA.
ES GEHT MIR BESSER.
HM?
JA ...
ES GEHT NICHT DARUM, OB MAN REGELN EINHÄLT ODER BRICHT, DIE IRGENDJEMAND AUFGESTELLT HAT.
ES GEHT DARUM, SEINE EIGENEN REGELN AUFZUSTELLEN ...
SRRT
... UND DIESE ZU BESCHÜTZEN.
ICH WERDE DIR NICHT DURCHGEHEN LASSEN, ...
... DASS DU DIE ZEIT BESCHLEU-NIGST.

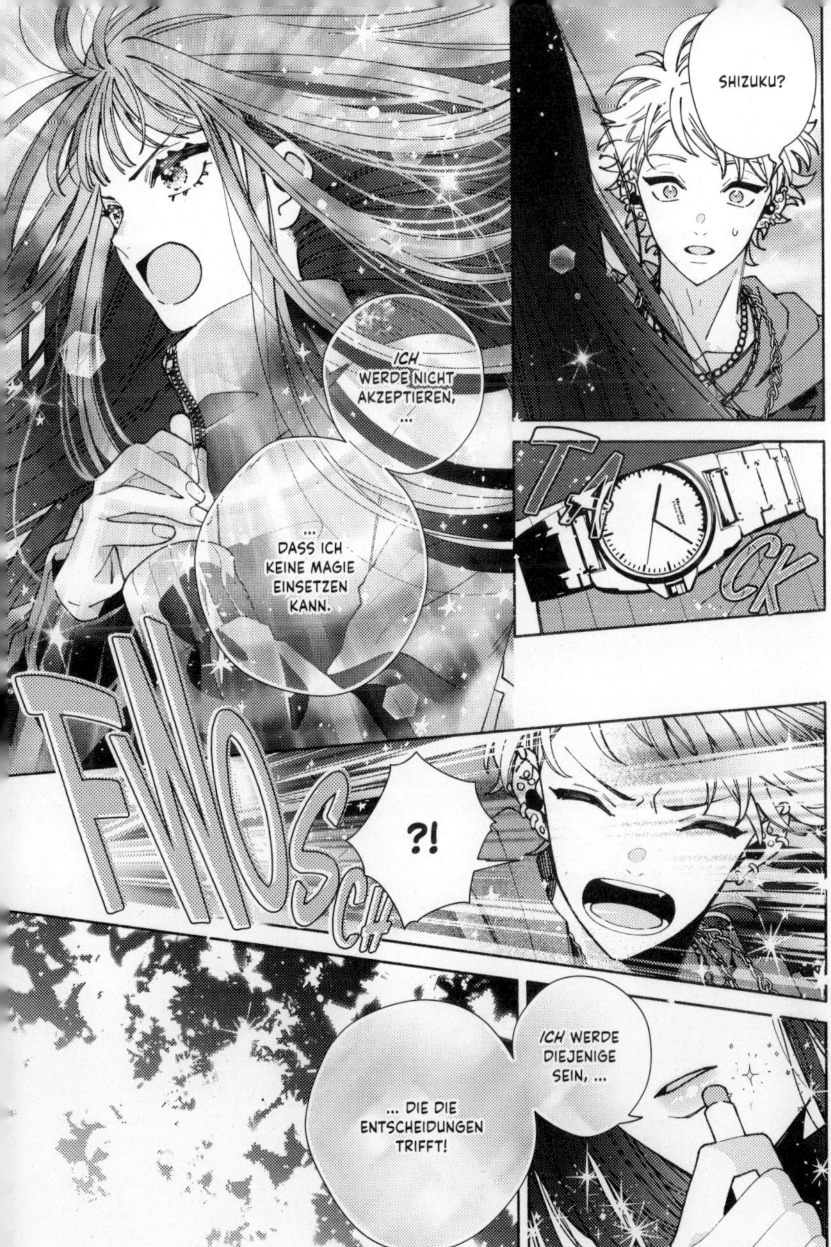
SHIZUKU?
ICH WERDE NICHT AKZEPTIEREN, ...
... DASS ICH KEINE MAGIE EINSETZEN KANN.
TACK
FWOSCH
?!
ICH WERDE DIEJENIGE SEIN, ...
... DIE DIE ENTSCHEIDUNGEN TRIFFT!

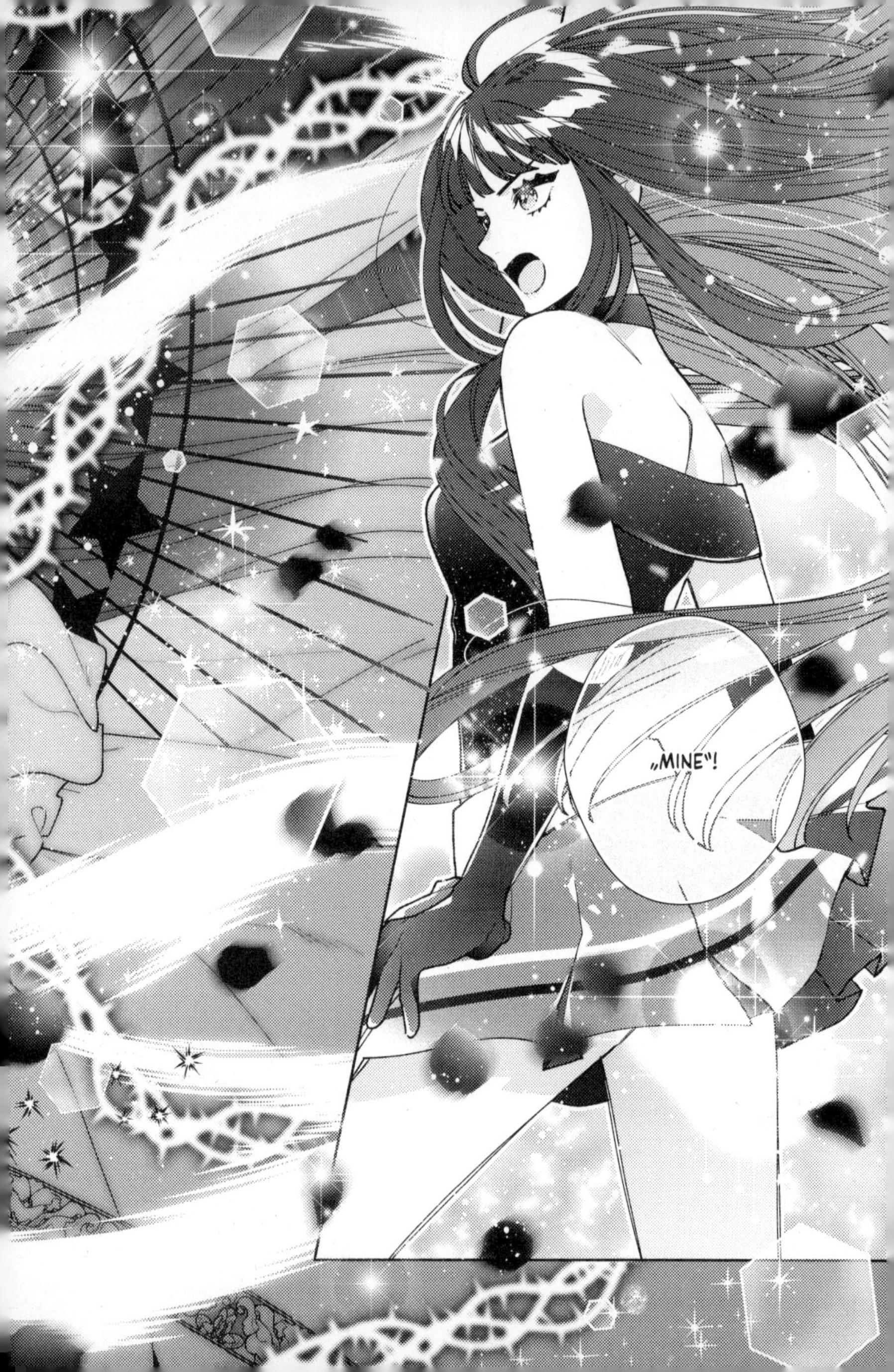
„MINE"!

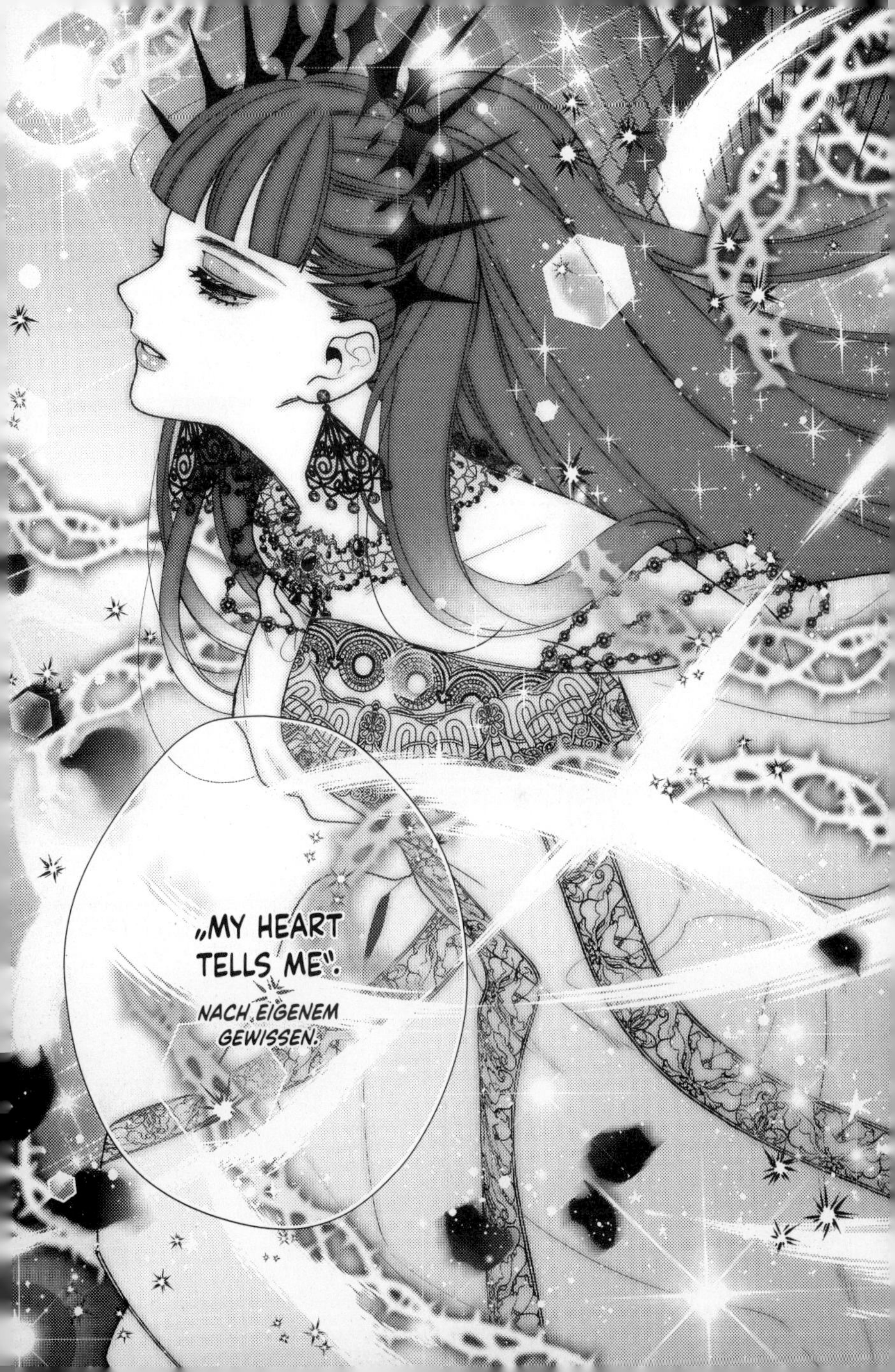
„MY HEART TELLS ME“.
NACH EIGENEM GEWISSEN.

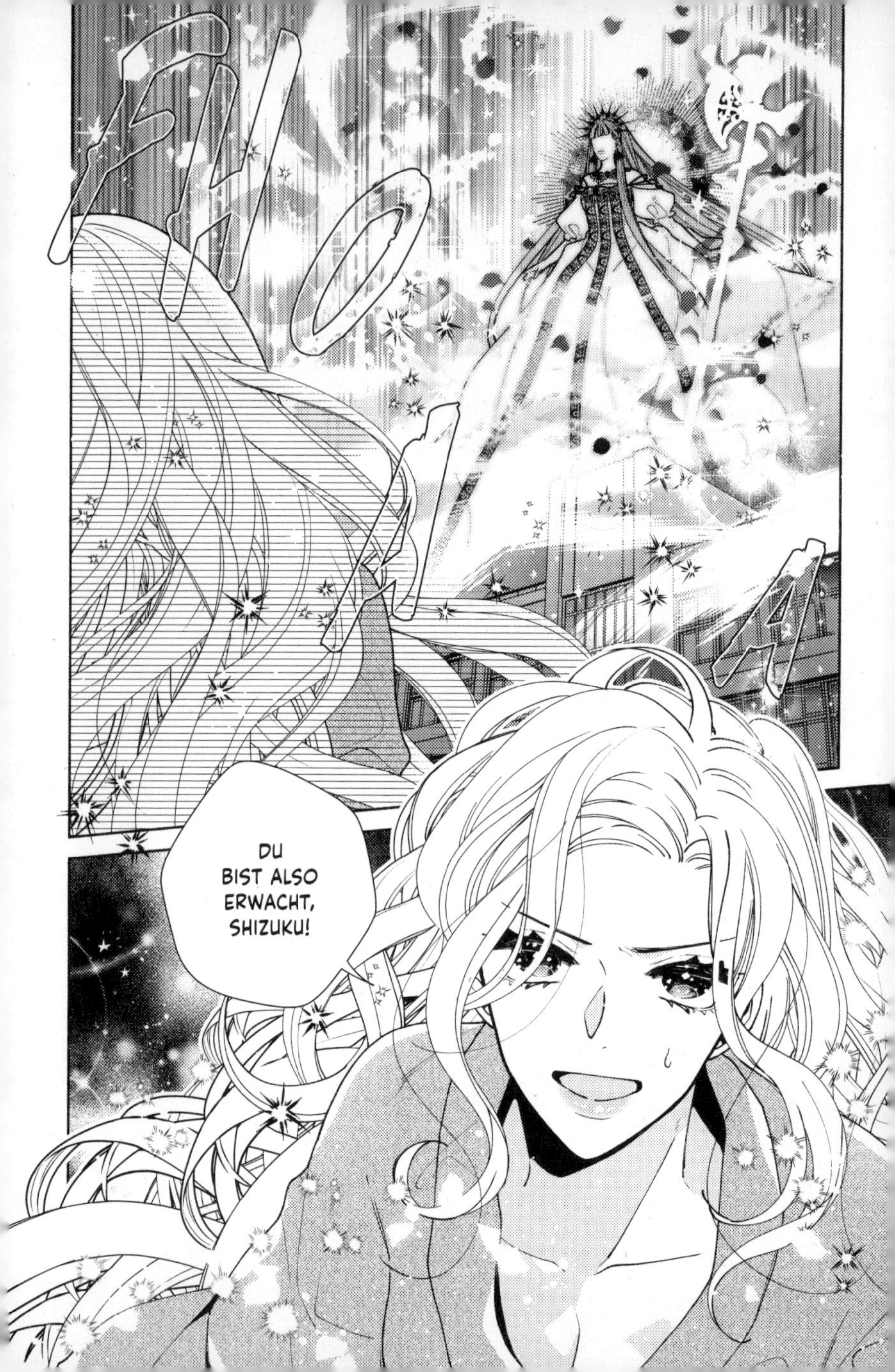
FHOAA
DU BIST ALSO ERWACHT, SHIZUKU!

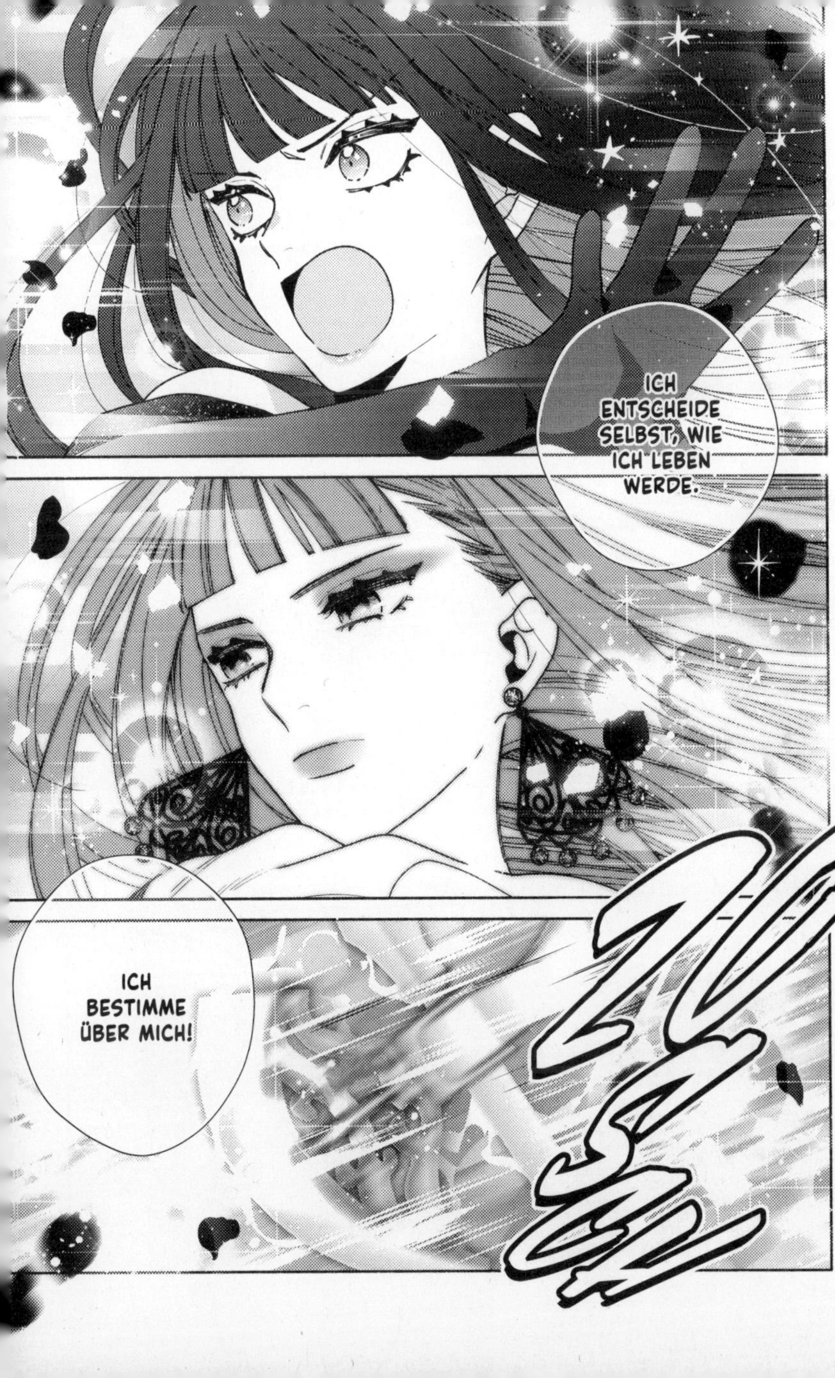
ICH ENTSCHEIDE SELBST, WIE ICH LEBEN WERDE.
ICH BESTIMME ÜBER MICH!
ZUSCH

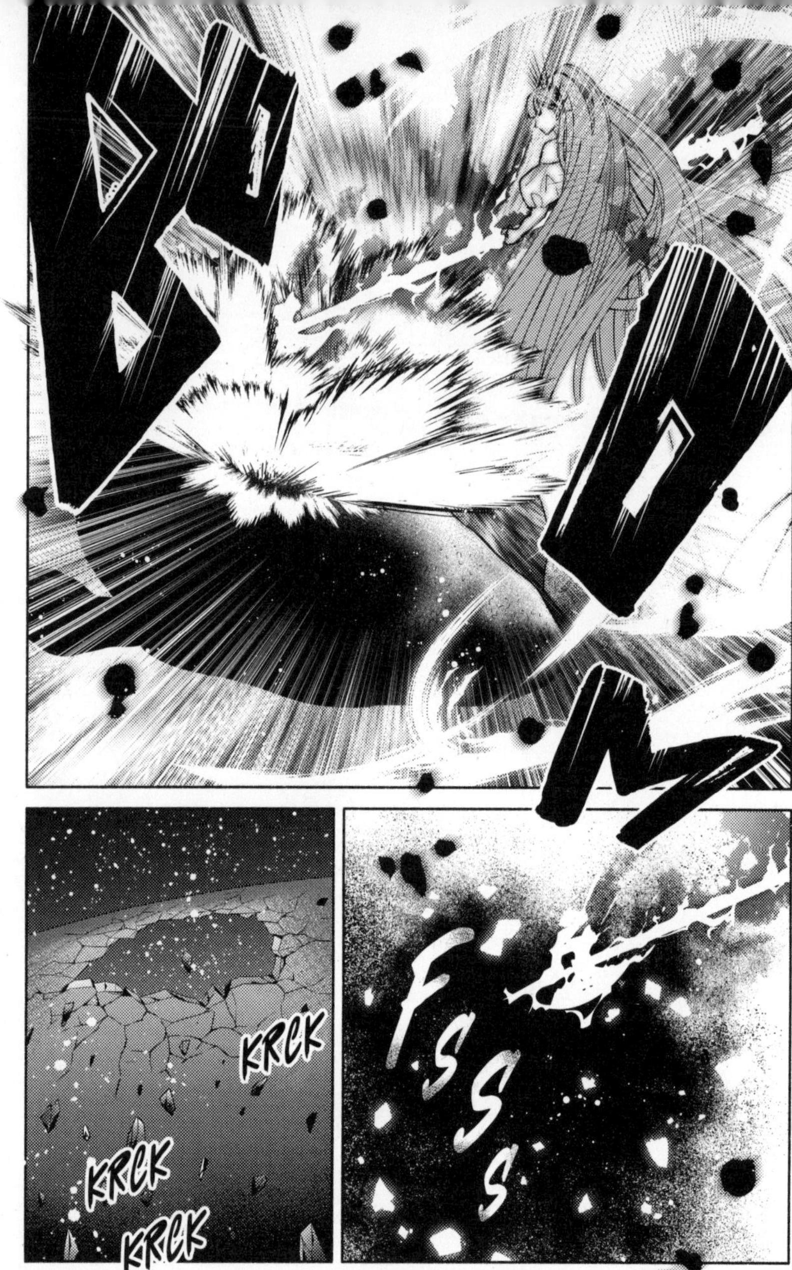
KRCK
KRCK
KRCK
FSSS

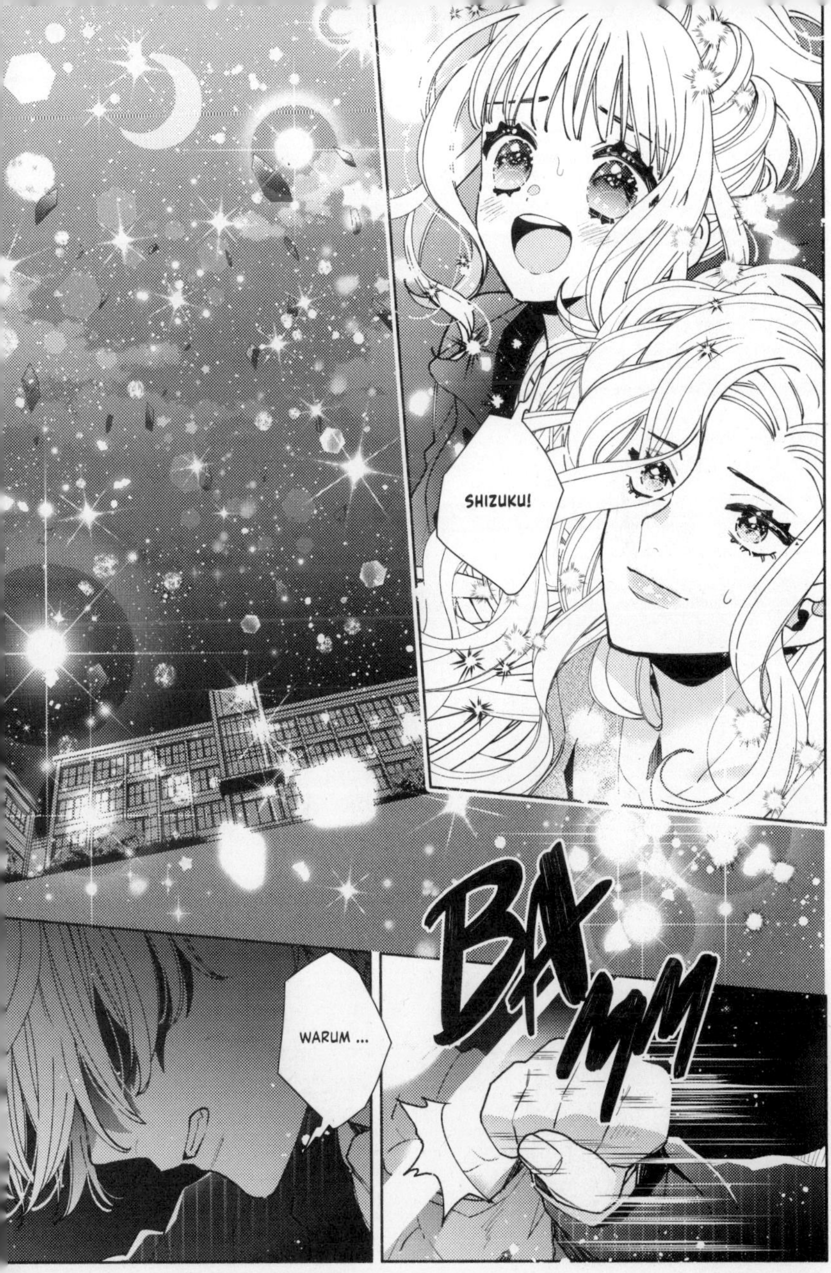
SHIZUKU!
BAMM
WARUM ...

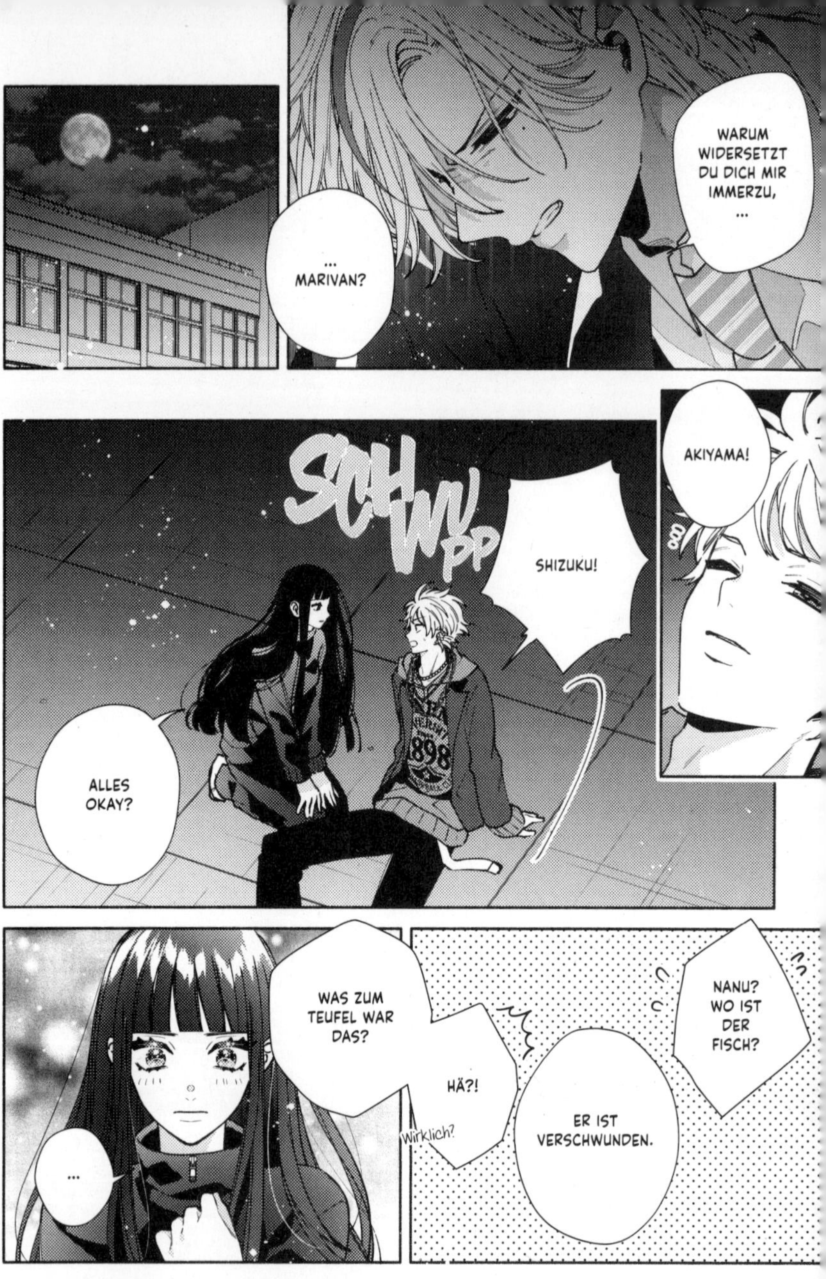
WARUM WIDERSETZT DU DICH MIR IMMERZU, ...
... MARIVAN?
AKIYAMA!
SHIZUKU!
SCHWUPP
ALLES OKAY?
NANU? WO IST DER FISCH?
ER IST VERSCHWUNDEN.
HÄ?!
Wirklich?
WAS ZUM TEUFEL WAR DAS?
...

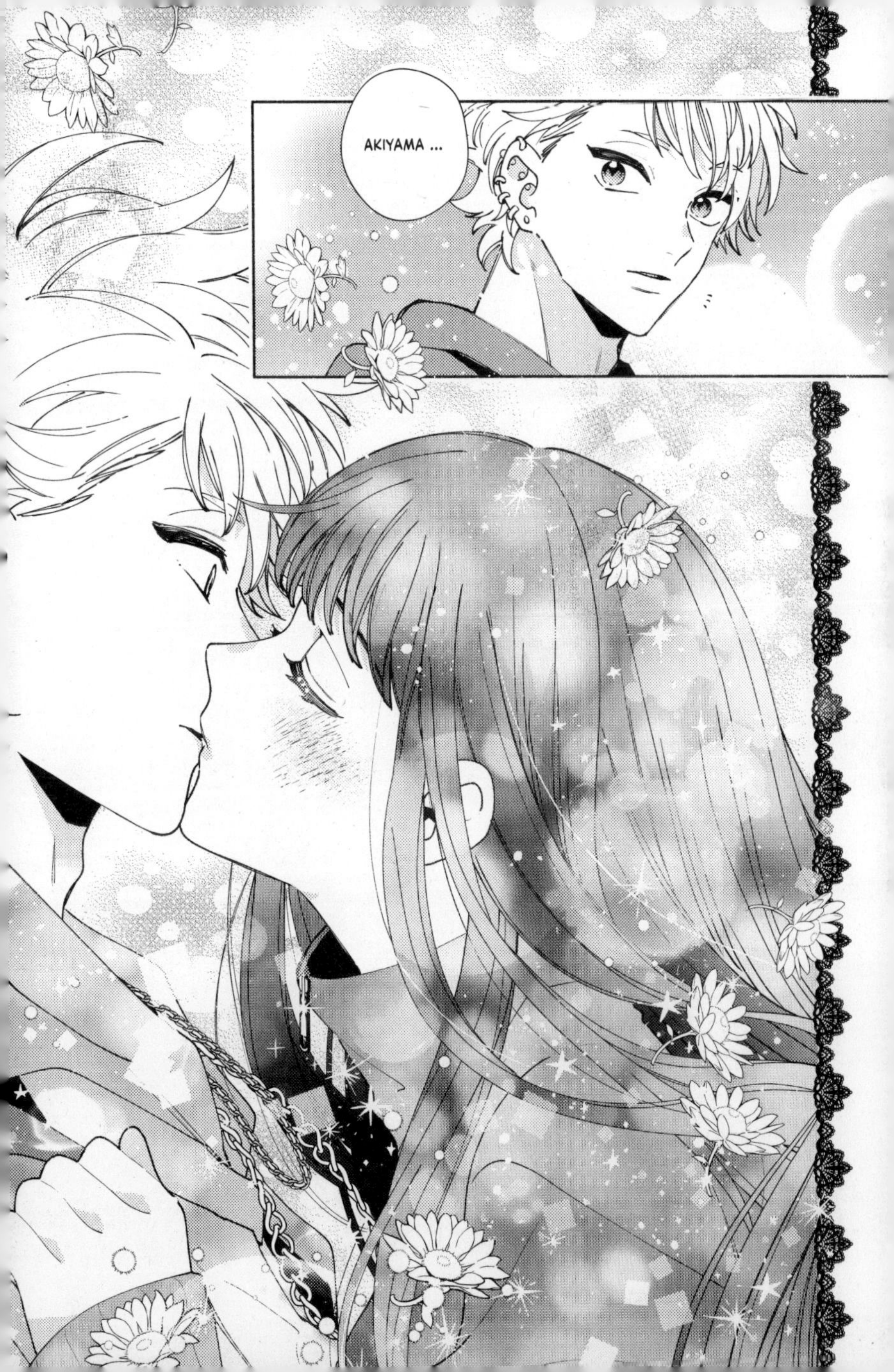
AKIYAMA ...

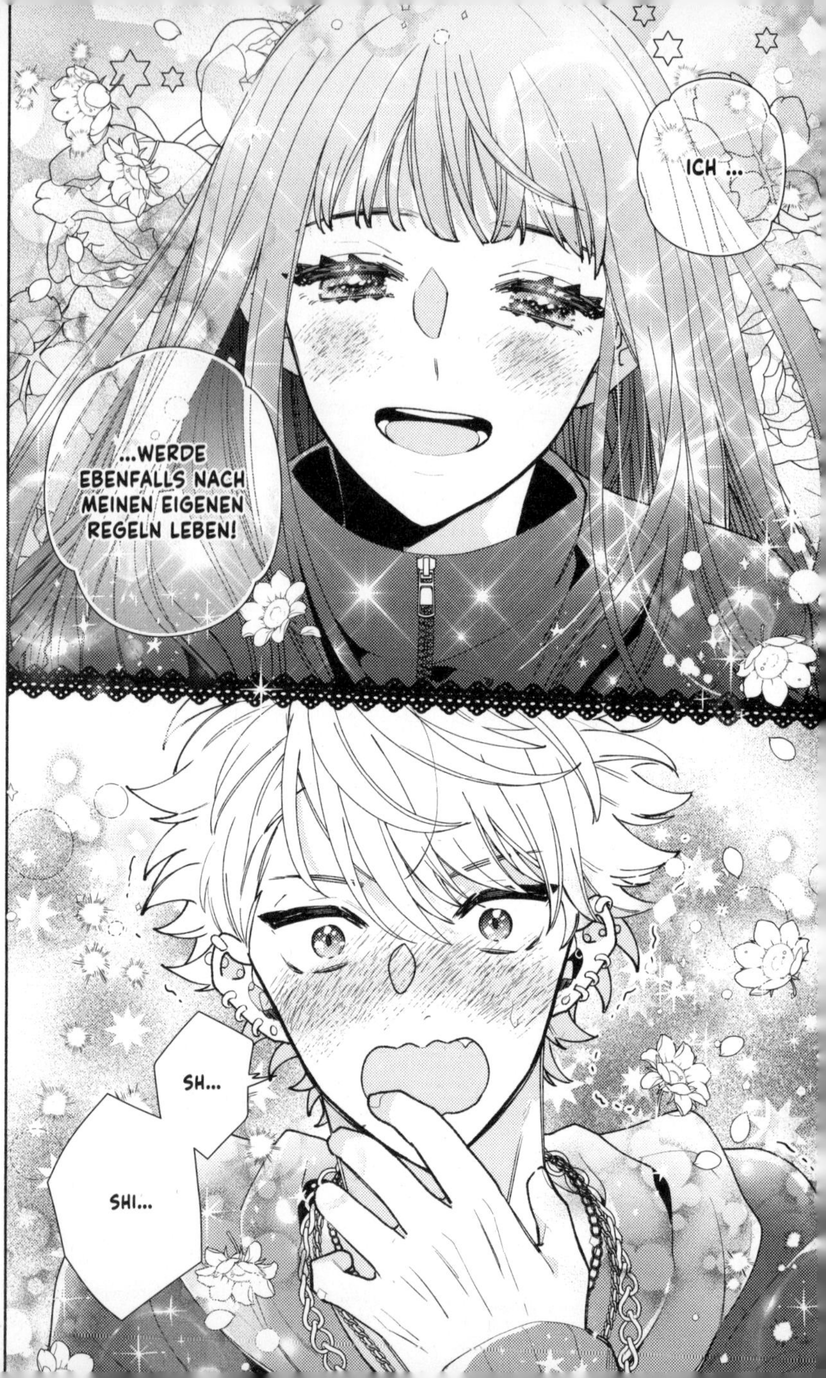
ICH ...
...WERDE EBENFALLS NACH MEINEN EIGENEN REGELN LEBEN!
SH...
SHI...

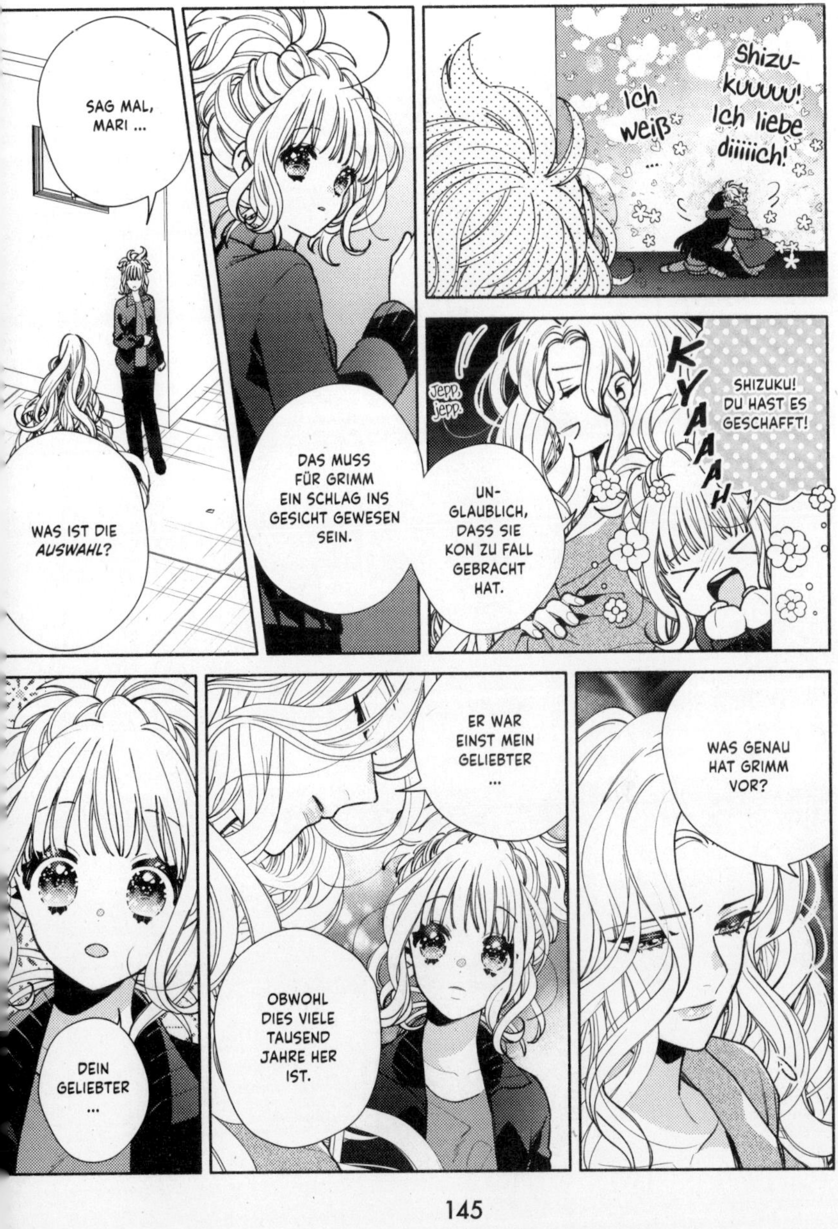
Shizu-kuuuuu! Ich liebe diiiiich!
Ich weiß ...
KYAAAAH
SHIZUKU! DU HAST ES GESCHAFFT!
Jepp, jepp.
UN-GLAUBLICH, DASS SIE KON ZU FALL GEBRACHT HAT.
DAS MUSS FÜR GRIMM EIN SCHLAG INS GESICHT GEWESEN SEIN.
SAG MAL, MARI ...
WAS IST DIE *AUSWAHL*?
WAS GENAU HAT GRIMM VOR?
ER WAR EINST MEIN GELIEBTER ...
OBWOHL DIES VIELE TAUSEND JAHRE HER IST.
DEIN GELIEBTER ...

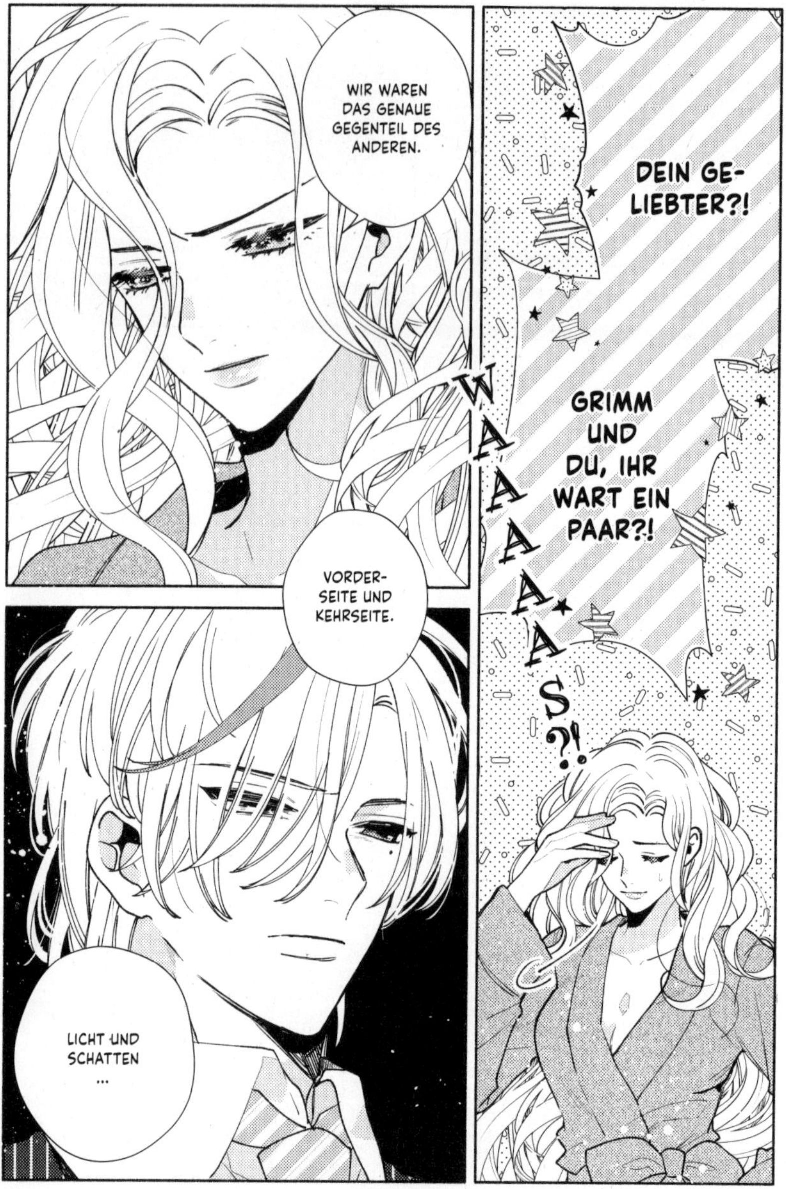
DEIN GE-
LIEBTER?!
GRIMM UND DU, IHR WART EIN PAAR?!
WAAAAAS?!
WIR WAREN DAS GENAUE GEGENTEIL DES ANDEREN.
VORDER-
SEITE UND KEHRSEITE.
LICHT UND SCHATTEN ...

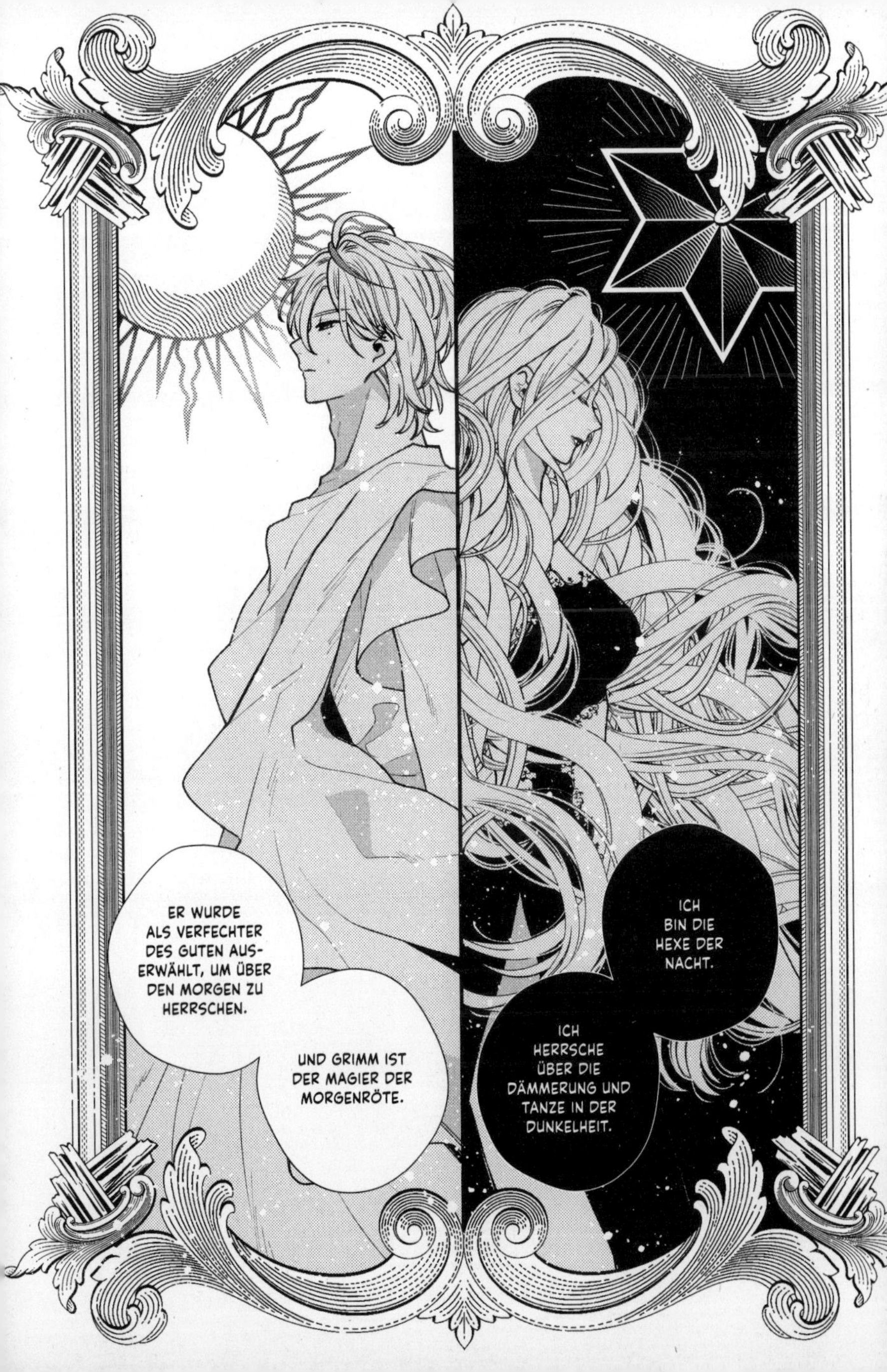
ICH BIN DIE HEXE DER NACHT.
ICH HERRSCHE ÜBER DIE DÄMMERUNG UND TANZE IN DER DUNKELHEIT.
ER WURDE ALS VERFECHTER DES GUTEN AUSERWÄHLT, UM ÜBER DEN MORGEN ZU HERRSCHEN.
UND GRIMM IST DER MAGIER DER MORGENRÖTE.

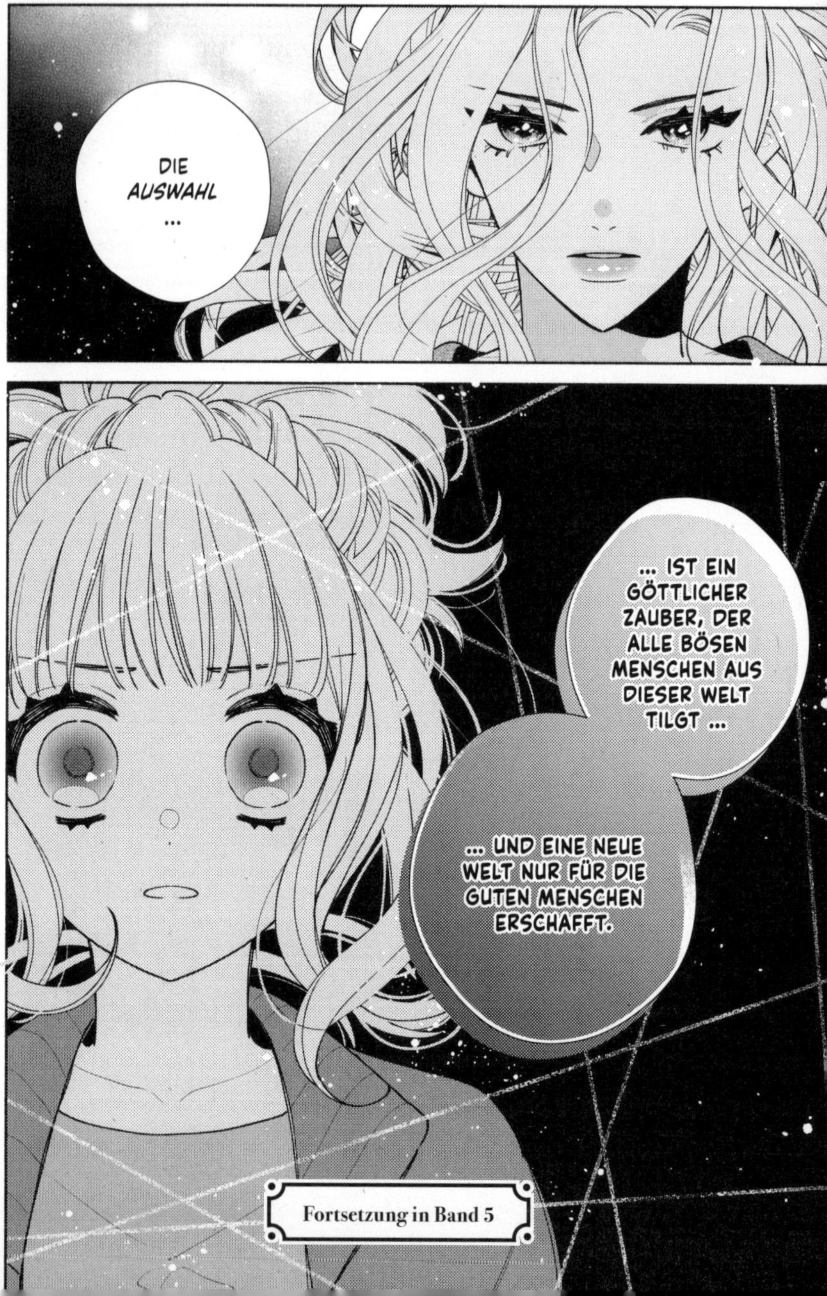
DIE AUSWAHL …
… IST EIN GÖTTLICHER ZAUBER, DER ALLE BÖSEN MENSCHEN AUS DIESER WELT TILGT …
… UND EINE NEUE WELT NUR FÜR DIE GUTEN MENSCHEN ERSCHAFFT.
Fortsetzung in Band 5

Stellar Witch LIPS

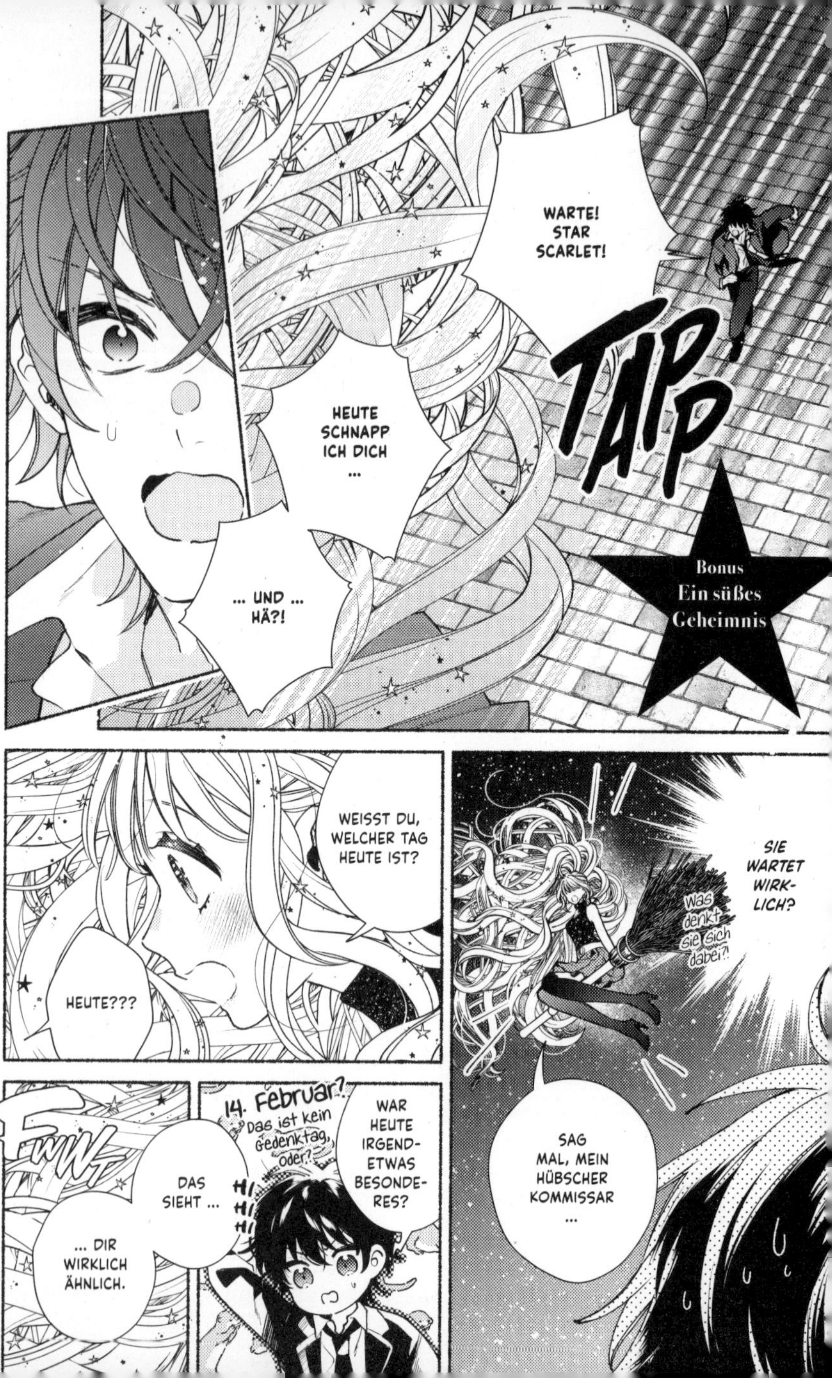
WARTE! STAR SCARLET!
TAPP
Bonus
Ein süßes Geheimnis
HEUTE SCHNAPP ICH DICH ...
... UND ... HÄ?!
SIE WARTET WIRK-LICH?
Was denkt sie sich dabei?!
SAG MAL, MEIN HÜBSCHER KOMMISSAR ...
WEISST DU, WELCHER TAG HEUTE IST?
HEUTE???
WAR HEUTE IRGEND-ETWAS BESONDE-RES?
14. Februar? Das ist kein Gedenktag, oder?
HI HI HI
DAS SIEHT ...
... DIR WIRKLICH ÄHNLICH.
FWWT

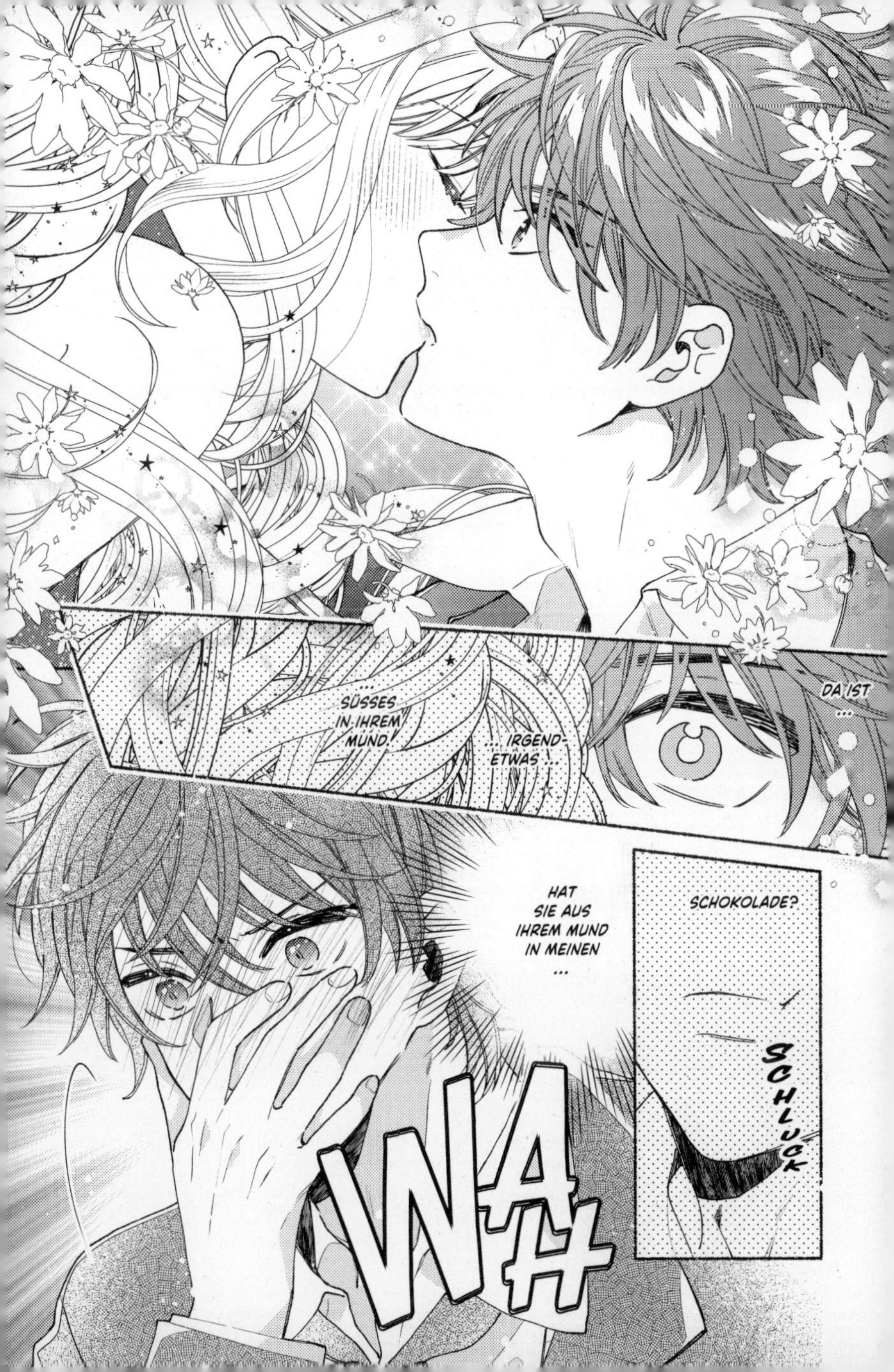
DA IST ...
... IRGEND-ETWAS ...
... SÜSSES IN IHREM MUND.
SCHOKOLADE?
SCHLUCK
HAT SIE AUS IHREM MUND IN MEINEN ...
WA

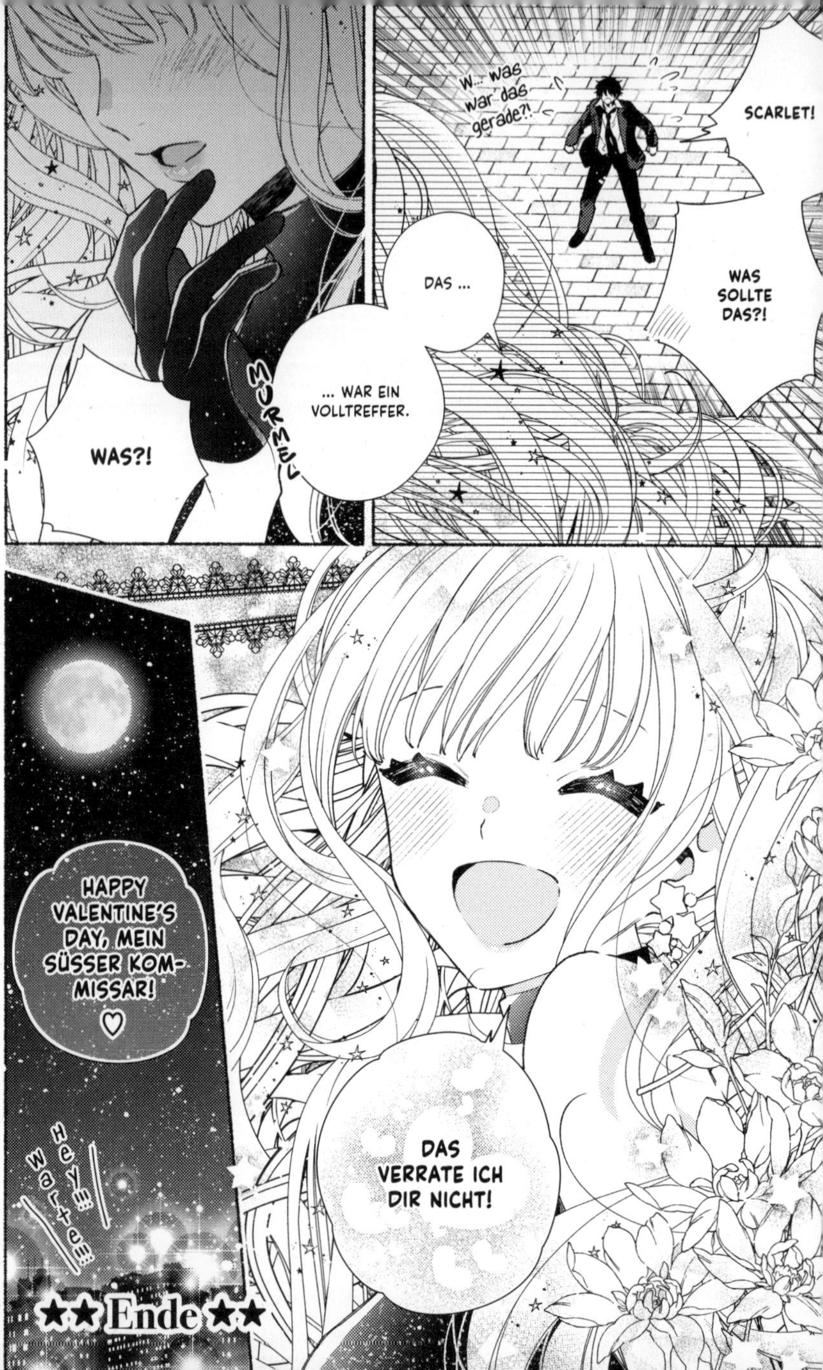
SCARLET!
WAS SOLLTE DAS?!
W... was war das gerade?!
DAS ...
... WAR EIN VOLLTREFFER.
MURMEL
WAS?!
DAS VERRATE ICH DIR NICHT!
HAPPY VALENTINE'S DAY, MEIN SÜSSER KOM-MISSAR! ♡
Hey!!! Warte!!!
★★ Ende ★★

Stellar Witch
LIPS

Nachwort

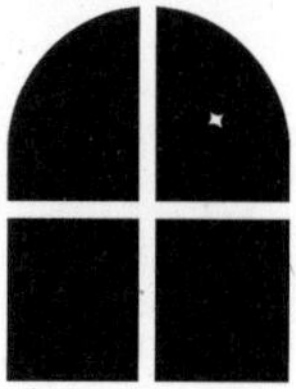

Hiermit sind wir beim vierten Band von „Stellar Witch LIP☆S“ angekommen.

Die Reise und „Schatzsuche“ der Hexen geht weiter.
Die fünf sind enge Freundinnen und einander unersetzliche Teammitglieder, doch gleichzeitig sind sie auch alle Individuen.
Jede Einzelne von ihnen hat unterschiedliche Sorgen und trägt Vieles mit sich herum, was sie niemandem erzählen kann.

Irgendwann kommt sicher für jeden der Tag, an dem man sich aus eigener Kraft gegen seine Probleme behaupten muss. Dabei muss man aber nicht unbedingt alleine sein. Doch wenn man aus eigener Kraft seine Notlage überwindet, erkennt man zum ersten Mal, dass wir alle dasselbe durchmachen.
Menschen, an denen man täglich am Bahnhof vorbeigeht, unsere älteren und jüngeren Kollegen oder auch unsere Freunde und Familienangehörigen. Sie alle haben schon mal nachts geweint.

Ich denke, dass die Hexen einen weiteren Schritt in Richtung Erwachsenwerden getan haben und dadurch einander noch wertvollere Teammitglieder geworden sind, als sie dies erkannt haben.
Ich wäre sehr glücklich, wenn ihr Fans eure sorgenvollen Nächte gemeinsam mit den Hexen verbringt.

Hana Kagami

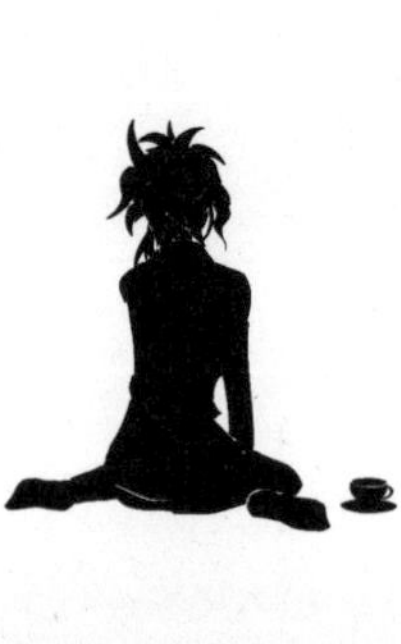

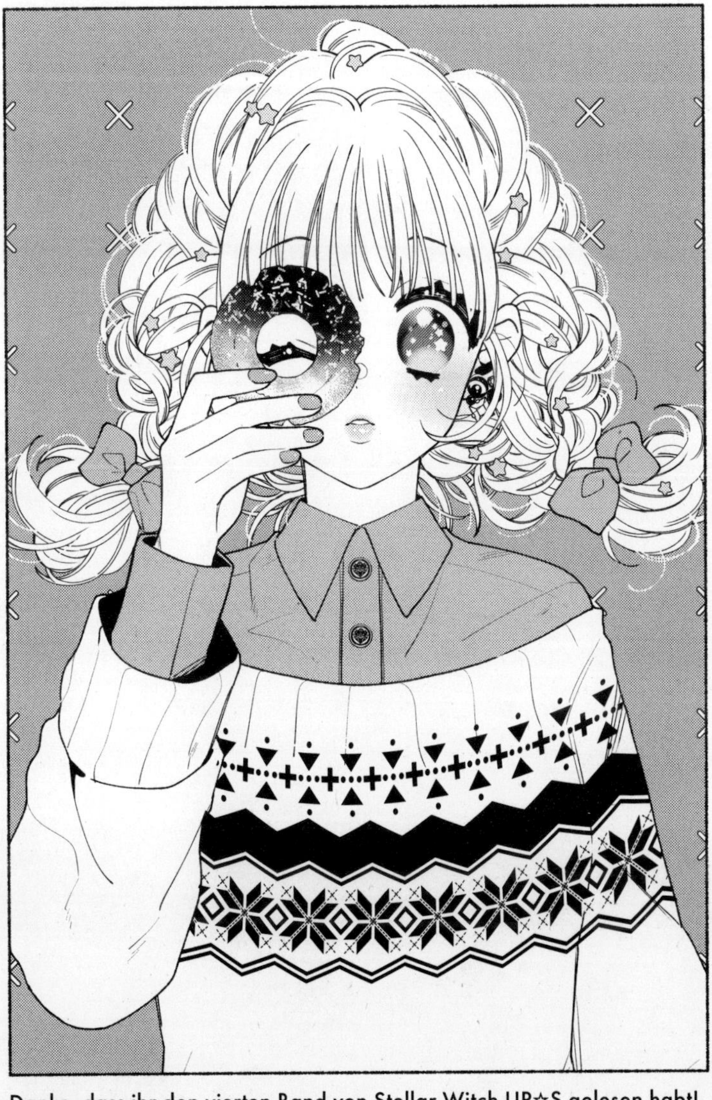

Danke, dass ihr den vierten Band von Stellar Witch LIP☆S gelesen habt!

Kotoko Ichi

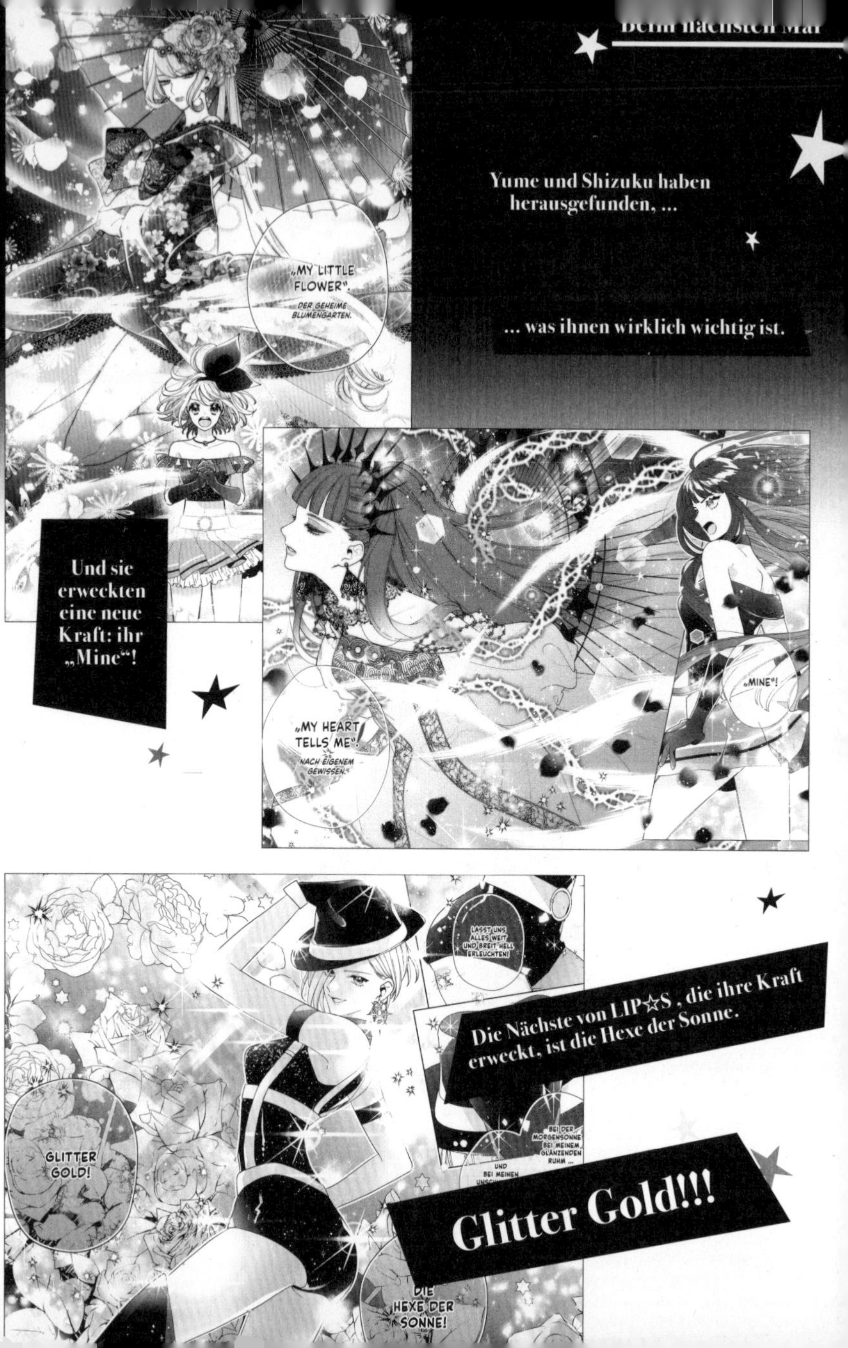
Beim nächsten Mal
Yume und Shizuku haben herausgefunden, ...
... was ihnen wirklich wichtig ist.
„MY LITTLE FLOWER“.
DER GEHEIME BLUMENGARTEN.
Und sie erweckten eine neue Kraft: ihr „Mine“!
„MINE“!
„MY HEART TELLS ME“!
NACH EIGENEM GEWISSEN.
Die Nächste von LIP☆S , die ihre Kraft erweckt, ist die Hexe der Sonne.
LASST UNS ALLES WEIT UND BREIT HELL ERLEUCHTEN!
BEI DER MORGENSONNE! BEI MEINEM GLÄNZENDEN RUHM ...
GLITTER GOLD!
Glitter Gold!!!
DIE HEXE DER SONNE!

Und so …

… geraten Miku, Ryusei und Ray in eine Dreiecksbeziehung?!

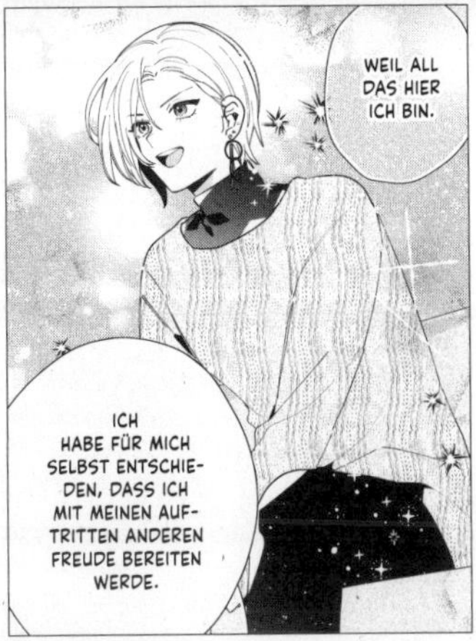

Doch Ray entwickelt immer stärkere Gefühle für Miku …

Die Herzen schlagen höher und höher! ❤

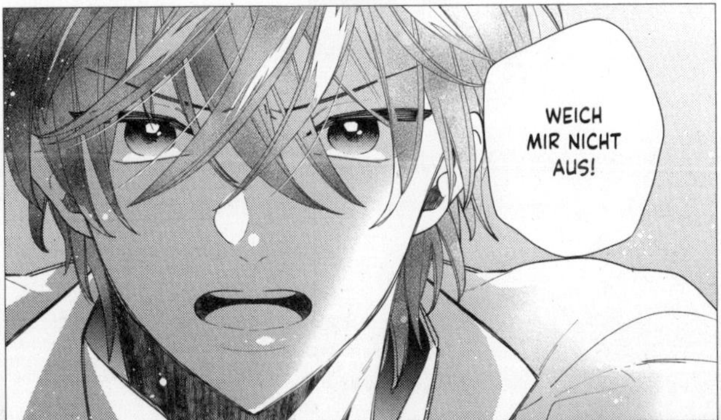

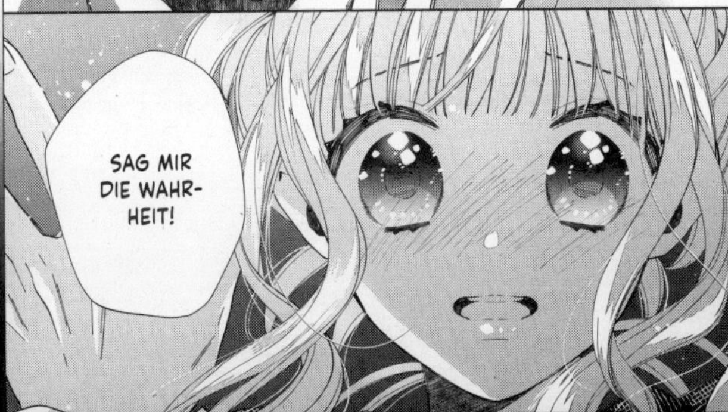

Eine Story voller Magie!

Stellar Witch LIPS 5

Das große Finale erscheint im Dezember 2024!

Stellar Witch LIPS

KODANSHA

CH-1007 Lausanne
1. Auflage

Aus dem Japanischen von Katharina Schmölders

Programmleitung: Hideki Iyama / Lizenzkoordination: Ai Kono
Redaktion: Frederike Demarczyk / Herstellung: Sonja Lesch
Deutsche Logo- und Covergestaltung: Stephanie Gieck
Lettering: Paolo Gattone, Chiara Antonelli, Alessio Ravazzani
Druck und Bindung: GGP Media GmbH, Pößneck

ISBN 978-2-88951-903-3